MÉMOIRES

DE LA

SOCIÉTÉ DE LINGUISTIQUE

DE PARIS

MÉMOIRES
DE LA
SOCIÉTÉ DE LINGUISTIQUE
DE PARIS

NOUVELLE SÉRIE

TOME XVII

GRANDES VOIES ET CHEMINS DE TRAVERSE DE LA SÉMANTIQUE COGNITIVE

PEETERS

2010

D/2010/0602/84

ISBN 978-90-429-2355-3 (Peeters Leuven)
ISBN 978-2-7584-0106-3 (Peeters France)

AVANT-PROPOS

Grandes voies et chemins de traverse de la sémantique cognitive, tel était l'intitulé de la Journée scientifique de la Société de Linguistique de Paris qui s'est tenue à l'ENS de la rue d'Ulm le 19 janvier 2009. Depuis les travaux fondateurs sur la grammaire cognitive (R. Langacker), les espaces mentaux (G. Fauconnier), la sémantique des prototypes (E. Rosch & G. Lakoff, G. Kleiber) et celle de l'espace (C. Vandeloise), les métaphores généralisées et la cognition incarnée (G. Lakoff & M. Johnson), les primitifs sémantiques et la sémantique culturelle (A. Wierzbicka), les cadres actanciels et les grammaires de construction (Ch. Fillmore), la sémantique cognitive 'internationale' continue à présenter un tableau extrêmement diversifié. En marge de ces 'grandes voies', les linguistes français arpentent depuis plusieurs décennies des 'chemins de traverse' auxquels Catherine Fuchs a consacré sa conférence[1] au premier Congrès Mondial de Linguistique Française en 2008, que met brillamment en scène l'ouvrage de Mathieu Valette (2006) consacré aux linguistiques énonciatives et cognitives françaises[2] dans lequel il aborde successivement les positions théoriques de Gustave Guillaume, Bernard Pottier, Maurice Toussaint et Antoine Culioli, et qu'aborde également en détail J.M. Fortis dans sa contribution à ce volume.

La journée s'achevait sur une table-ronde sous la présidence de Bernard Pottier, consacrée à la réception en France de la sémantique cognitive 'internationale' vis-à-vis de ces orientations qui modèlent le paysage linguistique français. Les articles de Jean-Michel Fortis, Peter Blumenthal, Georges Kleiber et Dirk Geeraerts sont issus de cette table-ronde et présentent différents éclairages de cette configuration propre à la France. Les trois autres contributions discutent d'une part deux orientations particulières de la sémantique cognitive, la théorie des espaces mentaux et de l'intégration conceptuelle (Gilles Col) et la Métalangue Sémantique Naturelle (Bert Peeters), et d'autre part la place de la sémantique cognitive dans la lexicologie historique (Paul Gévaudan & Peter Koch).

La contribution de Jean-Michel FORTIS, ***La linguistique cognitive, une trentenaire de vieille souche***, offre un exposé extrêmement détaillé des grandes orientations de la linguistique cognitive d'abord du côté américain à travers quatre figures essentielles: G. Lakoff, R. Langacker, L. Talmy et

1. FUCHS, Catherine, 2008. «Linguistique française et cognition» [Conférence plénière prononcée au Congrès Mondial de Linguistique Française, Paris, juillet 2008]

2. VALETTE, Mathieu, 2006. *Linguistiques énonciatives et cognitives françaises. Gustave Guillaume, Bernard Pottier, Maurice Toussaint, Antoine Culioli*, Paris, Honoré Champion.

Ch. Fillmore, puis du côté français avec cinq autres figures dominantes: G. Guillaume accompagné de ses héritiers B. Pottier et M. Toussaint, J.P. Desclés et A. Culioli. L'article de J.M. Fortis offre ainsi un tableau impressionnant de la vivacité des différentes voies que la linguistique cognitive, et plus particulièrement sa composante sémantique, a arpentées des deux côtés de l'Atlantique depuis au moins 30 ans — et près de 90 pour Gustave Guillaume.

Gilles COL se propose, dans ***Correspondance et mixage d'espaces mentaux dans la construction dynamique du sens***, de présenter une première orientation de la sémantique cognitive, la théorie des Espaces Mentaux de Gilles Fauconnier et Marc Turner, qui décrit la construction graduelle du sens d'un point de vue dynamique. Les espaces mentaux sont des représentations cognitives partiellement structurées qui s'enrichissent au cours du discours. La construction d'espaces mentaux, leur structuration, leurs connexions, leur fusion, représentent notre manière de penser et de parler. Dans ce cadre, les expressions linguistiques ne sont pas en elles-mêmes investies d'une signification, mais d'un potentiel de sens. Avant tout, elles donnent des instructions sur le mode de configuration des espaces et de production du sens d'une phrase. L'article présente différents éléments de la théorie avant de les comparer au modèle de Fenêtrage Attentionnel (*attention windowing*) de Len Talmy. L'opération de fenêtrage permet de réinterpréter les catégories du temps et de l'aspect comme des modes d'accès à une structure cognitive en émergence.

Dans ***La métalangue sémantique naturelle: acquis et défis***, Bert PEETERS offre un aperçu aussi complet que possible d'une autre théorie habituellement rattachée à la sémantique cognitive[3], celle des primitifs sémantiques élaborée à partir de 1972 par Anna Wierzbicka et à laquelle Cliff Godard et Bert Peeters ont consacré depuis les années 1990 des ouvrages de référence. L'auteur passe en revue la vision du lexique, de la grammaire et des scénarios culturels que défend la MSN. Parmi les défis que la MSN cherche à relever, il mentionne la formulation d'une typologie de démarches permettant de voir plus clair dans la problématique «langue et valeurs culturelles», la mise au point de la liste des molécules sémantiques dont on a inrérêt à se servir pour assurer la lisibilité des explicitations et l'élaboration de «gabarits» pour l'explicitation de mots relevant de catégories sémantiques particulières (émotions, verbes de contact physique, actes de parole, etc.).

Dans ***Sémantique cognitive et changement lexical***, Paul GÉVAUDAN & Peter KOCH mettent en valeur le rôle éminent de la sémantique cognitive pour l'étude du changement lexical. Les principes de cette théorie se révèlent adaptés à l'explication du changement sémantique dans le lexique. Il s'agit en particulier de la notion de «sémantique des cadres» capable d'expliquer les deux types d'innovation, métonymique et métaphorique, complétée par

3. cf. C. GODDARD & A. WIERZBICKA, «Langue, culture et conceptualisation: la sémantique transculturelle», in N. DELBECQUE (dir. 2002), *Linguistique cognitive — Comprendre comment fonctionne le langage*. Bruxelles: De Boeck-Duculot.

l'application de la théorie des prototypes. Mais le changement lexical ne se limite pas à l'aspect sémantique et les auteurs intègrent à leur propos la morphologie lexicale et les emprunts dans le cadre d'une théorie plus générale de la «filiation lexicale» qui est appliquée dans le cadre de DECOLAR, le *Dictionnaire Étymologique et Cognitif des Langues Romanes*.

Peter BLUMENTHAL consacre sa contribution, ***La sémantique cognitive face à l'idiomaticité***, à une propriété essentielle de la dynamique des langues, le figement. Comment expliquer le grand intérêt porté par la sémantique cognitive à l'analyse des expressions idiomatiques? La principale raison en est le fait que celles-ci se caractérisent par leur capacité évidente à «perspectiviser» nos expériences en projetant des représentations concrètes sur des contenus abstraits. À cette performance considérée comme éminemment cognitive, les locutions en ajoutent d'autres, comme celle de contribuer à l'agencement textuel. Les recherches des cognitivistes ont débouché sur des modèles descriptifs et explicatifs permettant une approche pertinente de l'idiomaticité. En comparant les résultats des études cognitives à ceux provenant de modèles antérieurs, force est cependant de constater que la nouvelle approche n'est pas encore parvenue à innover en profondeur. Les réels progrès des recherches récentes en la matière semblent surtout dus aux travaux quantitatifs en psycholinguistique — il est vrai, souvent proches du cognitivisme. Au-delà des clivages entre écoles et modèles d'analyse, les perspectives pour un développement dynamique des études sur l'idiomaticité sont aujourd'hui très prometteuses, et ce, grâce à l'essor de la linguistique de corpus.

Autre propriété universelle des langues 'naturelles', la polysémie est le thème de l'article de Georges KLEIBER, ***Polysémie et cognition***, qui aborde cette question sous l'angle cognitif de la catégorisation et de son rapport au monde: s'agit-il ou non d'un moyen de catégorisation du monde, de classification du réel, d'appréhension de la réalité? L'interrogation peut sembler de prime abord incongrue, parce qu'on ne voit pas immédiatement en quoi ni comment la polysémie pourrait être considérée comme un phénomène de catégorisation. La vue courante est qu'un polysème rassemble des catégories différentes, mais il est plus difficile de concevoir qu'il puisse lui-même constituer une catégorie. L'avènement du courant cognitiviste et la percée des sémantiques 'aréférentielles' et 'adénominatives' ont pourtant ouvert la voie à des conceptions de la polysémie qui y voient principalement un instrument de catégorisation, une modalité d'accès originale aux choses et objets du monde. L'objectif de l'auteur est d'examiner les tenants et les aboutissants d'une telle conception, que l'on retrouve peu ou prou, explicitement, dans la version étendue de la sémantique du prototype (essentiellement chez Lakoff, 1987) ou chez Honeste, ou, de façon implicite et nettement moins catégorique, dans les approches sémantiques non objectives ou «non chosistes», qui, comme, par exemple, la sémantique indexicale initiée par Cadiot, refusent la pluralité sémantique postulée par les approches standard de la polysémie, comme un des deux traits définitoires du phénomène. Il essaie de dégager, dans une première partie, d'une manière synthétique, les grandes lignes d'une telle conception et les hypothèses qui la sous-tendent. Il entame ensuite, dans la seconde partie, une discussion sur le bien fondé des traits et des hypothèses mis en avant dans la première. Sa conclusion est que la dimension non référentielle et non dénominative que suppose toute approche catégorielle de la polysémie ne se révèle finalement pas pertinente et que le phénomène polysémique repose crucialement, non sur l'*artefact* d'un «amont» sémantique subsumateur, catégoriel ou non, mais bien sur une irréductible pluralité de sens non unifiables.

Enfin la contribution de Dirk GEERAERTS, ***La réception de la linguistique cognitivedans la linguistique du français***, fait indirectement écho à celle de Jean-Michel FORTIS[4]. Geeraerts pose en effet la question de ce qui peut être qualifié de «recherche en linguistique cognitive». L'auteur, qui a été le premier rédacteur en chef de la revue *Cognitive Linguistics*, et qui est l'un des plus fins connaisseurs de la linguistique cognitive 'internationale' prend comme critère de référence l'examen détaillé de «dix sujets typiquement cognitivistes» à travers la *Bibliography of Cognitive Linguistics* et la bibliographie des *Linguistics and Language Behavior Abstracts*. Les sujets retenus correspondent grossièrement aux *basic concepts*[5] du *Oxford Handbook of Cognitive Linguistics*. D. Geeraerts observe à partir de cet examen quantitatif que «l'impact de la linguistique cognitive sur la linguistique du français n'est pas aussi profond que sur la linguistique de l'allemand ou de l'espagnol».

Les contributeurs de ce Mémoire seront globalement en accord avec ce constat objectif, à une nuance près cependant, c'est que la plupart des travaux publiés dans le cadre des théories 'françaises' qu'énumère J.M. Fortis dans les sections VIII à XI de son article ne sont que rarement répertoriés comme relevant de la *cognitive linguistics*. De ce fait la conclusion de l'auteur, «l'approche cognitiviste occupe une position plus faible en France, le cœur géographique de la linguistique française, par rapport à l'Allemagne ou l'Espagne», est pertinente relativement aux grands sujets (métaphore, cognition incarnée, schèmes figurés, etc.) retenus comme critères et au cadre théorique sur le fond duquel ils se déploient, mais elle ne s'applique pas à ce qu'on pourrait appeler «l'approche française» de la linguistique ou sémantique cognitive.

Jacques FRANÇOIS

4. Nous remercions Jacques DURAND, Benoit HABERT et Bernard LAKS, coordinateurs du *1er Congrès Mondial de Linguistique Française* (Paris, juillet 2008), d'avoir autorisé la publication dans ce Mémoire de l'article de Dirk GEERAERTS, qui n'était jusqu'à présent disponible qu'en format électronique.

5. Sous le titre général de 'Basic concepts' les chapitres 2 à 16 de cet ouvrage collectif abordent successivement la cognition incarnée et l'expérientialisme, la mise en scène et en perspective, la schématicité, le renforcement et les niveaux de base, la polysémie, les prototypes et les catégories radiales, les cadres, les modèles cognitifs idéalisés et les domaines, la métaphore, les schèmes imagés, la métonymie, les phénomènes attentionnels, la dynamique des interactions, la sémantique spatiale, les espaces mentaux, l'intégration conceptuelle et l'iconicité.

LA LINGUISTIQUE COGNITIVE, UNE TRENTENAIRE DE VIEILLE SOUCHE

Abstract

This paper explores the recent history of cognitive linguistics (CL), both in the United States and in France. To begin, the first occurrences of *cognitive linguistics* and *cognitive grammar* are recalled and reset in their context. Next, I consider four major American figures: Lakoff, Langacker, Talmy and Fillmore.

The aforementioned linguists (with the exception of Talmy) were practitioners of transformational grammar, or made use of its descriptive tools at one point or another. They also had a common concern for semantic matters, which explains why they embraced the prospects opened up by generative semantics (Fillmore being a special case). They then turned away from mainstream generative grammar, driven in part by the demise of generative semantics, toward new approaches which came to be seen as a global movement called *cognitive linguistics*. The steps of this evolution are retraced in the first part.

After a discussion on lexical semantics, one of the strongholds of CL, I turn next to a short account of four major French theories, those of Guillaume, Pottier, Desclés and Culioli. Some similarities with American-born CL such as the role of schematization, will be apparent. However, there are also aspects in which French theorists depart from "globalized" CL. These aspects relate in particular to the organization of language in systems, to *chronogenesis* (the temporal ordering of notions), the importance of strata in language production and parsing. Further, in Desclés's theory, allowance is made to a symbolic ("propositional") type of formalization. There is also, especially in Culioli's case, a greater concern for the way a speaker's vantage point or argumentative logic is expressed and correspondingly less emphasis on perceptive features or the representation of "reality".

The last part is a very sketchy account of the historical evolution which has antedated the "cognitive revolution" and has made it possible to envisage a mentalist account of language. It is argued that empiricism and linguistic relativism had a pivotal role in promoting a non-logical, language-dependent account of thought.

1. Introduction

La linguistique cognitive que j'appellerai ici «globalisée», pour l'opposer aux traditions nationales ou plus anciennes, est issue de travaux publiés dans les années 70 par George Lakoff, Ronald Langacker, Leonard Talmy et Charles Fillmore. Il va sans dire que bien d'autres auteurs (Gilles Fauconnier, Anna Wierzbicka, Eve Sweetser, Bernd Heine, Dirk Geeraerts…)

ont contribué à son développement. Mais il n'est pas inexact, je pense, d'affirmer que les outils et thématiques introduits par ce quatuor ont eu une influence particulièrement forte sur les orientations initiales. D'autres auteurs (comme Ray Jackendoff) se situent, à mon avis, un peu en dehors de ce courant.

Considérée comme un mouvement en lequel se reconnaît une communauté, la linguistique cognitive a une forme d'existence «historico-sociologique», même si son originalité ou sa prétention à parler de «cognition» ont été contestées (Lazard 2007). Du simple point de vue des «étiquettes», «linguistique cognitive» ou «grammaire cognitive» caractérisent ou ont caractérisé des théories qui ne partagent guère plus que leur prétention à fournir des modèles psychologiquement plausibles du traitement du langage. Je reviendrai bientôt sur ce point. Du point de vue du contenu théorique, et si l'on considère les différentes approches qui se sont constituées à partir des quatre auteurs mentionnés plus haut, il y a bien une communauté de vues, surtout sur la sémantique (la syntaxe de Fillmore est à part). Je crois que ce chapitre suffira à les illustrer.

Je présenterai ici le contexte d'émergence de la linguistique cognitive globalisée chez les quatre auteurs mentionnées plus haut, et les grandes lignes de leur évolution. Après une digression sur la sémantique lexicale, j'en viendrai à un aperçu sur une certaine tradition française, trop souvent méconnue de la linguistique cognitive globalisée[1]. Je remonterai ensuite dans l'histoire aux conditions épistémologiques qui ont progressivement permis l'émergence de la linguistique cognitive actuelle. Il ne s'agira pas d'identifier les avatars historiques d'une théorie envisagée *sub specie aeterni*, mais de tenter de comprendre comment est devenue possible une approche empirique qui fonde son analyse de la diversité linguistique sur une théorie des opérations et des représentations mentales. Ces réflexions en sont encore à leur stade préliminaire. Il ne s'agit donc en aucun cas de faire un bilan de la linguistique cognitive, ni de la situer précisément au sein des modèles concurrents[2].

Les éléments d'histoire présentés ici comporteront leur lot d'injustices, d'omissions et peut-être d'erreurs, toujours ressenties avec plus d'acuité quand on traite du temps présent. Je prie les lecteurs de me pardonner ces faux pas, dus à mon ignorance, et de bien vouloir considérer que l'histoire de la linguistique cognitive est un sujet encore peu exploré, et d'autant plus difficile à maîtriser qu'à la profondeur historique s'ajoute une croissance considérable des publications depuis une trentaine d'années.

1. L'énorme ouvrage collectif dirigé par Geeraerts et Cuyckens (2007) n'en fait pratiquement pas état.

2. Voir sur ce dernier point les contributions de Rouveret et François dans le volume dirigé par Fuchs (2004). La présentation de Victorri est un panorama de la situation récente de la linguistique cognitive (2004).

2. L'étiquette «linguistique cognitive»

On trouvera chez Peeters (2001) un bref aperçu des premières occurrences de l'expression «linguistique (ou grammaire) cognitive». J'en reprends des éléments ici, et apporte quelques précisions supplémentaires.

C'est apparemment chez Sydney Lamb (1971) que la dénomination *cognitive linguistics* apparaît d'abord, dans un article qui récapitule les développements de sa théorie stratificationnelle du langage. Il s'agit d'une théorie issue du structuralisme américain, complexifiant les niveaux d'analyse «phonématique» et morphématique», notamment par l'addition d'un niveau «sémémique» puis ensuite d'un niveau «conceptuel», chacun pourvu d'une «syntaxe». Lamb décrit les relations entre niveaux (ou «strates») par des liens ascendants ou descendants dits de «réalisation». Par exemple, et en simplifiant, un phonème est relié à ses allophones par un lien descendant alternant, un morphème est relié aux phonèmes qui le composent par un lien descendant concaténant. Enfin, chaque strate a sa «syntaxe», qui produit des unités de niveau supérieur. La structure linguistique est ainsi représentée par un réseau de relations (et ici Lamb invoque Hjelmslev) de strate à strate, qui est censé correspondre à la connaissance mentale de sa langue par le locuteur. La théorie est «cognitive» pour cette raison, et aussi par opposition au modèle chomskyen, que Lamb répudie pour son peu de plausibilité cognitive (les transformations, dit-il, ne sont pas réalistes du point de vue psychologique). Comme il s'est depuis intéressé à l'implémentation neuronale de ses réseaux, il a rebaptisé son modèle *neurocognitive linguistics* (Lamb & Webster 2004).

Chomsky lui-même emploie l'expression *cognitive grammar* pour caractériser l'approche de Lakoff (Chomsky 1979: 150)[3], quoique parmi les nombreux modèles de grammaire proposés par Lakoff ce soit celui dénommé *experiental linguistics* (in Lakoff 1977) et non *cognitive grammar* (in Lakoff & Thompson 1975a et 1975b) qui annonce la linguistique cognitive à venir. Enfin, dans *Knowledge of Language*, Chomsky décrit son propre programme comme une *cognitive linguistics*, l'opposant aux théories structuralistes et, plus généralement, aux théories qui ne font pas d'hypothèses sur l'acquisition et la nature des connaissances linguistiques (théories du langage externe ou *E-language*).

Chez Langacker, après celle, éphémère, de *functional stratigraphy* (1975), l'appellation *Space Grammar* prévaut jusqu'au début des années 80, et même après qu'aient été mis en place les concepts essentiels de la future *Cognitive Grammar* (1979 et surtout dans les articles de 1981 et 1982). Il publie finalement son article *Introduction à la Grammaire Cognitive* en 1986, et dans un journal interdisciplinaire. Mais comme je viens de le mentionner, la Grammaire Cognitive telle qu'on la connaît aujourd'hui avait en fait déjà été introduite dans ses travaux de 1981 et 1982 (dorénavant, *Grammaire Cognitive*, abrégé en *GC*, désignera la théorie de Langacker).

3. Il s'agit d'une traduction révisée des dialogues avec Mitsou Ronat (1977).

Si l'expression *linguistique cognitive* a fini par s'imposer pour désigner les travaux issus de Lakoff, Langacker, Talmy (sur qui je reviendrai), Fillmore, Fauconnier…, elle le doit sans doute à des raisons de fond. En effet, les théories en question rejettent, à un degré plus ou moins grand, l'autonomie du langage en tant qu'objet de la linguistique et font référence à des facultés et représentations qui servent à catégoriser, à acquérir des connaissances sur le monde (physique ou social), à raisonner, à agir, bref, à la *cognition*. Toutes font appel à un certain degré à des formes d'imagerie, de «perspectivation», de visée, ou de schématisation de scènes mentales représentant le contenu des énoncés. Toutes veulent abolir la distinction sémantique / encyclopédique, ou soulignent que l'interprétation d'un énoncé requiert des connaissances sur le monde. Toutes font de la sémantique le principe d'explication de la morpho-syntaxe, ou articulent la morpho-syntaxe à des représentations sémantiques.

3. De la sémantique générative à la «philosophie incarnée»: Lakoff et son influence

Certains des protagonistes de la future linguistique cognitive ont, comme beaucoup, versé leur écôt à la grammaire générative, à l'époque où elle occupait une position hégémonique (les années 60). Non seulement la linguistique cognitive américaine se définira par opposition à la grammaire générative mais celle-ci, en rejetant la dissidence interne de la sémantique générative, réorientera une partie de ses propres disciples ou «sympathisants» vers des questions de sémantique. Certaines de ces questions feront ensuite partie de l'armature thématique de la LC.

D'autres linguistes, comme Langacker et Fillmore, un moment praticiens de la grammaire générative (version transformationnelle) mais situés en même temps dans d'autres filiations (entre autres, la tradition amérindienne et Sapir chez Langacker, la lexicologie et l'approche distributionnelle chez Fillmore) subiront le même retour du refoulé sémantique. Langacker, par exemple, en passant du côté de la sémantique générative, adoptera une approche sémantico-fonctionnelle de faits syntaxiques, à laquelle ses préoccupations en matière de typologie et de relativisme linguistique, sa conception du signe et la nature même de son matériau menaient de toute façon. Je reviendrai sur ce point, mais je discuterai d'abord du cas de Lakoff.

Un mot, pour commencer, sur l'avènement de la sémantique générative. On sait qu'elle a consisté à simplifier le modèle d'*Aspects* en identifiant le composant sémantique censé interpréter les structures profondes à ces structures mêmes. Cette simplification poussait à bout une tendance déjà présente chez Harris, à qui Chomsky devait son concept de transformation. Initialement conçues comme une mise sous forme canonique des phrases d'un discours afin d'en simplifier l'analyse (Z. Harris 1952), l'objet «discours» s'était ensuite étendu à la langue tout entière. Les transformations visèrent alors à mettre en relation des formes partageant des «restrictions de co-occurrence» (plus tard appelées «restrictions de sélection»). Or, dit Harris, on a «l'impression immédiate» que les transformations laissent le sens inchangé (Z. Harris 1957: 339).

Maintenant, il suffisait de considérer la grammaire comme une analyse du processus de compréhension, comme le fait Chomsky dès *Syntactic Structures*, pour mettre les phrases canoniques (les phrases noyaux) au départ de ce processus (voir R. Harris 1993: 82-96 sur cette évolution).

Un problème se posait cependant, qui était de préserver le statut des phrases noyaux (et qu'elles devaient au fait qu'elles préservaient le sens sous transformation «inverse»), tout en faisant des transformations des opérations permettant de dériver, par exemple, une impérative d'une affirmative. Evidemment, l'impérative n'a pas le même sens que l'affirmative. Une solution était de sauvegarder le principe de préservation du sens sous transformations (principe de Katz-Postal, qui reprenait l'intuition de Harris) et de représenter l'information apportée par l'impérative dans le noyau (par ex. sous la forme: 'IMP you eat chicken'). La structure profonde en vint ainsi à représenter du «sens».

Poursuivant sur cette voie, certains disciples en étaient venus à l'idée que des constituants partageant des restrictions de sélection, parce qu'intuitivement ils ont le même sens, devaient correspondre à des structures profondes semblables. C'est l'idée que met en œuvre Lakoff dans un article (1968) où il argue que *use* et *with*, par exemple dans (1) et (2), sont dérivés d'une structure commune.

(1) Seymour sliced the salami with a knife.
(2) Seymour used a knife to slice the salami with.

Comme elle autorise des «paraphrases» profondes des lexèmes de surface, cette approche ouvre également la possibilité de considérer qu'il y a plusieurs niveaux d'insertion lexicale (cf. McCawley sur *kill* paraphrasé en *cause to die*) et des transformations opérant à un niveau profond. Bref, le domaine d'une grammaire des significations s'ouvre à la recherche générative. On devine que cette attirance pour les questions de sémantique n'était pas partagée par Chomsky, qui a toujours considéré, semble-t-il, que la théorie de la signification risquait d'excéder les limites de ce que la linguistique peut atteindre, pour diverses raisons[4].

4. La linguistique verserait dans une «théorie de tout», passant dans le champ indéfini de l'herméneutique (2000: 69, où c'est le philosophe Davidson qui est visé). La linguistique bien comprise étudie le I-language, indépendamment du système des connaissances mondaines (même s'il existe une grammaire limitée des significations, explorée par exemple par Pustejovsky, mais sur laquelle Chomsky reste très vague, cf. Chomsky 2000). C'est cette expansion incontrôlée de la sémantique que Fodor et Katz ont voulu maîtriser dans leur célèbre étude de 1963 (où ils imposent des limites à toute théorie de l'interprétation sémantique), et que Fodor a philosophiquement délégitimée dans *la Modularité de l'Esprit*.

On note cependant que dès son compte rendu sur Skinner, Chomsky envisageait d'étendre le composant inné à une grammaire des significations. Il est revenu ensuite sur l'innéité du

Je ne m'attarderai pas sur les causes de l'effacement de la sémantique générative. Plusieurs ouvrages ont très bien documenté les controverses théoriques et les rivalités intestines qui ont agité la grammaire transformationnelle[5]. La réponse lexicaliste de Chomsky, relayée par la théorie $\bar{x}$, et la mise en exergue de phénomènes sémantiquement interprétables en surface (Jackendoff 1972) furent autant de réactions à certaines hypothèses fondamentales de la sémantique générative (telles que la réduction des catégories lexicales à la dualité prédicat / arguments et l'interprétabilité en structure profonde). L'important, pour l'avenir de la linguistique cognitive, est que la sémantique générative avait réinstallé la sémantique au cœur de la théorie syntaxique, et que sa défaite même avait éloigné de la grammaire générative des troupes qui n'étaient pas prêtes à renoncer à la dimension sémantique, fonctionnelle ou pragmatique de la syntaxe (le cas de Jackendoff mis à part).

C'est ainsi qu'après avoir papillonné de modèle en modèle (*global grammar, fuzzy grammar, experiential linguistics, cognitive grammar*), Lakoff s'est finalement détourné du problème de la projection du sens sur les formes syntaxiques. La tentative baptisée *cognitive grammar* était en fait une ébauche de modèle d'analyse syntaxique qui combinait des éléments de grammaire relationnelle (celle de Perlmutter) avec une procédure d'analyse et de production inspirée des réseaux de transition augmentée (ATN, *Augmented Transition Networks*). C'est surtout parce que les ATN ont vocation à simuler le traitement syntaxique que ce nouveau modèle est qualifié de *cognitif*.

Des préoccupations qui annoncent plus clairement la future linguistique cognitive se font jour dans un article de 1977 intitulé *Linguistic Gestalts*. Lakoff y pointe l'étendue indéfinie des connaissances sur le monde nécessaires pour interpréter correctement certains énoncés et l'impossibilité de s'en remettre à une théorie compositionnelle du sens (d'où la notion de Gestalt: le tout sémantique est plus grand que la partie, il est augmenté de ces connaissances de toutes sortes que composent la corporéité, le monde intérieur et l'*Umwelt* humain). La fausseté de l'équation *kill = cause to die*, que Fodor (1970) avait démontrée contre McCawley, est attribuée à ce défaut de compositionnalité, qui repose à son tour sur une interprétation de *kill* en termes de prototype de la catégorie TUER, elle-même reliée à la forme prototypique de la causalité (ce qui donne à Lakoff l'occasion d'analyser l'alternance causative et la question de la projection des rôles sémantiques sur les rôles grammaticaux). Comme Fillmore (1982), il cite les noms composés comme des cas où la structure formelle fournit très peu d'indices

système conceptuel impliqué dans les liens lexicaux: 1985: 132 (pour l'exemple récurrent de *persuade*, 1986: 88 et son livre de 2000). Dans ce dernier ouvrage, Chomsky revient plusieurs fois sur cette notion de grammaire des significations (par ex.: 125-6).

5. Voir Newmeyer (1980), R. Harris (1993), Huck & Goldsmith (1995). Galmiche (1975) est une précieuse synthèse des débats théoriques.

au processus d'interprétation et exige des connaissances sur le monde[6]. Enfin, et toujours dans ce cadre d'ouverture de la sémantique au monde humain, il envisage l'analogie, la métaphore ou la métonymie comme des procédés présupposant la connaissance de ce monde.

On sait que l'étape suivante sera de considérer ces procédés aussi comme des moyens de structurer notre connaissance du monde (Lakoff & Johnson 1980), par la constitution de champs métaphoriques (ou «métaphores conceptuelles») aux ramifications étendues (par exemple l'ensemble des métaphores liées au schème MORE IS UP, ou à ANGER IS FIRE). En simplifiant un peu, on pourrait donc dire que Lakoff a repéré dans les figures des procédés permettant de rétablir la paraphrase sémantique «profonde» d'un énoncé (donc d'interpréter cet énoncé) mais s'est aussitôt aperçu que ces procédés eux-mêmes reposaient sur la connaissance du monde humain. De là, sa collaboration avec le philosophe Mark Johnson l'a conduit à une philosophie cognitive qu'on pourrait dire anti-intellectualiste (*in the flesh*, incarnée), au sens où elle réévalue l'importance de notre expérience du monde et du corps propre dans la formation des concepts (1987, 1999). Les fondements de cette philosophie sont dus à Johnson, qui les expose dans un ouvrage où la conceptualisation du monde est construite sur des schèmes d'expérience (entendu comme la formation de «malleable structures of experience and motor programs», 1987: 20), des synesthésies et des «corrélations expériencielles» (séquences ou structures récurrentes de l'expérience). Ces schèmes qui, comme chez Kant, sont intermédiaires entre l'entendement et l'imagination ou la perception, constituent aussi la source fondamentale des métaphores qui construisent notre appréhension du divers de l'expérience. Par ce biais, la métaphore conceptuelle devient un élément d'une théorie de la cognition, mais où la catégorisation de l'expérience repose directement sur des schèmes «incarnés» (perceptifs ou proprioceptifs) et non sur des catégories «abstraites» kantiennes.

Tout ce programme n'est pas sans rappeler ces réactions à l'intellectualisme kantien (chez Hamann et Herder, par exemple) qui tendirent à redonner une certaine primauté à l'expérience sensible et finirent par conférer au langage lui-même un rôle central dans la catégorisation de l'expérience (Formigari 1994 et, pour une discussion du schématisme et la comparaison Lakoff-Herder, Formigari 2007).

Les travaux de Lakoff et Johnson ont connu une diffusion exceptionnelle (l'ouvrage de Lakoff publié en 1987 a été un best seller du domaine, cf. Peeters 2001). Leur influence a largement contribué à lancer la rhétorique cognitive. Même si la recherche cognitive a tendance à travailler dans le cadre d'une «rhétorique restreinte» réduite à la métaphore et à la métonymie,

6. Le thème des composés était alors un défi lancé à la grammaire générative puisqu'il semblait concerner un phénomène productif mais difficilement formalisable, voire pour certains pas du tout formalisable (cf. Downing 1977, que Fillmore cite comme une de ses influences; Fillmore 1982).

elle a aussi donné une extension considérable au champ d'application des figures, jusqu'à fournir les éléments d'une nouvelle forme d'associationisme. J'en veux pour preuve la synthèse de Panther et Thornburg (2007), où la métonymie finit par englober les relations de contiguïté entre idées, et même les inférences pragmatiques (sous forme par ex. de métonymie illocutoire, qui fait passer de «Peux-tu me prêter ton pull?» à l'interprétation 'je te demande de me le prêter'). *Ceteris imparibus*, cette rhétorique n'est pas sans évoquer la théorie cognitive des figures au 18ème siècle (chez Dumarsais et Beauzée), qui, semble-t-il, dérivait sa classification des figures d'une analyse des opérations mentales trouvée chez Locke, et, chez Dumarsais, par exemple, s'intéressait au raisonnement «naturel», non «formaliste» (Douay 2007).

Depuis quelques années la théorie des métaphores s'est jointe à celle du *conceptual blending* (fusion conceptuelle), issue des travaux de Fauconnier et Turner (Fauconnier 1997). La théorie de la fusion conceptuelle vise entre autres à décrire l'influence de la cible de la métaphore sur sa source, comment, par exemple dans l'expression *creuser sa propre tombe*, la séquence causale du scénario-cible ('contribuer à sa propre perte') modifie le scénario-source (puisque creuser sa tombe n'entraîne pas normalement la mort). La description des métaphores conceptuelles peut alors être considérée comme un préalable à l'analyse des fusions, dans la mesure où les métaphores se chargent d'établir les correspondances entre le domaine-source et le domaine-but, tandis que les fusions unifient les deux domaines (Grady 2007). Enfin, la théorie de la fusion conceptuelle a à son tour opéré une jonction avec les grammaires de construction, sur la base de l'idée qu'une construction peut être décrite comme la fusion d'un patron syntaxique et d'un cadre actantiel (Fauconnier 1997).

4. La Grammaire Cognitive de Langacker: émergence et développement

Le cas de Langacker est bien différent de celui de Lakoff. Amérindianiste (spécialiste de la famille uto-aztèque), il s'inscrit dans la tradition linguistique américaine antérieure à Chomsky, celle qui précède la relative acculturation provoquée par la jeune école générative (la plupart des structuralistes étaient amérindianistes, Chomsky ne l'était pas). Cette tradition, par son versant structuraliste, l'inscrit, comme Lamb, dans une linguistique du signe qui pose comme fondamentale le rapport entre le plan du contenu et le plan de l'expression, et l'articulation entre les unités des deux plans (on décèle là, peut-être, une influence de Hjelmslev, que Langacker connaît[7]); par son versant Sapir-Whorf, cette tradition le conduit à se poser le problème de la relativité linguistique et des modes de conceptualisation induits par la langue (Langacker 1976).

7. Voir Langacker 1976: 323. Le rapport entre Hjelmslev et Langacker a été relevé aussi par Heyvaert (2003).

Comme je l'avais mentionné, Langacker est passé par une phase transformationnaliste. L'école générative le reconnaît comme le découvreur (en même temps que Ross) de contraintes sur la pronominalisation qui sont à l'origine des notions de c-commande et de barrière (Langacker 1969). Mais la description formelle de transformations et de contraintes purement configurationnelles semble être progressivement ressentie comme insuffisante. Dans son article sur les règles de mouvement transformationelles (1974), Langacker propose une explication fonctionnelle: ces règles serviraient à élever la saillance (*prominence*) d'un élément faisant partie du contenu propositionnel (*objective content*) de l'énoncé[8]. Par exemple, la règle de montée du sujet élèverait la saillance de cet argument en le faisant remonter au niveau de la proposition principale. Dans ce même article, le concept de saillance (*prominence*) est employé dans une reformulation des contraintes sur la pronominalisation, mises en évidence dans l'étude de 1969. Langacker est d'ailleurs revenu beaucoup plus tard sur le cas de ces structures que la grammaire transformationnelle décrivait au moyen de règles de mouvement. Dans la théorie récente, tout mouvement est aboli (Langacker 2000).

Dans un article typologique sur le passif (Langacker & Munro 1975), ce sont des phénomènes rétifs à l'analyse transformationnelle (et tirés des langues uto-aztèques) qui l'incitent à ne pas faire dériver la construction passive de la construction active, mais à la définir à un niveau plus profond, sous la forme d'une structure arborescente prédicative comme on en trouvait en sémantique générative. Point intéressant pour la suite, comme dans les langues concernées le passif est typiquement une construction impersonnelle ou nominalisée sans agent, la généralisation à l'anglais implique de considérer les syntagmes en *by SN* comme des prédications indépendantes. Le statut de l'argument du prédicat *by SN* est cependant délicat. Dans *Homer was executed by the terrorists*, *Homer was executed* figure deux fois dans l'arbre: comme structure passive, et comme argument de *by the terrorists*. On sait comment ce problème sera résolu ensuite: Langacker posera l'existence d'arguments «maximalement abstraits» spécifiés par des constituants de l'énoncé.

L'insatisfaction de Langacker à l'égard des réarrangements formels prônés par la grammaire transformationnelle s'exprime aussi dans son analyse des auxiliaires anglais (Langacker 1975, 1978). Selon cette analyse, les formes de surface des auxiliaires (et des modaux) ne sont pas issues de transformations mais sont isomorphes au plan du contenu: elles reflètent un éloignement progressif du centre, caractérisé comme «ground» (l'énonciateur, et plus tard la situation d'énonciation), suivant un «trajet épistémique» (*epistemic path*) qui traverse des strates successives (d'où le premier nom de la Grammaire Cognitive: *functional stratigraphy*): Enonciateur (Ground) > point de vue épistémique (modaux et temps, il analyse le prétérit comme un

8. Langacker lui-même évite de parler de «contenu propositionnel», pour des raisons qui ne nous retiendront pas ici.

temps-mode «distal» par rapport au réel de l'énonciateur) > prédication existentielle (active ou stative, glosée par DO et BE) > contenu objectif (propositionnel), par ex. pour *he might be running*:

(((G (DISTAL + MAY)) BE + STAT) RUN)

Comme chez Fauconnier, les centres énonciatifs ou cognitifs définissent ainsi des repères (autant de *Grounds*) par rapport auxquels une prédication est modalisée ou temporalisée, et le modèle a une représentation localiste (qui sera d'ailleurs réélaborée ensuite).

Quant à a fameuse dualité *figure / fond* qui va intervenir à de multiples niveaux de la Grammaire Cognitive, elle est introduite (1979: 100-2) pour analyser les phrases comme un enchaînement de prédications réduites à des *paires* figure / fond. Il s'agit là d'une idée qui n'est pas sans rappeler les origines mêmes de l'analyse en constituants par paires sujet / prédicat chez Wundt (Seuren 1998: 219-20) sauf que le sujet est analysé comme figure et le groupe verbal comme fond[9]. A ce stade de la théorie, les structures sous-jacentes ont dérivé, à partir de représentations apparentées à celles de la sémantique générative, vers des arbres à la Tesnière où les nœuds supérieurs sont des «régissants» (des morphèmes dépendants). Voisinent alors deux systèmes de représentation: l'un où la dépendance est figurée sur ce type d'arbres, l'autre où elle est indiquée sur les morphèmes eux-mêmes, à la fois sur leur face dite «phonologique», et leur face «sémantique». Ce dernier système finira par prévaloir.

L'asymétrie figure / fond sert simultanément à définir la composante sémantique («profile») qui se trouve mise en relief par un morphème quelconque, et qui spécifie son apport sur l'arrière plan d'une assemblée fonctionnelle (ou *base*, un concept proche de celui de *frame* chez Fillmore)[10]. C'est ainsi que la théorie à laquelle Langacker aboutit au tournant des années 70-80 finit par appliquer l'asymétrie figure / fond sur un domaine continu qui embrasse le lexique et la syntaxe.

Il me semble que le tournant décisif dans la théorie correspond au fait de traiter de la même manière le niveau lexical et le niveau syntaxique, à savoir d'appliquer la notion de figure à la fois à l'élément désigné par un morphème et à la tête d'une construction (définie comme *profile determinant*). Ce pas n'est pas encore accompli dans l'article de 1979, mais l'est bel et bien dans les travaux du début des années 80. C'est dans ces travaux que les schémas qui sont aujourd'hui utilisés prennent leur allure familière. Outre la représentation de l'asymétrie figure / fond à plusieurs niveaux, ils

9. Notons qu'au cours du 19ème siècle la question de la relation entre sujet «logique» et sujet grammatical, et de leur non-correspondance, était activement débattue. Cette question avait donc une portée psychologique aussi (Elffers 1999).

10. Comme chez Fillmore, l'exemple des termes de parenté illustre le cas d'une figure qui se profile sur une base (ou domaine), ici identifiée à un arbre de parenté. La représentation spatiale des relations de parenté est aussi un expédient qui permet de représenter le sens de morphèmes de langues amérindiennes, qui désignent des parents symétriques sur un arbre (1981).

servent d'autres fonctions: représenter visuellement les relations sémantiques elles-mêmes (par exemple un réseau de parenté ou la situation de communication) — représenter souplement, au niveau sémantique, l'effet des dérivations (par ex., dans le cas d'une nominalisation du type *runner*, par le surlignage de la figure du procès), ou encore l'effet de la grammaticalisation (par effacement d'une composante sémantique) — enfin, ils servent à figurer les liens d'*elaboration* (c'est-à-dire d'instanciation-spécification) et de *composition* entre structures, et d'une manière qui, en rompant avec les contraintes traditionnelles, permet de décrire aisément des phénomènes «exotiques» (par exemple, en luiseño la copie pronominale du nom complément d'une adposition, du type «homme à-lui» > 'à l'homme': il suffit de représenter 'homme' comme attaché au complément pronominal de la préposition par un lien de spécification).

Il n'est pas possible d'exposer ici les développements ultérieurs d'une théorie qui a depuis embrassé un vaste champ de phénomènes (la sémantique des catégories lexicales, le cas, la détermination, la quantification, la transitivité, l'ergativité, les relations grammaticales...; Langacker 1991b, 2000). Chez Langacker, la «psychologie», c'est-à-dire la théorie des facultés, des opérations mentales, et des biais cognitifs qui influent sur nos catégories (comme notre représentation des relations causales, par ex.) occupe une place considérable, plus que chez tout autre linguiste cognitiviste. Langacker lui-même a fourni tout récemment une introduction à sa théorie qui satisfera le lecteur désireux de se mettre au fait (Langacker 2007). Je souhaiterais seulement indiquer des aspects qui en sont, à mon avis, très caractéristiques.

La GC est une linguistique du signe: les unités de la langue sont des représentations sémantiques, des représentations phonologiques et des structures symboliques associant un sens à son *pôle phonologique*. Les seules structures admises sont des schématisations abstraites de ces structures, ou des compositions de structures. La GC est empiriste en ce que le processus d'abstraction extrait des régularités des formes récurrentes qui lui sont soumises. Depuis quelques années, cette conception empiriste a reçu l'appui des travaux de Tomasello (2003) sur l'acquisition (plus récemment, de ceux de Pine et Lieven), et s'est érigée en modèle rival de celui de l'instinct de langage. Sa proximité avec les grammaires de construction a renforcé l'impression que l'on se trouve face à un paradigme digne de concurrencer l'empire chomskyen, y compris sur ce terrain de l'acquisition (Fortis 2007).

L'orientation empiriste de la GC est encore confirmée par son recours à des modèles du monde et de la perception qui paraissent d'autant plus «évidents» qu'ils ont derrière eux une tradition philosophique. Je pense ici au modèle prototypique de la causalité, que Langacker illustre par l'exemple cher à Hume de la boule qui transmet son mouvement à une autre en la touchant (*the billiard-board model*, 1991b: 13-4). Bien sûr, l'exemple n'a plus vocation à inviter au scepticisme (comme chez Hume). Il ne s'agit plus de montrer en quoi notre modèle de la causalité va au-delà de ce que nous percevons, mais simplement qu'il est à l'œuvre dans les langues.

Comme chez Locke, l'esprit a le pouvoir de réfléchir sur ses propres opérations. Ainsi, c'est par cette faculté de réflexion que Langacker justifie que la saisie d'une scène *statique* puisse être exprimée *dynamiquement* (*la colline monte doucement*): l'esprit, en percevant la nature *processive* de cette saisie, la transfère à la scène vue, par un procédé qui prend le nom de *subjectification* (Langacker 1991b: 162). Cette relation de l'esprit à ses propres opérations est envisagée comme celle d'un sujet traitant sa propre perception d'une *scène* (le contenu objectif des débuts, maintenant *onstage region*). Cette forme de réflexion permet de rendre compte de questions relatives à la métaphore, mais aussi au changement sémantique et à la grammaticalisation.

La linguistique cognitive a emprunté à la GC des outils théoriques, comme les notions de *subjectification*, de *summary / sequential scanning*, de *conceptual path*..., et parfois adopté son vocabulaire (*grounding*, *elaboration*, *(partial) sanction, usage-based theory*...). Mais comme l'a noté François (2008), les représentations ne sont guère faciles à manier dès qu'une structure est complexe et elle reste l'enfant d'un seul esprit. Son pansémantisme, qui conduit à trouver un corrélat conceptuel aux structures non phonologiques, mène parfois à des définitions très vagues (telle celle du sujet comme *figure* au niveau propositionnel, ou de la catégorie du nom comme *région* dans un *domaine*). L'absence d'un point de vue fonctionnel (par exemple sur les parties du discours), ou pragmatique se fait parfois sentir[11]. Néanmoins, la GC demeure la théorie la plus compréhensive de toutes celles élaborées dans la linguistique cognitive américaine.

5. De la typologie à la Gestalt: Talmy

Dès les origines, les travaux de Talmy reflètent des préoccupations qui deviendront centrales dans la linguistique cognitive. Il utilise les notions de figure et de fond avant que Langacker ne le fasse. Sa typologie est d'emblée sémantique, au sens où elle traite de la lexicalisation et de la distribution syntaxique d'un type d'information.

Sa thèse de 1972 est une comparaison entre l'anglais et l'atsugewi (langue amérindienne de Californie) portant sur le codage de différents types d'événements et en particulier sur le codage des relations spatiales. Je m'attarderai un peu sur sa thèse, qui est moins connue que les travaux ultérieurs. Le cas des relations spatiales servira ici à illustrer l'approche de Talmy.

Talmy décompose à un niveau profond (dit *bathic*) toute situation spatiale (*translatory situation*) en quatre composants sémantiques qu'il identifie comme la Figure (*Figure*), le Fond (*Ground*), le Directionnel (*Directional*) et le Composant Moteur (*Motive*). Signe des temps et influence probable de la sémantique générative, il postule qu'une structure sous-jacente universelle permet de dériver les énoncés codant ce type de situation. L'arbre qui suit illustre l'approche.

11. Levinson a vertement reproché à Langacker de négliger la pragmatique (cf. François 2008).

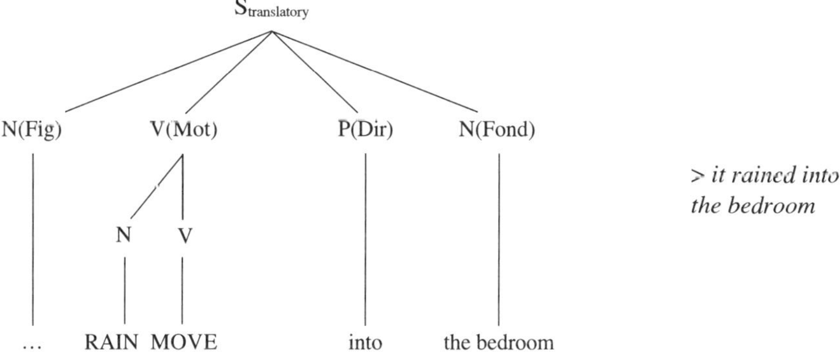

La Figure est, au niveau profond (les constituants profonds sont en capitales), un nom (RAIN) qui vient s'adjoindre à la primitive MOVE pour former le verbe de surface *to rain*. L'atsugewi procède de même avec un éventail de noms «classificateurs» (mais se passe d'un explétif comme le *it* anglais). Dans les deux langues, ce type de dérivation construit ce que Talmy appelle des radicaux-FM (qui fusionnent la Figure et le Composant Moteur). Il va alors décrire les différentes bases verbales, et les préfixes et suffixes verbaux «classificateurs» de l'atsugewi comme des radicaux fusionnant des composants de la situation de base. Les verbes qu'on ne peut dériver par des composants de la structure sont produits par adjonction d'un composant externe (par exemple par l'adjonction d'un adverbe: MOVE+ ADV(AFLOAT) > 'to float').

Dans l'arbre qui suit, représentant un radical complexe, sont illustrés deux types de fusion, l'une entre un composant sémantique de la Figure et la primitive MOVE, l'autre entre le composant Directionnel et le Fond. La Figure a une spécification supplémentaire apportée par le préfixe classificateur *uh-* ('corps tombant sous son poids, corps qui vole'), son expression est donc distribuée sur plusieurs morphèmes:

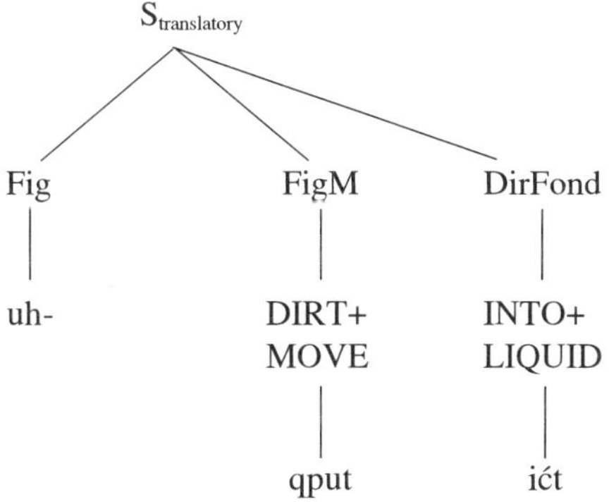

> 'quelque chose de sale est tombé dans un élément liquide'

Talmy en vient ainsi à examiner la manière dont est répartie l'information en anglais et en atsugewi. Il remarque qu'en atsugewi, la spécification des composants sémantiques comme LIQUIDE se fait facultativement et en dehors du verbe (par ex. par PREP + *eau*), de sorte que si la situation ne l'exige pas, un rôle peut demeurer sous-spécifié (comme dans l'exemple ci-dessus). Ce phénomène le conduit alors à s'interroger sur la différence entre une structure où le rôle est spécifié en dehors du verbe et une structure où il est indiqué dans le verbe. Cette différence, il la décrit en termes de relief attentionnel: la lexicalisation du rôle en dehors du verbe focalise sur le composant sémantique en question tandis que son incorporation au verbe tend à le mettre hors champ. Dans *He went to New York by plane* «by plane» est en focus (*foregrounded*) tandis que dans *He flew to New York*, BY-PLANE est incorporé au niveau profond à la primitive MOVE (MOVE-BY-PLANE > *fly*) et se trouve donc hors champ (*backgrounded*).

On trouve donc déjà dans la thèse de 1972 beaucoup des thèmes qui seront retravaillés ensuite: la typologie de l'expression du mouvement, les phénomènes relatifs à la mise en relief de l'information, la distribution et la lexicalisation de l'information. En revanche, Talmy va abandonner l'idée de patron syntaxique sous-jacent aux dérivations, pour ne conserver qu'un «cadrage» (*framing*) de l'événement en composants sémantiques. Il rompt ainsi avec le style génératif.

Un axe important se dégage alors, celui des systèmes cognitifs structurant la perception. «Perception» s'entend ici en un sens proche de celui de la théorie de la Gestalt: notre perception des relations spatiales est en même temps la saisie de propriétés qui viennent organiser le champ perceptif. Le champ perceptif est donc organisé activement par la perspective prise sur lui. La perspective est distale et synoptique dans *There are some houses in the valley*, mais proximale et mobile dans *There is a house every now and then in the valley* (Talmy 1983, 1988a). Plus tard, ces modes de conceptualisation seront envisagés sur un continuum allant de la perception à la conception, selon le degré de factualité de la représentation linguistique d'une scène (faible dans *That moutain range goes from Canada to Mexico*; Talmy 1996)[12]. A lire ces textes, il apparaît qu'une phénoménologie de la perception est un préalable nécessaire à la typologie des descriptions d'événement (spatiaux ou autres).

Conformément à cette continuité entre perception et conception, les notions de Figure et Fond sont considérablement élargies (1978). Elles s'appliquent par exemple aux rapports entre événements (causant / causé, des relations de subordination sont exprimées en termes de relation localisateur / localisé;

12. L'idée que les «compléments» apportés au perçu font encore partie du processus de perception se trouve dans l'école de la Gestalt. Elle a été défendue par le psychologue belge Albert Michotte (1881-1965). Michotte est encore bien connu chez les psychologues et en sciences cognitives. Je ne sais pas si ces travaux sur la perception des compléments des structures perceptives et de la causalité sont connus de Talmy.

1988a). Cependant, elles apparaîtront trop simples pour rendre compte des multiples perspectives qui peuvent être prises sur une même séquence d'événements, et seront remplacées par des *modes perspectivaux* plus complexes (1988b). Etant donné son extension, l'asymétrie Figure / Fond court le risque de se dissoudre dans la longue liste des «phénomènes attentionnels», c'est-à-dire des procédés par lesquels les langues mettent en relief un signifiant ou un signifié (Talmy 2007). L'inventaire de ces procédés en vient à inclure aussi les phénomènes autrefois décrits en termes de *foregrounding* / *backgrounding* (cf. 1985: 128-fin et 2007).

L'un des systèmes cognitifs d'organisation de l'information postulés par Talmy est celui dit de la *dynamique des forces* (*force dynamics*). Dans un article désormais fameux (1988b), Talmy présente les éléments d'une physique naïve des forces qui présiderait à l'expression des relations de causalité. Son analyse rompt d'ailleurs avec la conception habituelle de la causalité prototypique (celle de Langacker par exemple) et croise plusieurs paramètres (tendance au repos ou au mouvement, rapport des forces en opposition, changement résultant ou non). En faisant varier ces paramètres, on obtient *plusieurs* cas typiques de relation dynamique, non un seul. Les énoncés décrivant des relations causales sont ensuite rapportés à cette typologie. Le cadre de la dynamique des forces a été repris par Sweetser (mais dans un sens moins physicaliste) dans son analyse des verbes modaux anglais (Sweetser 1990). Wildgen suggère que Talmy aurait pu être influencé par des travaux proposant une approche biocybernétique et dynamique de l'action (ceux de Brennenstuhl, Ballmer et Leyton; cf. Wildgen 2008: 91-3).

Enfin, reprenant le thème de la lexicalisation et de la typologie des événements, Talmy a introduit une distinction générale entre langues *verb-framed* / *satellite-framed*, selon que l'événement «cadrant» d'une prédication est codé par le verbe ou un satellite du verbe (le cadre pouvant être le «contour temporel»: *acabo de comer* : verb-framed vs *ich habe gerade gegessen* / *I just ate* : satellite-framed; Talmy 1985, 1991). D'abord proposée dans le cadre d'une typologie de l'expression du déplacement, cette distinction sommaire a servi de base théorique à de nombreuses études interlinguistiques visant à comparer les diverses stratégies de représentation de la trajectoire (Slobin 1996)[13].

Des quatre auteurs que je passe en revue ici, Talmy est peut-être celui dont l'évolution est la moins sensible. Dès sa thèse, sa préoccupation centrale est la manière qu'ont les langues de représenter les composants sémantiques d'un événement ou d'une situation. Progressivement, il a étendu les

13. Ces observations ne sont pas nouvelles. Tesnière (1965: 303-309) en avait fait de similaires. Koch reprend sa notion de métataxe et, faisant le compte des prédécesseurs de Talmy, remonte à Bally (Koch 2001). La notion de satellite est étroitement lexicale au début (elle n'inclut pas les syntagmes adpositionnels, seulement les affixes, particules, noms incorporés). Elle sera ensuite étendue aux syntagmes adpositionnels, mais dans les travaux reprenant Talmy.

composants sémantiques initiaux (relatifs à l'espace et au mouvement) à la description de phénomènes de plus en plus variés. Une de ses singularités est, je crois, d'avoir lié une phénoménologie de la perception à l'étude des procédés de lexicalisation, d'organisation et de distribution de l'information dans la phrase.

6. *Frames* et constructions: Fillmore

Reconstruire l'évolution de la pensée de Fillmore est rendu d'autant plus aisé que Fillmore lui-même s'en est chargé (Fillmore 1982, 1987). De son récapitulatif on peut retenir plusieurs éléments qui me paraissent particulièrement suggestifs. Comme étudiant à l'université du Michigan, où l'influence de Charles Fries était forte, il a participé à un projet de linguistique «empirique», en l'occurrence d'analyse distributionnelle. Il a travaillé ensuite sur un autre projet de classification des verbes anglais en fonction de leur types constructionnels (à la Maurice Gross). Il se situe donc dans une mouvance distributionnaliste à visées pratiques, centrée sur l'idée de substitution dans un contexte: Charles Fries est un des initiateurs de la linguistique appliquée, un avocat du *pattern practice* en apprentissage d'une langue seconde et il a collaboré avec Pike, le pape de la tagmémique.

Des projets auxquels il a collaboré, Fillmore nous dit qu'il a retenu surtout l'importance des rôles thématiques pour rendre compte des similitudes distributionnelles. C'est cette prise en compte des rôles thématiques qui le conduit à critiquer l'hétérogénéité des niveaux d'analyse correspondant aux structures profondes (il remarque que les relations grammaticales, par ex., ne sont pas suffisamment «profondes»; cf. Fillmore 1968). Il reconnaît au passage l'influence de Tesnière: chaque cadre casuel est comme une petite scène où se joue un acte abstrait. Puis il élargit cette scène à des connaissances mondaines d'arrière-plan (les rôles thématiques généraux étant spécifiés par ces connaissances d'arrière-plan). La prise en compte des connaissances d'arrière-plan est alors étendue à l'analyse du lexique, tandis que la pertinence de la situation de communication l'incite à s'intéresser à la deixis (Fillmore 1997). Il élargit considérablement sa notion de *frame* pour lui faire désigner des changements de perspective, que cette perspective soit axiologique (*stingy* / *thrifty*) ou perceptive et praxéologique (*coast* / *shore*). Elle lui sert aussi à décrire des alternances de registre, ou des champs lexicaux, reconnaissant au passage sa dette à la Wortfeldtheorie, dont il critique par ailleurs l'enfermement dans une conception purement contrastive et linguistique du sens[14].

14. Fillmore accuse les champs lexicaux de la sémantique structurale d'être fermés sur eux-mêmes et simplificateurs, c'est-à-dire de négliger les asymétries entre les termes qu'ils relient, ces asymétries étant de l'ordre de l'usage (*boy* ne s'emploie pas comme *girl*, pas aux mêmes âges, par ex.), du comportement grammatical, du niveau taxinomique, des connaissances

Curieusement, Fillmore cite Stuart Mill comme un précurseur (1985: 224-5). Il est vrai qu'une partie de la notion de *frame* (celle qui concerne la notion de termes relatifs comme *père-fils*) était traditionnellement prise en charge par la philosophie (par la notion de connotation, par exemple chez Occam). La notion semble plutôt croiser de nombreuses influences venues de la psychologie, par le biais de la notion de schéma (comme trame forçant une réorganisation du donné chez Bartlett dans les années 30), de l'intelligence artificielle (chez Minsky, ou chez Schank et Abelson), et de la linguistique (Fries, Pike et la théories des champs lexicaux, déjà mentionnées)[15].

L'autre champ d'activité de Fillmore concerne l'élaboration d'une théorie grammaticale fondée sur la notion de construction. Il s'agit, dans ce programme, d'éliminer de la théorie dominante (la grammaire générative) un point aveugle, en réintégrant des phénomènes qu'elle a marginalisés, les expressions idiomatiques, et partant de ces phénomènes, de construire une théorie alternative. Le problème réside dans le fait que les expressions idiomatiques, en plus d'être parfois irrégulières du point de vue grammatical, sont faiblement compositionnelles du point de vue sémantique.

Initialement, le propos est de classer une expression en fonction de son degré de compositionnalité sémantique et de critères de bonne formation et de productivité (l'expression a-t-elle une structure grammaticale inhabituelle, «extra-grammaticale»? Quel est son degré de figement?; Fillmore *et al.* 1988). En combinant ces deux dimensions (sémantique et syntaxe), Fillmore et ses collaborateurs obtiennent une classification des expressions idiomatiques (sémantiquement opaques ou non, extra-grammaticales ou non, figées ou non, associées à des situations pragmatiques ou non). Mais comment passe-t-on d'une classification des expressions idiomatiques à une grammaire de construction?

Le phénomène choisi est la construction en *let alone* (*Max won't eat shrimp, let alone squid*; *ibid.*). En analysant cette construction, les auteurs montrent que son comportement syntaxique la fait appartenir à plusieurs paradigmes constructionnels: divers tests syntaxiques permettent de l'apparenter à une conjonction comme *and*, mais pas totalement — d'autres tests montrent qu'elle est proche de construction à double focus (comme *she didn't eat a bite, <u>never mind</u> / <u>not to mention</u> a whole meal*), etc[16]. Maintenant, on peut montrer que certaines restrictions sur la productivité de la construction sont à imputer à sa sémantique. On en conclut qu'à un comportement

mondaines d'arrière-plan etc. Les champs lexicaux, en outre, analysent trop finement le sens (cas d'oppositions lexicales inertes du point de vue sémantique), ou ne l'analysent pas du tout (cas des champs contenant un seul morphème).

15. Sur l'histoire de la notion de *frame*, voir Nerlich & Clarke (2000).

16. Cette technique d'analyse combine les tests syntaxiques de la grammaire générative (*gapping*, *raising* etc.) mais aussi les tests de substitution. Cette dernière méthode est de fait très proche de celle qu'employait Fillmore lorsqu'il construisait des classes distributionnelles (sous l'égide de Charles Fries), du type {but} yet' sur la base de *John is Mary's husband but / yet he doesn't live with her* (Fillmore 1982).

syntaxique singulier est associé une signification idiosyncrasique. Comme, en outre, la construction est productive et apparentée à d'autres (par ex. *...never mind / not to mention...*), il faut considérer qu'elle entre dans une classe de constructions plus large. Autrement dit, il y a des constructions plus ou moins générales ou schématiques, et Fillmore et Kay considéreront qu'une construction spécifique hérite certaines propriétés de constructions plus générales. A un extrême, on trouvera des constructions peu (*kick the bucket* 'casser sa pipe') ou pas du tout productives (*by and large*). Bref, dans cette optique, la grammaire devient un réseau de constructions à différents niveaux de schématicité, tant syntaxique que, dans une certaine mesure, sémantique (Fillmore et ses collaborateurs n'excluent pas que des constructions très schématiques n'aient pas de sens; elles ne sont alors que des patrons syntaxiques; Kay & Fillmore 1999).

L'idée même d'identifier la langue à un inventaire de constructions plus ou moins schématiques est à l'évidence très proche des conceptions de Langacker, à cette réserve près que Langacker insiste sur la non-économie du système (il y a de l'information redondante chez Langacker, alors que celle-ci tend à être éliminée par un processus d'héritage de propriétés chez Fillmore). D'autre part, comme une construction peut être considérée comme un signe associant une forme à un sens, on peut lui appliquer les mêmes principes d'analyse que ceux de la sémantique lexicale (voir ci-après). Lakoff (1987), par exemple, a analysé la construction en *there...* selon les principes des transferts de sens par métaphore conceptuelle. Mais c'est à Goldberg (1995) qu'est dû le mariage d'une approche à la Fillmore, moins sa non-redondance, avec une analyse sémantique en catégories radiales à la Lakoff. Dans la lignée de Goldberg, Michaelis et Ruppenhofer se sont essayés à une analyse constructionnelle de la structure applicative allemande *be-V ACC* (du type *steigen* 'monter' > *besteigen* 'monter-dans / sur'; Michaelis & Ruppenhofer 2002).

Comme des idées assez proches ont été développées par d'autres linguistes (Jackendoff et Wierzbicka notamment), on peut dire que les grammaires de construction constituent aujourd'hui un paradigme théorique puissant, dont l'attrait est renforcé par les points de contact qu'il a établis avec la psychologie de l'acquisition (Tomasello) et même la psycholinguistique (par le biais des travaux sur le traitement des expressions idiomatiques, par exemple; cf. Gibbs 2007)[17].

7. La sémantique lexicale

Le fait de placer la sémantique lexicale au cœur de la linguistique, sans pour autant limiter cette sémantique à la liaison avec la syntaxe, resitue la linguistique cognitive dans une tradition que la grammaire générative et les

17. Pour un panorama, voir Croft (2007) et surtout François (2008) et Legallois et François (2006).

grammaires formelles avaient quelque peu marginalisée. Ce renouveau de la sémantique lexicale va s'effectuer en partie sous l'influence d'une notion qui va dominer la théorie sémantique, celle de *catégorie*.

Dès les années 50, des travaux tentent d'isoler les facteurs déterminant le choix de nos catégories linguistiques et le niveau de généralité de ces catégories. On cite parfois le psychologue et spécialiste de l'acquisition Roger Brown, comme un pionnier[18]. Dans son étude de 1958, Brown traite deux questions majeures: pourquoi l'usage ne respecte pas toujours une loi «établie» par Zipf (la fréquence d'usage est inversement corrélée à la longueur du mot) et pourquoi les enfants qui, typiquement, surgénéralisent, emploient pourtant les mots des adultes reflétant des discriminations plus fines. La conclusion est utilitariste (les catégories retenues sont celles qui sont les plus utiles dans un contexte social donné) et peu surprenante (les enfants sont influencés par les adultes). Enfin, Brown constate que les hiérarchies taxinomiques se développent souvent à partir d'un *niveau moyen d'abstraction* (précurseur du *basic level* de Rosch).

Mais l'initiative vient surtout de Lenneberg, qui veut mettre à l'épreuve l'hypothèse de Sapir-Whorf, dans une optique qui vise à opérationnaliser, pour la rendre testable, la notion de signification en la réduisant à la dénotation (celle du vocabulaire des couleurs)[19]. Ses premiers travaux sont presque nominalistes: c'est un index de codabilité de la couleur dans la langue considérée qui explique le degré de facilité à mémoriser cette couleur (Brown & Lenneberg 1954). Dans un esprit empiriste, le vocabulaire des couleurs devient ainsi un *language of experience* (Lenneberg & Roberts 1956). Progressivement, l'observation que les couleurs perçues comme focales ne varient pas avec les cultures, faite aussi par Rosch, l'amène à une perspective non plus nominaliste mais, selon ses termes, «néo-kantienne»: les concepts linguistiques reflètent la structure qui organise d'une manière prédéterminée les stimuli physiques (Lenneberg 1962).

C'est dans ce contexte que Rosch (ex-étudiante de Brown) publie ses premiers travaux sur la catégorisation (1971, 1972). Les couleurs focales deviennent des «points de référence» *cognitifs* ou des *prototypes*, et cette dernière notion est peu à peu étendue à d'autres catégories. Chose remarquable, en dépit de ses proclamations anti-objectivistes, Lakoff accepte la thèse naturaliste (qui conclut à l'influence de la neurophysiologie) dans son ouvrage de 1987, non sans tenter de concilier le déterminisme neurophysiologique avec

18. Son livre *A First Language: The Early Stages* (1973) est un classique de la psychologie de l'acquisition du langage. Outre Rosch, Bellugi, Bowerman, Slobin et Pinker ont été ses étudiants à Harvard.

L'autre origine de la notion de prototype se trouve dans les travaux de psychologues travaillant sur la catégorisation de stimuli construits ad hoc (par exemple des dessins de visages ou des nuages de points). L'étude pionnière, due à Posner et Keel, date de 1968. Toutefois, ce type de recherche n'a pas eu de répercussions directes en linguistique (à ma connaissance).

19. Lenneberg est connu aussi pour l'hypothèse dite de la *période critique* d'acquisition du langage. Le sujet est exploré dans son célèbre *Biological Foundations of Language* (1967).

la variabilité linguistique (et donc sans remettre en cause ni Rosch, ni la trop fameuse étude de Berlin & Kay; sur Brown, Lenneberg et leur suite, cf. Lucy 1992; voir Rastier 1991 pour une critique de la théorie du prototype à la Rosch).

A partir de la fin des années des années 1970, la linguistique cognitive s'empare des travaux de Rosch sur la catégorisation. Rappelons ici brièvement leur teneur. Rosch entend établir que *catégoriser*, c'est assigner un item à une catégorie en fonction du nombre d'attributs que cet item partage avec une catégorie donnée et avec des catégories contrastives. Les exemplaires les plus représentatifs d'une catégorie sont ceux qui ont le plus d'attributs en commun avec les autres exemplaires de la même catégorie et qui partagent le moins d'attributs avec les exemplaires de catégories contrastives. D'autre part, les catégories à différents niveaux taxinomiques ne sont pas traitées de même: le niveau dit «de base» (*chien* par rapport à *mammifère*, par exemple) est cognitivement privilégié: il a, parmi ses propriétés, celle d'être le niveau le plus abstrait où sont présents le maximum de traits différenciateurs de la catégorie (en montant dans la taxinomie on perd beaucoup de traits, en descendant on en gagne peu). Cette théorie fait jonction avec la notion de ressemblance de famille (trouvée chez Wittgenstein), souple mais dangereusement vague, et des linguistes commencent à l'utiliser avec un point de vue sémasiologique[20]. La catégorie en vient ainsi à désigner un lexème et les exemplaires de la catégorie des acceptions partageant plus ou moins de traits avec le sens prototypique, le tout formant une *catégorie radiale* (un réseau d'acceptions où le protype est central). Comme un lexème peut avoir des acceptions appartenant à plusieurs champs (spatial ou temporel, ou notionnel, par exemple dans le cas d'une adposition), on cherche alors à expliquer cette multi-appartenance en distinguant un sens central (ou prototypique) dont dériveraient les autres acceptions. Pour expliquer comment les extensions dérivent du prototype, la sémantique cognitive adopte un point de vue mentaliste (et individualiste: l'objet langue est interne à l'individu): le sens central est métaphorisé, transposé (de l'espace au temps, le plus souvent), réduit à l'un de ses éléments etc. Un des domaines d'application de la théorie sera celui des adpositions spatiales et de leurs extensions non-spatiales (Brugman 1988, Lakoff 1987, sur *over*). Le sujet concerne des morphèmes à haut degré de polysémie et a l'avantage de faire spontanément appel au schématisme et à la représentation visuelle. Dans la

20. Kleiber (1990) narre ces développements dans leur détail et en fait une critique serrée. Lewandowska-Tomaszczyk (2007) s'efforce de distinguer les différents modèles de représentation sémantique (réseaux catégoriels, structure à ressemblance de famille, réseaux à degrés de schématicité dans le style de Langacker) et montre comment ils peuvent être utilisés conjointement.

Il ne s'agit pas ici d'affirmer que la sémantique cognitive est uniquement sémasiologique. Pour ne citer qu'eux, Lakoff (sur les métonymies et métaphores associées à ANGER) et Geeraerts et ses collaborateurs (Grondelaers et al. 2007) ont produit des travaux onomasiologiques.

linguistique cognitive «globalisée», l'approche dominante est localiste et les sens spatiaux (souvent statiques et parfois cinétiques) privilégiés. Cette primauté du spatial est une vieille tradition[21], qui se prévaut d'arguments diachroniques bien connus, mais aussi du privilège cognitif que confère au domaine des relations spatiales leur richesse d'organisation (Lakoff & Johnson 1999: 55-6; Groussier 1997 pour une discussion). Il est cependant difficile d'établir que, du point de vue de leur représentation mentale, les usages spatiaux constituent le foyer central (Rice 1996). L'orientation localiste de nombreux travaux a été critiquée par Cadiot et Visetti (2001).

En empruntant les idées de Rosch, et parce que son point de vue était surtout sémasiologique, la sémantique cognitive a négligé plusieurs points important: chez Rosch (et chez d'autres psychologues de la catégorisation, Smith & Medin 1981), les traits déclenchant la catégorisation sont eux-mêmes pondérés en fonction de leur valeur contrastive avec d'autres catégories (cette pondération correspond chez Rosch à l'index dit de *cue validity*; cf. pour d'autres facteurs de pondération, Smith & Medin 1981) — et le sens central ne correspond pas nécessairement à un exemplaire (ce que Rosch observe, ce sont des *jugements* de typicalité). Mais avec la sémantique cognitive disparaissent les facteurs de pondération des traits et le sens central, s'il n'est pas schématique, est une acception attestée.

Comment expliquer ce succès de Rosch? D'une part, sa théorie peut se prévaloir de la validation expérimentale. L'adopter, c'est contribuer à réaliser le programme interdisciplinaire des sciences cognitives et fonder des phénomènes linguistiques sur un biais cognitif général (c'est-à-dire la tendance à «prototypicaliser»). Comme ce biais cognitif, dans les travaux initiaux de Rosch, reflète des corrélations «naturelles» de traits, on se berce de l'illusion qu'on a trouvé de quoi fonder objectivement les sortes naturelles identifiées par les langues; il s'agit de faire monter d'un cran au-dessus du niveau des impressions sensibles le fondement universel des concepts. Les emprunts à Rosch ont peut-être aussi une explication conjoncturelle: face à l'approche de la compétence sémantique qu'on trouve chez Katz et Fodor, la sémantique cognitive cherche une théorie psychologique de la performance, que le générativisme, par son rejet du E-language tendait à exclure (voir Geeraerts 1988 pour le rôle pivot de Katz et Fodor). En décrivant la diversité des acceptions et leur déformabilité, elle vise à rendre compte des effets sémantiques contextuels. Enfin, le point de vue psychologique et sémasiologique renoue avec la sémantique historique pré-structuraliste, et donc avec des thèmes qui remontent aux origines de la sémantique linguistique: la recherche d'explications aux tranferts sémantiques (théories du changement du sens au 19ème siècle, et en sémantique cognitive théorie de la polysémie d'abord, accompagnée d'un renouveau de la sémantique

21. Les Modistes, par exemple, ont importé dans leur grammaire des idées venant de la physique aristotélicienne et de sa théorie du mouvement. Notre concept de transitivité dérive en partie de cet emprunt (Kelly 1977).

diachronique), l'importance donnée à la métaphorisation et aux figures, la question des contours flous du sens lexical (Geeraerts 1988, 1993, 1999; Nerlich 1998). Le point de vue individualiste a entraîné une focalisation de la recherche sur les causes cognitives des transferts de sens, alors que la sémantique lexicale antérieure a souvent considéré qu'une telle explication était trop descriptive (trop «classificatoire» ou «formelle» et pas assez causale), et pouvait masquer les processus sociaux et historiques, comme les calques ou les emprunts, motivant ces transferts (voir à cet égard les remarques très révélatrices d'Ullmann 1957: 205s). Le point de vue très lexicaliste a conduit à négliger des phénomènes syntagmatiques que la sémantique traitait autrefois (par ex. l'ellipse, ou encore, chez Bréal, la *contagion*). L'ambiance rationaliste qui imprègne l'ère cognitive a mis en retrait le facteur d'affectivité ou d'émotivité, qui était important, voire central pour certains sémanticiens (comme Sperber ou Stern). Enfin, le privilège typiquement empiriste accordé au spatial, au sensori-moteur ou à la proprioception ont conduit à négliger quelque peu les facteurs culturels. La mise au point de Geeraerts et Grondelaers sur l'origine culturelle de certaines métaphores de la colère, dirigée contre l'explication exclusivement «proprioceptive» de Lakoff, constitue à cet égard un cas d'école (Geeraerts & Grondelaers 1995). Elle a depuis été corroborée par une thèse qui a documenté l'importance de la théorie médicale des humeurs pour une classe de métaphores de la colère (Gevaert 2007).

8. Le cas de la France: Gustave Guillaume

Ne parler que de la linguistique cognitive d'origine américaine serait oublier qu'il existe aussi d'autres traditions nationales. Se pose alors immédiatement le problème de savoir s'il est juste de rapprocher ces traditions de la linguistique cognitive américaine, et dans quelle mesure il est pertinent, du point de vue historique, de les comparer.

Du point de vue épistémologique, il peut être fructueux de voir comment des chercheurs travaillant dans des cadres différents traitent des problèmes similaires (par exemple l'article ou le système des temps) ou inventent des outils descriptifs qui ont une indéniable parenté. Du point de vue historique, le rapprochement peut se faire à un niveau très général, celui d'une légitimation progressive de l'idée que l'étude empirique des langues peut nous apprendre quelque chose de la pensée, et réciproquement. J'aborderai cette question dans la conclusion.

Plus modestement, je présenterai ici, très succinctement, certaines approches françaises relevant d'une linguistique mentaliste (voir aussi Fuchs 2008).

Il est sans doute plus facile de commencer par Gustave Guillaume, «aïeul tutélaire de la sémantique cognitive *à la française*» (Rastier 1993: 172). Il a fait école et son influence est encore sensible aujourd'hui.

La généalogie intellectuelle de Guillaume est difficile à reconstruire. On sait apparemment peu de choses de sa vie, et il a eu une formation initiale d'autodidacte (Valette 2006: 57s). Son premier grand ouvrage (1919) entend montrer que la reconstruction historique fondée sur des formes est insuffisante pour comprendre le rôle que joue l'article en synchronie (en français, *un* n'a pas un démonstratif pour origine, contrairement à *le*, et pourtant les deux font système). L'ouvrage se situe donc dans un mouvement général de la linguistique vers la synchronie et la dévalorisation de l'étymologie (qu'on retrouve chez Bréal un peu auparavant). Certes, Guillaume ne se prive pas de faire appel à des données historiques mais ces données sont là surtout pour illustrer «l'action sémantique» du système et les résistances au système (par exemple la persistance de l'article Ø devant *terre* ou *ciel*), et son angle d'approche est celui des opérations de pensée. Selon Guillaume, le problème que l'article français vise à résoudre est celui de l'excès d'idéalité (par rapport au discours, au contexte) du nom nu («en puissance»), dont le contenu est celui d'une notion abstraite. Au moyen de l'article, le contenu du nom est dimensionné par rapport à un espace «idéel» (*le* sature le «fond de l'espace», *un* le remplit partiellement; 1919: 59). L'ouvrage est foisonnant et ce résumé à très gros traits ne fait pas honneur à toutes les conséquences qui sont tirées de ces principes généraux.

Guillaume affirme qu'il entend dépasser Saussure en articulant le plan de la langue (de la «puissance») au plan du discours («l'effet»), et veut s'élever au-dessus de la linguistique historique, trop positiviste et préoccupée de faits attestés (Guillaume 1973: 68s, 101s). Cette articulation entre puissance et effet s'opère dans le mot, qui sémiotise un contenu de pensée selon un mouvement qui fait passer d'une *matière* sémantique (antérieure aux parties du discours) au mot complet en dotant cette matière d'une forme (1971, leçon du 22 janvier 1942, série B).

La théorie (la «psychosystématique» ou «psychomécanique» à partir de 1945, Guillaume emploie les deux)[22] pose l'hypothèse que les représentations sous-jacentes à la langue et au discours sont des saisies prises sur un mouvement de pensée qui se déploie dans le temps (*chronogénèse*), et qui tend vers la systématicité. Cette idée va présider à la description de nombreux sous-systèmes mais s'applique d'abord au phénomène qui a servi de contexte à sa découverte, l'opposition de l'indicatif et du subjonctif (Valette 2006: 84-5). Pour Guillaume, les modes sont ordonnés dans la chronogénèse: les formes quasi-nominales (*marcher-marchant-marché*) qui ne contiennent pas encore de rapport aux époques passé-présent-futur, le mode subjonctif (domaine de l'inactualité, du temps amorphe non encore construit en différentes époques), enfin, le mode indicatif. Dans le mode quasi nominal s'observe à nouveau un mouvement: y alternent tension (*marcher*),

22. Sur l'interprétation de *-mécanique* dans *psychomécanique*, voir Fuchs (2008), qui établit un rapprochement entre Guillaume et les premiers cybernéticiens (Valette 2006 s'attarde également sur l'intérêt de Guillaume pour la cybernétique).

tension-détension (*marchant*) et détension (*marché*), point où le verbe ne contenant plus de tension perd sa nature verbale et requiert un auxiliaire (*avoir marché*). Ces mouvements de pensée alternatifs (que Guillaume appelle des «tenseurs» et dont il donne une représentation spatiale) se retrouvent dans de nombreux sous-systèmes, dont celui des articles un-le-Ø, réanalysé cette fois d'une manière plus abstraite que dans l'ouvrage de 1919 (Guillaume 1945) comme un mouvement alternant de particularisation (*un*) — universalisation (*le*) — concrétion (Ø). Sous sa forme la plus connue, destinée à représenter le système *un* / *le*, le tenseur des articles a la forme suivante:

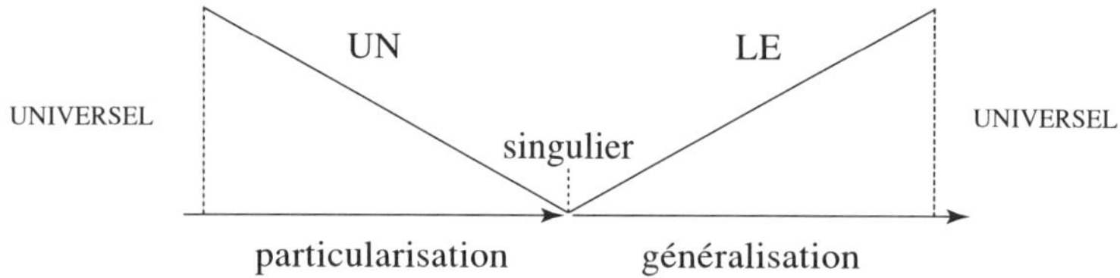

Le statut des représentations figurées va évoluer: d'abord commodités à visée heuristique, elles vont acquérir pour leur auteur une réalité psychologique (sur ce passage, voir Valette 2006: 105).

Quelles ont pu être les influences de Guillaume? Guillaume n'est pas le premier à corréler des phénomènes linguistiques à une position dans un acte mental. L'idée se trouve chez Beauzée, dans un article de l'*Encyclopédie* où l'auteur oppose l'attribut allemand (invariable), saisi précocément dans l'acte de jugement, et l'attribut français, qui est rapporté à son sujet et s'accorde avec lui (Auroux 2007). J'ignore si Guillaume a été influencé par Beauzée. On sait (Valette 2006) que Guillaume a lu Aristote, Hegel, Bergson. De ce dernier il a peut-être tiré l'importance de la spatialisation du temps, la notion de *tension* (en rapport avec celle de *durée*), l'idée que les mots «jalonnent» la pensée. Le mouvement alternatif du tenseur pourrait être un écho de Hegel, qui analyse les concepts comme des mouvements dont l'état final sursume (*Aufhebung*) les moments précédents. La caractérisation du mouvement de pensée fondamental comme celui de la particularisation / universalisation évoque certaines définitions hegeliennes du concept[23].

On ne peut s'empêcher de remarquer que Guillaume se joint à un mouvement plus général qui réintègre l'articulation de la langue et du discours dans la linguistique. Comme le dit Valette (2006: 11): «En France, l'histoire linguistique de la pensée est étroitement liée à celle de l'énonciation. Séparée de la langue par les structuralistes, elle trouve clandestinement

23. Hegel 1963, §91. Guillaume cite Hegel à propos de la classification typologique de Schleicher, qu'il critique mais dont il approuve le schème ternaire (Guillaume, leçon du 4 décembre 1941, série B). Schleicher lui-même était hegelien.

refuge dans la psychologie du langage (Delacroix), les théories mentalistes (Brunot, Damourette et Pichon) et la linguistique de la parole (Bally). Gustave Guillaume tente de lui donner un vrai statut linguistique (...).»

9. L'héritage de Guillaume

Guillaume a eu des disciples fervents. L'université Laval au Québec est un foyer du guillaumisme, sous l'impulsion de Roch Valin, disciple et héritier légal de Guillaume. Les analyses de Guillaume ont fourni des outils à des travaux contemporains, tels ceux de Marc Wilmet sur l'article et le temps[24]. Maurice Toussaint (1972) a choisi l'option matérialiste de la psychomécanique, et identifie les mouvements de pensée à des états dynamiques neuronaux. Il est aussi l'auteur d'un livre radicalement anti-arbitrariste (1983). D'autres héritiers se sont intéressés, comme Guillaume, aux implications neurolinguistiques de la psychomécanique (Monneret 2003). Je ne peux ici les citer tous.

Bernard Pottier (élève de Guillaume lui aussi) a repris les schèmes guillaumiens mais en les différenciant selon le niveau auquel ils interviennent dans le processus qui va de la conceptualisation à l'énoncé (Pottier 1992). Ce faisant, il s'aventure dans le domaine de l'activité de conceptualisation préalable aux langues particulières, ce qui infléchit nettement l'approche de Guillaume, où la pensée devient saisissable par la langue (Valette 2006: 218-9).

La préoccupation centrale de Pottier est peut-être le processus de sémiotisation (et sa quasi converse, l'interprétation): comment passe-t-on du conceptuel aux signes? Il en découle un grand intérêt pour les systèmes de signes (y compris graphiques) et une perspective onomasiologique qui prend en compte les choix possibles du locuteur, les place dans un système. Il a l'art de repérer dans des langues parfois typologiquement diverses des solutions générales.

Sa thèse, publiée en 1962, adopte déjà cette perspective de sémiotisation, en subordonnant la «sémiologie» à l'*idéation notionnelle* (les concepts) et à l'*idéation de structure* (proche de la *forme* guillaumienne). Les classes de formes sont étudiées en tant que systèmes. Les prépositions françaises et latines, par exemple, sont décrites par des schémas combinant un nombre limité de traits (bien que la représentation soit visuelle, Pottier se défend de tout localisme). Ce dernier aspect, c'est-à-dire la recherche d'une description économe en traits et prenant en compte le système, différencie l'approche de Pottier de beaucoup de travaux de sémantique cognitive. S'élabore ainsi une conciliation entre une sémantique structurale (fondée sur la distinctivité des sèmes au sein d'un ensemble) et une sémantique plus ouverte, qui intègre

24. Dans sa passionnante *Grammaire Critique du Français*.

dans la description des sèmes simplement pertinents ou usuels, voire virtuels (de l'ordre de la connotation; Pottier 1987: 67-9). Certains petits systèmes sont représentés en figures, à la manière de Guillaume: les concepts se suivent sur l'axe du temps selon qu'ils se présupposent l'un l'autre, se décalent sur la dimension d'opposition selon qu'ils se distinguent sémantiquement (voir la figure ci-après). Il y a un ordre du présupposé: dans l'adjectif latin *intectus*, le concept virtuel 'tectus' est anticipé, il est un après, et par rapport à *detectus*, il est un avant (1992: 89-90, phénomène dit d'*anaphore conceptuelle*).

Le schème dominant (et qui se substitue au tenseur de Guillaume) est le trimorphe (instanciable par des relations temporelles ou cinétiques comme *arriver-se trouver-partir*; Pottier 2001):

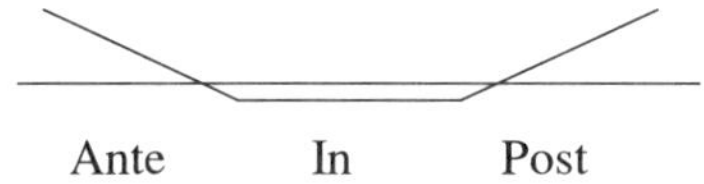

Ante In Post

Du concept au signe, la pensée du locuteur est successivement contrainte par des schèmes qui l'adaptent aux catégories reconnues par la langue (Pottier 1992). Au niveau du *schème analytique*, un événement est catégorisé en fonction de son *statut* (statif, évolutif, causatif) et de son appartenance à une *aire évenementielle* (existence, propriété, localisation, activité, cognitivité). Les catégories fondamentales correspondent à des schèmes généraux (les *noèmes* ou les *noémies*, schèmes complexes dynamiques), qui sont des abstractions généralisantes de l'expérience. Le schème du transfert (ci-dessous) correspond à la fois à *donner*, *mettre*, *vendre* etc. (le signe «+» signale le côté de plus forte agentivité; Pottier 1992; Pottier 2001: 126, où ce schème complexe est lui-même analysé comme la réunion de deux schèmes élémentaires).

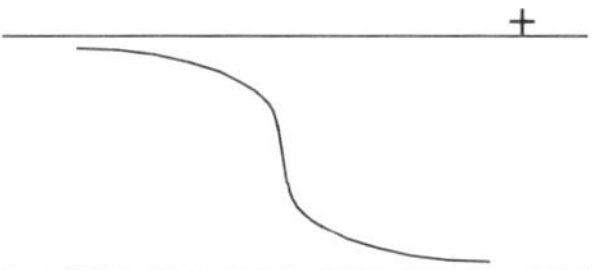

A l'étape suivante, celle de la formation du *schème d'entendement*, s'effectue le lexémisation des actants et de leurs relations. Le point de vue sur l'événement donné par la lexémisation est alors représenté comme le «profilage» (le terme n'est pas de Pottier) d'une des relations actantielles du schème analytique (*donner* vs *recevoir* ; Pottier 1992: 130-3). Le choix d'un point de départ de la prédication (sa *base de vision*, 1987: 105) détermine ensuite la diathèse (niveau du *schème prédiqué*). La représentation finale (*schème résultatif*) ajoute les TAM et les opérateurs de détermination (*schème résultatif*).

Comme les noèmes sont des formes élémentaires et composables, un inventaire de noèmes nous permettrait de posséder les bases d'une «grammaire» des formes schématiques. C'est chez le mathématicien René Thom que Pottier trouve un tel inventaire (Pottier 1987). Par ce biais, sa théorie entre en contact avec les analyses morphodynamiques, inspirées par Thom elles aussi (voir les travaux de Petitot en France et de Wildgen en Allemagne; pour une introduction, cf. Wildgen, à par.).

10. Le modèle multi-stratal de Desclés

La théorie développée par Desclés est inhabituelle au sein de la linguistique cognitive en ce qu'elle a un fort composant formel. L'un des objectifs principaux, comme pour Pottier, est de décrire la mise en signes du message (et inversement, son analyse), mais d'une façon suffisamment explicite pour la rendre calculable.

L'analyse procède en trois grandes étapes. La première étape étape part des configurations morpho-syntaxiques, qui sont analysées, au cours de la deuxième étape, en schèmes prédicatifs donnant les relations opérateur / opérande au sein de l'énoncé (s'ajoutent aussi des déterminations énonciatives, non représentées ici; voir Desclés 2003a: 24s). La strate suivante est celle des représentations sémantico-cognitives, qui constituent la signification de l'énoncé. C'est au deuxième niveau que sont mises en évidence les opérations universelles des langues: prédication, détermination, thématisation, diathèses et les principales organisations formelles sous-jacentes aux phrases des langues ou schémas grammaticaux (ergatif vs accusatif). Reprenant les termes de Shaumyan, Desclés parle ici de langage *génotype*, par opposition aux langues *phénotypes*, c'est-à-dire les langues envisagées dans leur idiosyncrasie (strate morpho-syntaxique).

Le plus simple est sans doute de donner un exemple de la démarche (Desclés 1997, 2003a, 2003b).

Soit la phrase «Pierre sort de la chambre». Elle est analysée à ce niveau (la morpho-syntaxe du français) par une grammaire catégorielle (*N** désigne un groupe nominal):

<*le-train*: N* > x <*entre-dans*: (S\N*)/N*> x <*la-gare*: N*>

Après vérification de sa bonne formation, la phrase est mise dans un ordre canonique:

(*entre-dans* (*la-gare*)) (*le-train*)

Cette expression est une représentation applicative (l'opérande suit l'opérateur) dont les unités ont une définition rigoureuse dans le style des grammaires catégorielles (**O**tp est le type des prédicats unaires, c'est un opérateur qui prend un terme pour donner une proposition, **O**t**O**tp est le type des prédicats binaires, c'est un opérateur qui prend un terme pour donner un prédicat unaire etc.). L'expression est reconnue comme instanciant le schème prédicatif ENTRE-DANS' y x, qui est apparié à sa représentation sémantique, où **X** est un combinateur complexe qui opère sur les primitives sémantiques à sa droite[25]:

ENTRE-DANS' y x = (**X** MOUVT REP EXT INT LOC) y x

L'élimination de X effectue un déploiement de cette représentation dont le résultat est le schème sémantico-cognitif:

(**X** MOUVT REP EXT INT LOC) y x >> MOUVT (REP EXT (LOC(y) x) (REP INT (LOC(y) x)) x

Ce schème peut se paraphraser en «x effectue un mouvement d'une position où il est repéré à l'extérieur d'un lieu y à une position où il est repéré à l'intérieur d'un lieu y».

Ce modèle, la Grammaire Applicative et Cognitive, étend le modèle de Shaumyan (la Grammaire Universelle Applicative, 1977, 1987) en introduisant la strate des représentations sémantico-cognitives et les déterminations énonciatives (Desclés 1998a). Les primitives (et les opérations qui les assemblent) sont les invariants universels du langage, mais les schèmes sémantico-cognitifs qui résultent de leur assemblage, et les réseaux de ressemblance qu'ils constituent (les *champs* sémantico-cognitifs, Desclés 1998b) sont dépendants des encodages propres aux langues considérées (Desclés 1998a). Ces primitives ont un ancrage perceptif et praxique, mais fonctionnent à un haut degré d'abstraction dans les schèmes. Par exemple, la primitive d'intériorité INT transcende le spatial, le temporel et le notionnel (comme chez Pottier). Elle n'est pas ancrée de façon privilégiée dans le spatial, mais a le statut d'un opérateur topologique. Il s'agit donc d'un localisme plus abstrait (*localisme cognitif* in Desclés 1995).

L'emploi d'instruments formels reflète le souci de se confronter au problème de la linéarisation de représentations cognitives (de représentations sémantiques «profondes», éventuellement en lien avec l'imagerie) dans une chaîne de symboles linguistiques. Desclés montre à juste titre que ce problème a été sous-estimé, en raison des préventions que beaucoup de linguistes cognitivistes, comme Langacker, nourrissent à l'encontre des appareils formels (Desclés 1994, pour une discussion du rôle de la formalisation et de la mathématisation en linguistique). L'objectif de calculablité est un contrepoint utile au manque de contraintes de certaines grammaires. Je pense ici aux grammaires de construction et à la multiplicité des liens (d'héritage, instanciation, composition, schématisation partielle) qui peuvent déterminer la formation d'une construction de niveau «phénotypique».

25. Les combinateurs proviennent de la logique combinatoire de Curry. Selon Desclés (à par.) Shaumyan a été le premier à les appliquer à l'analyse linguistique

11. Opérations énonciatives: Culioli

Il est hors de question ici de résumer la pensée de Culioli, caractérisée par l'approche, la variation, l'ellipse, et des envolées dans l'abstraction qui voisinent avec une attention aux données les plus fines. Faute d'une synthèse dont je suis incapable, je tenterai quelques modestes coups de sonde, qui, je l'espère, permettront d'en indiquer la singularité.

Tout d'abord, on peut se poser la question de savoir si les analyses élaborées relèvent de la linguistique cognitive. La linguistique cognitive, me semble-t-il, devrait imputer aux représentations et processus qu'elle postule une réalité psychologique. Or, Culioli parle plutôt d'une *métalinguistique* qui a pour but de *simuler* les opérations cachées dont les énoncés sont la trace. Auroux (1992) qualifie la position de Culioli de non substantialiste, en ce sens qu'elle ne fait pas des représentations et opérations postulées des entités psychologiques, mais il semble en même temps lui donner une interprétation fonctionnaliste (au sens philosophique de théorie des computations et non de l'implémentation). Je crois que les précautions de Culioli sont plutôt méthodologiques: la linguistique a affaire à un objet, le texte, qui n'est pas tout l'effet des causes qu'elle recherche («le texte, qui n'est qu'une partie des traces de cette activité cognitive»; 2000a: 21); elle est soumise à l'intuition (ce que la formalisation doit s'efforcer de corriger); une théorie adéquate serait une simulation totale de la psyché, mais c'est impossible (2000a: ch. 1).

Parmi les motivations de Culioli figurent son insatisfaction à l'égard de la linguistique structurale, le refoulement du sémantique, qu'il déplore, l'inadéquation du vocabulaire descriptif de la linguistique, le fait que la description soit trop souvent une retraduction des données, et soit ainsi trop proche des langues particulières pour satisfaire le besoin de généralité, l'insuffisance de la conception du langage comme code (et donc la nécessité d'une conception qui laisse place aux déplacements et malentendus).

Sa méthode est souvent sémasiologique, parfois systématique (en ce qu'il traite d'un petit système comme *si / tant / tellement*): il fait varier des énoncés contenant une ou plusieurs formes données et observe leurs différences d'acceptabilité *(*parle si vite, ne parle pas si vite, parle aussi vite, ne parle pas aussi vite, *ne parle pas tellement vite, il ne parle pas tellement vite* ; 2000a: 124-5)[26]. En matière d'analyse lexicale, ses exemples favoris ne sont pas des lexèmes «concrets», comme c'est souvent le cas dans la linguistique cognitive américaine, mais plutôt des mots qui expriment l'attitude de l'énonciateur, ou sont du domaine de la quantification et de la détermination. En matière d'analyse syntaxique, l'usage qu'il fait de la notion très générale

26. Voir ce que Culioli dit de cette méthode dans ses entretiens avec Claudine Normand (2005: 77).

de repérage d'un terme par rapport à la relation prédicative lui permet de se situer à un niveau très profond, et de traiter simultanément un grand nombre de constructions (l'alternance *être à* / *avoir*, qui peuvent avoir un sens possessif, les alternances du type *Jean conduit la voiture* / *la voiture a Jean comme conducteur* / *la voiture est conduite par Jean*... ; 2000b: 99 et 31-41).

Parvenir à une généralisation, c'est en particulier saisir l'invariant qui est commun aux différents emplois, cet invariant étant souvent représenté en termes topologiques (1999: 17-33). A propos de *seulement*, par exemple, le schème postulé est constitué d'un *intérieur* I (la zone de validité de *seulement* dans le contexte), d'un *extérieur* E (le néant, que *seulement* nie puisque quelque chose est posé) et d'un centre (représentant un plus haut degré de ce dont il y a *seulement* un degré x):

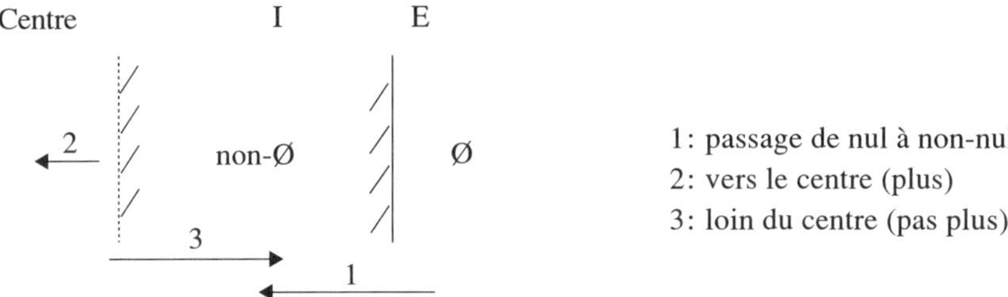

J'ai seulement dix francs dit que la somme est non-nulle (flèche 1) mais que cette somme représente peu (flèche 3, qui inverse le mouvement vers 'beaucoup'). *Je viens seulement d'arriver* dit qu'on est passé de la non-arrivée à l'arrivée (flèche 1), et que le moment d'énonciation est proche de Ø (flèche 3), donc éloigné de l'avenir (du plus tardif, flèche 2). *Essaie seulement* constitue une déformation du schème: parce que l'existence de l'action d'essayer est affaire de tout ou rien, le gradient d'éloignement du centre est inactivé, ne reste que le passage de Ø à non-Ø, de l'inexistence de l'action à son existence. D'autres valeurs de *seulement* sont analysées, mais l'important est la conclusion qu'en parcourant ces valeurs «on a conservé l'invariance formelle dont *seulement* est la trace matérielle» (1999: 27).

En dehors de l'intérieur et de l'extérieur se situe un point d'où l'on accède à l'un ou l'autre, que Culioli note IE. Un exemple permettra d'illustrer ce concept abstrait (Culioli 2000a: 107).

Dans *Je crains qu'il ne vienne*, la possibilité de sa venue (◊p) est envisagée (chemin vers I), mais l'énonciateur souhaite sa non-venue (chemin vers E). Le souhait agit sur le chemin vers I en faisant passer vers E: *ne* est la trace de cette action *téléonomique* (dirigée par le but, le terme vient des biologistes, sous l'influence de la cybernétique; Valette 2003). L'opération dont *ne* est la marque peut être figurée comme suit:

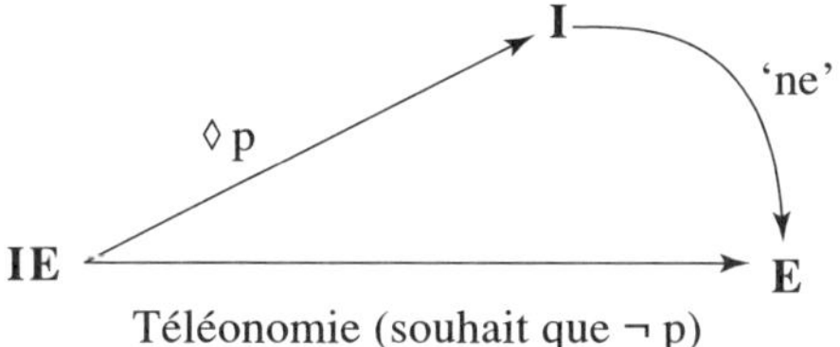

Comme chez Guillaume et Pottier, les notions formant système sont parfois représentées sur une forme qui vise à en figurer les rapports sémantiques (voir l'exemple de *pas encore / déjà / encore / ne... plus*, Culioli 2000a: 104).

Délaissant la sémasiologie un instant, on verra que la réflexion de Culioli part aussi d'opérations extrêmement générales dont les marques ne correspondent pas à un ensemble de formes. C'est cas de l'opérateur de repérage (relation localisant / localisé) déjà mentionnée, dont l'articulation avec les concept de *lexis* et de *domaine notionnel* est exposée dans son étude sur *bien* (2000a: 135-8).

Soit l'énoncé e: *Tu lis bien des romanciers policiers, toi!* Il permet de construire en écho les énoncés «dérivés»: *Je peux en lire moi aussi*, ou *pourquoi n'aurais-je pas le droit d'en écrire?*, ou *pourquoi ne jouerais-je pas aux cartes?*, ou encore, en faisant varier la première personne cette fois: *il peut en lire lui aussi* etc. A partir de l'énoncé e on peut engendrer une classe de formes en faisant varier les éléments des dimensions contrastives. Si on note *tu* par a, *lire* par R et *romans policiers* par b, la lexis est le principe générateur des domaines notionnels de a (les personnes: *moi, lui, eux...*), de R (*lire, écrire, jouer aux cartes...*), de b (*illustrés, romans d'amour...*). On peut alors décrire *bien* comme la trace de la reconstruction de la classe dont aRb est une occurrence, classe dont est tiré un des énoncés dérivés ci-dessus. En outre, l'énoncé e fait office, à l'égard de l'énoncé dérivé, de *repère constitutif* (il est un support pour l'énoncé dérivé, et le rapport de cet énoncé dérivé à e est assez contraint). On voit l'imbrication des dimensions formelle, argumentative, thématique (sans parler des univers culturels suggérés par les domaines notionnels).

12. En guise de conclusion: aperçus sur les conditions de l'avènement d'une linguistique cognitive

Pour clore ce chapitre, j'aimerais revenir sur les conditions d'émergence d'une linguistique cognitive, émergence qui ne me paraît nullement aller de soi.

Les approches survolées ici ont ceci de commun qu'elles reconnaissent la viabilité d'une recherche qui reconstruit des opérations et des représentations mentales à partir de données des langues particulières. Or, ce programme, pour s'imposer, a dû surmonter des obstacles.

En effet, dans la tradition occidentale, c'est à la logique et à la philosophie (qui ont précédé l'analyse grammaticale) qu'a été dévolue la tâche de décrire les opérations de pensée, la formation des propositions et leurs rapports sémantiques (en particulier inférentiels). Il s'est donc agi d'étudier en premier lieu des formes linguistiques annexées à l'expression du vrai et du faux, et d'expliciter les engagements ontologiques pris par ces formes (ce dernier point est fondamental, y compris pour la logique du 20ème siècle).

L'idée de se tourner vers la description des langues et la grammaire pour éclairer la vérité et la fausseté des propositions était à la fois nécessaire et difficile à assumer. Il est évident que la logique a toujours contribué à la description des langues, et a même amorcé le développement de ce que nous reconnaissons aujourd'hui comme «linguistique». Mais il est clair aussi que dans ce cadre philosophique les langues sont, pour reprendre la formule de Wittgenstein, des échelles qu'on peut laisser tomber une fois atteint le niveau des «concepts» et des propositions.

L'acceptation de l'idée que l'étude de la grammaire d'une langue puisse nous dire quelque chose de la pensée résulte d'une évolution lente, où on peut discerner quelques étapes saillantes. Je ne ferai ici que reprendre des éléments succincts, mais qui me paraissent évocateurs. Les éléments qui concernent le tournant sémiotique lockien ont été développés dans les travaux de Lia Formigari (1988, 1992) et Hans Aarsleff (1977, 1982) cités en bibliographie.

Formigari (1988, 1992) montre qu'une étape importante est franchie au moment où la science moderne devient la pierre de touche de nos connaissances, disons au 17ème siècle. En confiant à la science le soin de nous dire ce que sont les espèces naturelles, nous ne pouvons plus compter sur l'évidence des formes substantielles. Or, le rejet des formes substantielles favorise une critique de la langue, accusée d'être détachée des essences des choses. Il encourage aussi par contrecoup les projets de langues universelles, ou la recherche d'une langue adamique censée avoir été dans une conformité idéale aux choses. Selon Formigari (1988), la pensée de Francis Bacon est au cœur de cette période charnière.

Dans ce contexte assez ambigu, celui d'une «misoglossie» philosophique et scientifique, mais en même temps d'un confiance dans les pouvoirs du langage, survient l'empirisme lockien. L'innovation peut-être majeure de Locke est de délier le rapport cartésien entre natures simples et évidence, et de tenter de gager le fondement de nos connaissances sur l'expérience sensible, plus évidente que les natures simples. Or, si le processus d'abstraction des impressions sensibles permet de rester en contact avec le monde à un certain niveau, les essences que nous attribuons aux choses sont en revanche dépendantes des idées abstraites formées par l'esprit, et d'autant plus que nous nous éloignons des sortes naturelles (quoique Locke fournisse aussi des exemples de l'incertitude de nos classifications et des catégories proches du sensible). Il devient alors intéressant d'étudier la langue, puisque nos idées elles-mêmes sont en partie arbitraires, et que leur rapport arbitraire au réel est lui-même pensé sur le modèle de la relation *sémiotique*[27]. Or, si les produits de la pensée dépendent au moins en partie du processus sémiotique à l'œuvre dans une langue, ils sont au moins partiellement *relatifs* à une langue particulière. L'épistémologie de Locke, en ce sens, prépare la notion de relativité linguistique. Dans ce cheminement vers le principe de relativité et la *vision du monde* humboldtienne, Hans Aarsleff a montré que Condillac, qui empruntait justement l'épistémologie lockienne, avait été un maillon essentiel.

Que la relativité linguistique légitime une étude empirique des langues est aisé à comprendre. Il est non moins clair qu'une approche linguistique et relativiste des opérations de pensée entre en conflit avec les objectifs de la logique et la misoglossie évoquée plus haut. Elle est favorisée, cependant, par le recul de l'ancienne logique, et aussi par les problèmes théoriques de la nouvelle logique des idées, qui suit l'avènement du cartésianisme (Auroux 1993).

Au tournant des 19ème-20ème siècles, nous sommes dans une situation épistémologique particulière: le relativisme et l'avènement de la psychologie menacent d'entraîner une dissolution de l'objectivité des significations. Cette situation favorise une réaction anti-psychologiste (chez Frege et Husserl par exemple), qui s'allie parfois à la misoglossie traditionnelle (dans certains travaux de la mouvance du *linguistic turn*[28]), pour aboutir à l'idée que les représentations sémantiques sont des hypostases linguistiques, des pièges tendus par la langue. En linguistique apparaissent des revendications d'autonomie (dans le structuralisme), et le renouveau de la logique s'accompagne d'un point de vue extensionnaliste qui tend à associer directement le signe et le référent sans passer par la médiation du concept, ou tend à objectiver la signification (je simplifie grossièrement ici; cf. Rastier 1990 pour une discussion). La psychologie (behavioriste) et la philosophie (Ryle, Quine) s'efforcent de penser la réduction des contenus mentaux à des observables, ou à des dispositions au comportement. Enfin, à une époque où le dualisme cartésien est chancelant, le statut ontologique de la signification devient douteux. La difficulté, qui apparaît de plus en plus criante, de concilier le dualisme avec la scientificité trouve son expression dans le rejet (partiel) de la sémantique chez Bloomfield, qui présente l'alternative en ces termes: soit nous sommes matérialistes ou mécanistes, soit nous sommes mentalistes (1933: 32-33).

Bien sûr, il y a toujours eu, durant cette période, des analyses mentalistes du langage et la sémantique n'a pas cessé d'exister non plus. La France,

27. Auroux (in Auroux et al. 1996: 87-93) offre une très intéressante discussion de la conception sémiotique de la pensée chez Locke.

28. Ce qui ne signifie pas que la misoglossie philosophique (la langue est source d'erreurs, et il faut en exposer ou soigner les défauts) soit incompatible avec l'étude empirique des langues. C'est même la position assez inconfortable de Sapir, dont John Joseph (2002) a montré que son relativisme provenait en grande partie de l'influence d'Ogden et Richards, deux procureurs des illusions et pièges du langage.

avec Port-Royal, la Grammaire Générale, les Idéologues, la sémantique de Bréal, est riche d'une tradition «conceptualiste» qui n'a pu manquer de se prolonger. Mais en ce qui concerne la linguistique cognitive globalisée, on n'assisterait pas à l'efflorescence actuelle de la linguistique cognitive si certains verrous n'avaient dû sauter.

Le verrou ontologique d'abord: avec l'avènement des sciences cognitives, la comparaison entre l'esprit et un système computationnel, issue des travaux de Turing, a permis de distinguer le niveau de l'implémentation du niveau des fonctions calculées, et donc de ne plus avoir à se soucier de la compatibilité des représentations mentales postulées avec un dispositif physique. L'emploi (presque) généralisé de la notion de représentation mentale n'a pu qu'encourager les linguistes. Les recherches sur les images mentales menées en psychologie ont pu contribuer à acclimater les représentations visuelles en linguistique (même si, bien sûr, et comme on l'a vu ici, les linguistes n'ont pas attendu les années 70 pour employer des représentations imagées; de telles représentations sont présentes depuis longtemps).

C'est simultanément le verrou anti-psychologiste qui s'ouvre: comment concilier un programme naturaliste, qui ambitionne d'intégrer la linguistique à la biologie, comme chez Chomsky, avec une conception intersubjective, objective (purement extensionnaliste) ou platonicienne de la signification? Ne doit-on pas identifier celle-ci avec une représentation mentale? Cette victoire sur l'anti-psychologisme ne doit cependant pas faire oublier certains problèmes que l'anti-psychologisme avait soulevés, comme, par exemple, le caractère normatif de l'attribution de significations à des énoncés.

Les linguistes de toutes obédiences peuvent sans doute s'entendre sur l'idée qu'il existe une faculté de langage, reposant sur des opérations et des représentations mentales, indépendante ou non d'autres facultés, et dont les propriétés conditionnent au moins en partie la structure des langues. Peut-être la dispute commence-t-elle par la question de savoir si et dans quelle mesure cette faculté définit l'objet de la linguistique. Mais en adoptant un point de vue mentaliste sur la langue, on ne doit pas pour autant ignorer les problèmes que pose, pour la linguistique cognitive, le fait de n'avoir pour matériel que des énoncés tout en prétendant à la réalité psychologique de ses explications.

Bibliographie

AARSLEFF, Hans, 1977. «Guillaume de Humboldt et la pensée linguistique des Idéologues», in A. Joly et J. Stéfanini, *La Grammaire Générale, des Modistes aux Idéologues*, Villeneuve d'Ascq, Publications de l'Université de Lille III, 217-241.

—, 1982. «The tradition of Condillac: The problem of the origin of language in the Eighteenth century and the debate in the Berlin Academy before Herder», in H. Aarsleff, *From Locke to Saussure: Essays on the Study of Language and Intellectual History*, Minneapolis, The University of Minnesota Press.

AUROUX, Sylvain, 1992. «La philosophie linguistique d'Antoine Culioli», in Collectif, *La Théorie d'Antoine Culioli: Ouvertures et Incidences*, Paris, Ophrys, 39-59.

—, 1993. *La logique des idées*, Paris / Montréal, Vrin / Bellarmin.

—, 2007. «Destutt de Tracy, le rejet de la langue universelle et le «mentalisme» des Lumière», in *Actes du colloque Idéologie — Grammaire Générale — Ecoles Centrales*, 2001, Château de Hohentübingen.

AUROUX, Sylvain, DESCHAMPS, Jacques & KOULOUGHLI, Djamel, 1996. *La Philosophie du Langage*, Paris, Presses Universitaires de France.

BERLIN B. & KAY P., 1969. *Basic color terms: their universality and evolution*, Berkeley, University of California Press.

BLOOMFIELD, Leonard, [1933], 1935. *Language*, London, George Allen & Unwin

BROWN, Roger,1958. «How shall a thing be called?», *Psychological Review*, 65(1): 14-21.

BROWN, R. W. & LENNEBERG, E. H., 1954. «A study in language and cognition», *Journal of Abnormal and Social Psychology*, 49, 454-62.

CADIOT, Pierre & VISETTI, Yves-Marie, 2001. *Pour une Théorie des Formes Sémantiques: Motifs, Profils, Thèmes*, Paris, P.U.F.

CHOMSKY, Noam, 1959. «Review of B.F. Skinner *Verbal Behavior*», *Language* 35(1), 26-58.

—, 1971. *Aspects de la théorie syntaxique*, Paris, Le Seuil [tr. fr. de *Aspects of the Theory of Syntax*, 1965, Cambridge (Mass.), M.I.T. Press].

—, 1979. *Language and Responsibility, Based on Conversations with Mitsou Ronat*, New York, Pantheon Books [tr. avec révisions de Chomsky et Ronat, 1977. *Dialogues avec Mitsou Ronat*, Paris, Flammarion].

—, 1985. *Règles et Représentations*, Paris, Flammarion [tr. fr. de 1980, *Rules and representations*, New York, Columbia University Press House].

—, 1986. *Knowledge of language: Its nature, origin and use*, Westport, Praeger.

—, 2000. *New horizons in the study of language and mind*, Cambridge, U.K., Cambridge University Press.

COLLECTIF, 1992, *La Théorie d'Antoine Culioli: Ouvertures et Incidences*, Paris, Ophrys.

CROFT, William, 2007. «Construction grammar», in D. Geeraerts & H. Cuyckens (ed.), *The Oxford Handbook of Cognitive Linguistics*, Oxford, Oxford University Press, 463-508.

CULIOLI, Antoine, 1999. *Pour une Linguistique de l'Enonciation: Domaine notionnel*, tome 3, Paris, Ophrys.

—, 2000a. *Pour une Linguistique de l'Enonciation: Opérations et représentations.* tome 1, Paris, Ophrys.

—, 2000b. *Pour une Linguistique de l'Enonciation: Formalisation et opérations de repérage (temps, aspect)*, tome 2, Paris, Ophrys.

CULIOLI, Antoine NORMAND, Claudine, 2005. *Onze Rencontres sur le Langage et Les langues*, Paris, Ophrys.

DESCLÉS, Jean-Pierre, 1990. *Langages applicatifs, langues naturelles et cognition*, Paris, Hermès.

—, 1994. «Réflexions sur les Grammaires Cognitives», *Modèles linguistiques*, XV(1), 69-98.

—, 1995. «Langues, Langage et Cognition: quelques réflexions préliminaires», *Acta Romanica Basiliensa* 3, 1-32.

—, 1997. «Schèmes, notions, prédicats et termes», in *Logique, discours et pensée, Mélanges offerts à Jean-Blaise Grize*, Bern-Berlin, Peter Lange, 9-36.

—, 1998a. «Les représentations cognitives du langage sont-elles universelles?», in Matteo Negro, *Essais sur le langage, logique et sens commun*, Editions Universitaires, Fribourg, Suisse, 53-81.

DESCLÉS, J.-P., Flageul,V., Kekenbosh C., Meunier, J.-M., & Richard J.-F., 1998b. «Sémantique cognitive de l'action, I. Contexte théorique», *Langages*, 132, 28-47.

DESCLÉS, Jean-Pierre, 2003a. «Représentations cognitives, schèmes prédicatifs et schèmes énonciatifs.», in Collectif, *Parcours énonciatifs, parcours interprétatifs, Théories et applications*, Paris, Ophrys 21-46.

—, 2003b. «La Grammaire Applicative et Cognitive construit-elle des représentations universelles?», *LINX*, 48, 139-160

—, à paraître. «Le concept d'opérateur en linguistique», *Histoire Epistémologie Langage.*

DOUAY, Françoise, 2007. Dumarsais, Beauzée, Fontanier: de la Grammaire Générale aux questions du baccalauréat, in F. Douay & J.-P. Sermain, *Pierre «Emile» Fontanier. La rhétorique et ses figures de la Révolution à la Restauration*, Québec, Presses de l'Université Laval.

DOWNING, Pamela, 1977. «On the creation and use of English compound nouns», *Language* 53(4): 810-842.

ELFFERS, Els, 1999. «Psychological linguistics», in P. Schmitter (ed.), *Geschichte der Sprachtheorie 4. Sprachtheorien der Neuzeit*, Tübingen, Narr, 301- 341.

FILLMORE, Charles J.,1968. «The Case for Case», in Bach and Harms (ed.), *Universals in Linguistic Theory*, New York, Holt Rinehart and Winston, 1-88.

—, 1982. «Frame semantics», in The Linguistic Society of Korea (eds.), *Linguistics in the Morning Calm*, Seoul, Hanshin, 111-37.

FILLMORE, Charles, 1985. «Frames and the semantics of understanding», *Quaderni Di Semantica* 6, 222-253.

FILLMORE, Charles J., 1987. «A private history of the concept of frame», in R. Dirven, & G. Radden (eds.), *Concepts of Case*, Tübingen, Narr.

FILLMORE, Charles, 1997. *Lectures on deixis*, Stanford, CSLI Publications.

FILLMORE, Charles J., KAY, Paul, O'CONNOR, Mary Catherine, 1988. «Regularity and Idiomaticity in Grammatical Constructions: The Case of *Let Alone* », *Language* 64(3), 501-538

FODOR, Jerry, 1974. «Three reasons for not deriving «kill» from «cause to die»», *Linguistic Inquiry* I(4), 429-438.

FORMIGARI, Lia, 1988. *Language and Experience in 17th Century British Philosophy*, Amsterdam / Philadelphia, John Benjamins.

—, 1992. «Le langage et la pensée», in S. Auroux (dir.), *Histoire des Idées Linguistiques*, Liège, Mardaga, 442-465.

—, 2007. *Introduzione alla filosofia delle lingue*, Rome, Laterza.

FORTIS, Jean-Michel, 2007. Le langage est-il un instinct? Sur le nativisme de Pinker. *Histoire Epistémologie Langage* 29(2): 177-213. [version révisée et étendue à http://www.revue-texto.net/index.php?id=1870]

FRANÇOIS, Jacques, 2004. «Le fonctionnalisme linguistique et les enjeux cognitifs», in *Les linguistiques cognitives*, C. Fuchs (dir.), Presses de la Maison des Sciences de l'Homme, p. 99-133.

—, 2008. «Les Grammaires de Construction: un bâtiment ouvert aux quatre vents», *Cahier 26 du CRISCO*, 19 p.

FUCHS, Catherine (dir.), 2004. *La Linguistique Cognitive*, Paris, Ophrys / Editions de la Maison des Sciences de l'Homme.

FUCHS, Catherine, 2008. «Linguistique française et cognition» [Conférence plénière prononcée au Congrès Mondial de Linguistique Française, Paris, juillet 2008]

GALMICHE, Michel, 1975. *La Sémantique Générative*, Paris, Larousse.

GEERAERTS, Dirk, 1988. «Cognitive Grammar and the History of Lexical Semantics», in B. Rudzka-Ostyn (ed.), *Topics in Cognitive Linguistics*, Amsterdam-Philadelphia, John Benjamins, 647-677 [tr. fr. 1991, «La grammaire cognitive et l'histoire de la sémantique lexicale», Communications, 53, 17-50].

—, 1993. «Des deux côtés de la sémantique structurale: sémantique historique et sémantique cognitive», *Histoire Epistémologie Langage* 15(1), 111-129.

—, 1999. «Hundred years of lexical semantics», in M. Vilela & F. Silva (red.), Actas do 1° Encontro Internacional de Linguística Cognitiva, Porto, Faculdade de Letras, 123-154..

GEERAERTS, Dirk & CUYCKENS, Hubert (ed), 2007. *The Oxford Handbook of Cognitive Linguistics*, Oxford, Oxford University Press.

GEERAERTS, D. & GRONDELAERS, S., 1995. «Looking Back at Anger», in J.R. Taylor & R. E. MacLaury (eds.), 1995. *Language and the Cognitive Construal of the World*, Berlin & New York, Mouton de Gruyter, 153-179.

GEVAERT, Caroline, 2007. *The History of Anger: The Lexical Field of Anger to Old to Early Modern English*. Thèse, Leuven.

GHIGLIONE, Rodolphe, DESCLÉS, Jean-Pierre, RICHARD, Jean-François, 1998. *Cognition, Catégorisation, Langage*, *Langages* 132.

GIBBS, Raymond W., 2007. «Idioms and formulaic language», in in D. Geeraerts & H. Cuyckens (ed.), *The Oxford Handbook of Cognitive Linguistics*, Oxford, Oxford University Press, 697-725.

GIPPER, Helmut, 1959. «Sessel oder Stuhl? Ein Beitrag zur Bestimmung von Wortinhalten im Bereich der Sachkultur», in H. Gipper (ed.), *Sprache, Schlüssel zur Welt: Festschrift für Leo Weisgerber*, Düsseldorf, Schwann, 271-292.

GOLDBERG, Adele E., 1995. *Constructions: A Construction Grammar Approach to Argument Structure*, Chicago, The University of Chicago Press.

GRADY, Joseph E., 2007. «Metaphor», in D. Geeraerts & H. Cuyckens, *The Oxford Handbook of Cognitive Linguistics*, Oxford, Oxford University Press, 188-213.

GRONDELAERS, Stefan, SPEELMAN, Dirk & GEERAERTS, Dirk (2007) «Lexical variation and change», in Geeraerts, Dirk & Cuyckens, Hubert (ed) (2007) *The Oxford Handbook of Cognitive Linguistics*, Oxford, Oxford University Press, 988-1011.

GUILLAUME, Gustave, 1919. *Le Problème de l'Article et sa Solution dans la Langue Française*, Paris, Hachette [Réédition avec préface de R. Valin, Paris et Québec, A.-G. Nizet et Presses de l'Université Laval, 1975].

—, Gustave, 1929. *Temps et Verbe. Théorie des Aspects, des Modes et des Temps*, Paris, H. Champion, 1929 [Réédition avec L'Architectonique du temps dans les langues classiques, Paris, H. Champion 1965.].

GUILLAUME, Gustave, 1945. «Logique constructive interne du système des articles français». *Le Français Moderne* [reproduit dans *Langage et Science du Langage*, 1973, Paris, Nizet, 167-183.]

—, 1971. *Leçons de Linguistique de Gustave Guillaume, 1941-1942, série B*, Québec, Presses de l'Université Laval.

—, 1973. *Principes de Linguistique Théorique. Recueil de Textes Inédits sous la Direction de Roch Valin*, Paris et Québec, A.-G. Nizet et Presses de l'Université Laval.

HARRIS, Randy Allen, 1993. *The Linguistic Wars*, Oxford, Oxford University Press.

HARRIS, Zellig, 1952. «Discourse analysis», *Language*, 28(1), 1-30.

—, 1957. «Co-occurrence and transformation in linguistic structure», *Language*, 33(3), 283-340.

HEGEL, G.W.F., 1963. Propédeutique Philosophique, Paris, Denoël-Gonthier.

HEYVAERT, Liesbet, 2003. *A Cognitive-Functional Approach to Nominalization in English*, Berlin, Walter de Gruyter.

HUCK, Geoffrey J. & GOLDSMITH, John A., 1995. *Ideology and Linguistic Theory: Noam Chomsky and the Deep Structure Debate*, London, Routledge.

JACKENDOFF, Ray S.,1972. *Semantic Interpretation in Generative Grammar*, Cambridge, Mass., M.I.T. Press.

JOSEPH, John, 2002. «The sources of the Sapir-Whorf hypothesis», in J. Joseph, *From Whitney to Chomsky. Essays in the History of American Linguistics*, Amsterdam / Philadlphia, John Benjamins, 71-105.

KAY, Paul, FILLMORE, Charles J., 1999. «Grammatical Constructions and Linguistic Generalizations: The What's X Doing Y?», *Language* 75(1), 1-33.

KELLY, Louis G., 1977. «La *Physique* d'Aristote et la phrase simple dans les ouvrages de grammaire spéculative», in A. Joly et J. Stéfanini (dir.), *La Grammaire Générale, des Modistes aux Idéologues*, Villeneuve d'Ascq, Publications de l'Université de Lille III, 107-124.

KLEIBER, Georges, 1990. *La Sémantique du Prototype. Catégories et Sens Lexical*, Paris, Presses Universitaires de France.

KOCH, Peter, 2001. « Lexical typology from a cognitive and linguistic point of view», in M. Haspelmath, E. König, W. Oesterreicher & W. Raible (ed.), *Language Typology and Language Universals / Sprachtypologie und sprachliche Universalien / La typologie des Langues et les Universaux Linguistiques. An International Handbook / Ein internationales Handbuch / Manuel International*, Berlin-New York, Mouton de Gruyter, 1142-1178.

LABOV, William, 1973. «The boundaries between words and their meanings», in Charles-James BAILEY and Roger W. SHUY (eds.)., *New Ways of Analyzing Variation in English*, Washington, DC, Georgetown University Press, 340-373.

LAKOFF, George. 1968. «Instrumental adverbs and the concept of deep structure», *Foundations of Language* IV, 4-29.

—, 1977. «Linguistic Gestalts», *Proceedings of the 13th Meeting of the Chicago Linguistic Society*, vol. 13, 236-287.

—, 1987. *Women, Fire and Dangerous Things: What Categories Reveal about the Mind*, Chicago, University of Chicago Press.

LAKOFF, George & JOHNSON, Mark, 1985. *Les Métaphores dans la Vie Quotidienne*, Paris, Minuit [tr. fr. De 1980, *Metaphors We Live By*, University of Chicago Press].

—, 1999. *Philosophy in the flesh: The Embodied Mind and its Challenge to Western Thought*, New York, Basic Books.

LAKOFF, G., & THOMPSON, H., 1975a. «Introducing cognitive grammar», in *Proceedings of the First Annual Meeting of the Berkeley Linguistics Society*, 295-313.

—, 1975b. «Dative questions in cognitive grammar», in Robin E. Grossman et al., Papers from the Parasession on Functionalism, Chicago, Chicago Linguistic Society, 337-350.

LAMB, Sydney, 1971. «The Crooked Path of Progress in Cognitive Linguistics», *Georgetown University Monograph Series on Languages and Linguistics* 24, 99-123 [Reprinted in Makkai and Lockwood, 1973, *Readings in Stratificational Linguistics* (1973), 12-33].

LAMB, Sydney & WEBSTER, Jonathan, 2004. *Language and reality*. Continuum International Publishing Group (Part II, chap. 8: «Language as a network of relationships»; Part III: «Neurocognitive Linguistics»).

LANGACKER, Ronald, 1969. «On pronominalization and the chain of command», in D. Reibeland & S. Schane (eds.), *Modern Studies in English*, Englewood Cliffs, Prentice Hall, 160—186.

LANGACKER, Ronald W., 1975. «Functional stratigraphy», *Papers from the Parasession on Functionalism*, Chicago, Chicago Linguistic Society, 351-397.

—, 1979. «Grammar as image», *Linguistic Notes from La Jolla,* La Jolla, Cal., 6, 87-126.

—, 1981. «The integration of grammar and grammatical change», *Indian Linguistics*, 42, 82-135.

—, 1982. «Space Grammar, analysability, and the English passive», *Language*, 58(1), 22-80.

—, 1986. «An introduction to cognitive grammar», *Cognitive Science*, 10, 1-40.

—, 1987a. *Foundations of Cognitive Grammar, vol. 1: Theoretical Prerequisites*, Stanford, Stanford University Press.

—, 1991a. *Concept, Image and Symbol: The Cognitive Basis of Grammar*, Berlin & New York, Mouton de Gruyter.

—, 1991b. *Foundations of Cognitive Grammar, vol.2: Descriptive Application*, Stanford, Stanford University Press.

—, 2000. *Grammar and Conceptualization*, Berlin — New York, Mouton de Gruyter.

—, 2007. «Cognitive grammar», in D. Geeraerts & H. Cuyckens (ed.), *The Oxford Handbook of Cognitive Linguistics*, Oxford, Oxford University Press, 421-462.

LAZARD, Gilbert, 2007. «La linguistique cognitive n'existe pas», *Bulletin de la Société de Linguistique de Paris*, 102(1), 3-16.

LEGALLOIS, Dominique & FRANÇOIS, Jacques, 2006. *Autour des Grammaires de Construction et de Patterns*, Cahier du Crisco 21.

LENNEBERG, Eric H., 1962. «The relationship of language to the formation of concepts», *Synthese 14*, 103-9.

LENNEBERG, E. H. & ROBERTS, J. M., 1956. «The language of experience: a study in methodology», *International Journal of American Linguistics*, 22(2), Memoir 13.

LUCY, John A., 1992. *Language Diversity and Thought*, Cambridge, Cambridge University Press.

MICHAELIS, Laura A. & RUPPENHOFER, Josef, 2002. *Beyond alternations: a constructional model of the German applicative pattern*, Stanford, C.S.L.I. Publications.

MONNERET, Philippe, 2003. *Notions de Neurolinguistique Théorique*, Dijon, Editions Universitaires de Dijon.

NERLICH, Brigitte, 1992. *Semantic Theories in Europe 1830-1930: From Etymology to Contextuality*, Amsterdam / Philadelphia, John Benjamins.

NERLICH, Brigitte & CLARKE, David D., 2000. «Semantic fields and frames: Historical explorations of the interface between language, action, and cognition», *Journal of Pragmatics*, 32, 125-150.

NEWMEYER, Frederick, (2nd ed.) 1986. *Linguistic Theory in America*, New York, Academic Press.

PEETERS, Bert, 2001. «Does cognitive linguistics live up to its name?», in R. Driven, B. Hawkins & E. Sandikcioglu (ed.), *Language and Ideology, vol. 1: Theoretical Cognitive Approaches*, Amsterdam / Philadelphie, John Benjamins, pp. 83-106.

POTTIER, Bernard, 1962. *Systématique des Eléments de Relation. Etude de Morphosyntaxe Structurale Romane*, Paris, Klincksieck.

—, 1987. *Théorie et Analyse en Linguistique*. Paris, Hachette.

—, 1992. *Sémantique Générale*. Paris: Presses Universitaires de France.

—, 2000. *Représentations Mentales et Catégorisations Linguistiques*, Louvain / Paris, Peeters.

RASTIER François, 1990. «La triade sémiotique, le trivium et la sémantique linguistique», *Nouveaux Actes Sémiotiques*, 9, 5-39.

—, 1991. *Sémantique et Recherches Cognitives*, Paris, Presses Universitaires de France.

—, 1993. «La sémantique cognitive. Eléments d'histoire et d'épistémologie», *Histoire Epistémologie Langage*, 15(1), 153-187. RICE, Sally (1996), «Prepositional prototypes», in *The construal of space in language and thought*, M. Pütz & R. Dirven (éd.), Berlin, Walter de Gruyter, p. 135-165.

ROSCH HEIDER, Eleanor, 1971. «Focal color areas and the development of names», *Development Psychology*, 4, 447-455.

—, 1972. «Universals in color naming and memory», *Journal of Experimental Psychology*, 93, 10-20.

ROSCH Eleanor, 1978. «Principles of categorization», in E. Rosch & B.B. Lloyd (ed.), *Cognition and Categorization*, Hillsdale, Lawrence Erlbaum, 27-48.

SEUREN, Pieter, 1998. *Western Linguistics: An Historical Introduction*, Malden, Blackwell Publishing.

SHAUMYAN, Sebastian,1977. *Applicational Grammar as a Semantic Theory of Natural Language* , Chicago University Press

—, 1987. *A Semiotic Theory of Natural Language*, Indiana University Press.

SLOBIN, Dan I., 1996. «Two ways to travel: verbs of motion in English and Spanish», in M. Shibatani & S.A. Thompson, *Grammatical Constructions: Their Form and Meaning*, Oxford, Clarendon Press, 195-220.

SMITH E.E. & MEDIN D., 1981. *Categories and Concepts*, Cambridge, Mass., Harvard University Press.

SWEETSER, Eve, 1990. *From Etymology to Pragmatics. Metaphorical and Cultural Aspects of Semantic Structure*, Cambridge, Cambridge University Press.

TALMY, Leonard, 1972. *Semantic Structures in English and Atsugewi*. Dissertation, University of California, Berkeley.

—, 1978. «Figure and Ground in complex sentences», in Joseph H. Greenberg (ed.), *Universals of human language, vol. 4: syntax*. Stanford, Stanford University Press. [repris et modifié sous le titre: «Figure and ground in language», dans Talmy, 2000, tome 1: 311-344].

—, 1983. «How language structures space», in H. Pick & L. Acredolo (ed.), *Spatial Orientation: Theory, Research and Application*, New York, Plenum Press [repris dans Talmy, 2000, tome 1, 177-254].

—, 1985. «Lexicalization patterns: Semantic structure in lexical form», in T. Shopen,1985, *Language Typology and Syntactic Description*, vol. 3. Cambridge, Cambridge University Press.: 57-149 [repris et modifié dans Talmy, 2000, tome 2, 21-146].

—, 1988a. «The relation of grammar to cognition», in B. Rudzka-Ostyn (ed.), *Topics in Cognitive Linguistics*. Amsterdam, John Benjamins. [repris et modifié dans Talmy, 2000, tome 1, 21-96].

—, 1988b. «Force dynamics in language and cognition», *Cognitive Science*, 12, 49-100 [repris et modifié dans Talmy, 2000, tome 1, 409-470].

—, 1991. «Path to realization: a typology of event conflation», *Proceedings of the Berkeley Linguistics Society*, 17, 480-520. [repris et modifié sous le titre: *A typology of event integration*, dans Talmy, 2000, tome 2, 213-287]

—, 1996. «Fictive motion in language and «ception»», in P. Bloom et al. (eds), 1996, *Language and Space*, Cambridge, Mass., MIT Press, 211-276.

—, 2000. *Toward a Cognitive Semantics*, 2 vol. Cambridge, Mass., M.I.T. Press.

—, 2007. «Attention phenomena», in D. Geeraerts & H. Cuyckens (ed.), *The Oxford Handbook of Cognitive Linguistics*, Oxford, Oxford University Press, 264-293.

TOMASELLO, Michael, 2003. *Constructing a Language: A Usage-based Theory of Language Acquisition*, Cambridge, Mass., Harvard University Press.

TOUSSAINT, Maurice, 1972. «Vingt ans après ou Gustave Guillaume et la neurolinguistique analytique», *Revue Romane* VII(1), 68-89.

—, 1983. *Contre l'Arbitraire du Signe*, Didier Erudition, Paris.

ULLMANN, Stephen, 1957. The Principles of Semantics, Oxford, Basil Blackwell.

VALETTE, Mathieu, 2003. «Intentionnalité du sujet et téléonomie de la langue dans la linguistique cognitive / énonciative», in A. Ouattara (dir.) *Parcours Enonciatifs et Parcours Interprétatifs. Théories et Applications* Ophrys, 289-301.

—, 2006. *Linguistiques énonciatives et cognitives françaises. Gustave Guillaume, Bernard Pottier, Maurice Toussaint, Antoine Culioli*, Paris, Honoré Champion.

VALIN, Roch, 1955. *Petite Introduction à la Psychomécanique du Langage*, Québec, Les Presses de l'Université Laval.

VANDELOISE, Claude, 1986. *L'Espace en Français*, Paris, Le Seuil.

VICTORRI, Bernard, 2004. «Les grammaires cognitives», in C. Fuchs, *La Linguistique Cognitive*, Paris, Ophrys / Editions de la Maison des Sciences de l'Homme, 73-98.

WILDGEN, Wolfgang, 2008. *Kognitive Semantik. Klassische Paradigmen und Neue Perspektiven*, Berlin, Walter de Gruyter.

—, à paraître. «La rivalité historique entre une modélisation statique et dynamique des faits linguistiques», *Histoire Epistémologie Langage*, numéro spécial «Linguistique et mathématiques».

Jean-Michel FORTIS
CNRS, UMR 7597 «Histoire des Théories Linguistiques»,
Université Paris Diderot Paris 7
fortis.jean-michel@neuf.fr

CORRESPONDANCE ET MIXAGE D'ESPACES MENTAUX DANS LA CONSTRUCTION DYNAMIQUE DU SENS

Abstract

The purpose of the Mental Space Theory (Fauconnier, Fauconnier and Turner) is to describe the gradual construction of meaning from a dynamic point of view. Mental Spaces are cognitive representations, partially structured, which are enriched in the unfolding of discourse. The building of mental spaces, their structuration, their connections, their blending represent the way we think and talk. In this framework, language expressions have no meaning in themselves but they have meaning potentials; above all, they give instructions about how the spaces are configurated and how the meaning of a sentence is produced. Various elements of the MST are presented in this paper — how spaces are built and connected, how they are structured and accessed —, with special interests in the role of tenses in the cognitive partitioning, and in the operation of Conceptual Integration, or "Blending", recently developed by Fauconnier and Turner. The MST is then compared with Talmy's model of Windowing of Attention. The operation of windowing enables to reconsider time and aspect as a question of access to an emerging cognitive structure.

1. Introduction

L'article qui suit est une présentation de quelques éléments de la théorie des Espaces Mentaux développée par Gilles Fauconnier, ainsi que par Mark Turner pour son évolution récente. Cette théorie vise à décrire la construction du sens dans les langues naturelles d'un point de vue dynamique, c'est-à-dire dans son déroulement progressif dans le discours. Son objectif est également de relier l'activité de construction du sens aux autres activités cognitives, comme la perception ou le raisonnement mathématique par exemple.

Je m'appuie essentiellement sur deux ouvrages fondateurs de Fauconnier, l'un paru en France en 1984, *Espaces Mentaux. Aspects de la construction du sens dans les langues naturelles*, et l'autre paru aux Etats-Unis en 1997, *Mappings in Thought and Language*. D'autres articles majeurs seront mentionnés également, comme «Subdivision cognitive» paru dans la revue Communication en 1991, ou bien encore «Conceptual Integration Networks» de Fauconnier et Turner, paru en 1998 dans *Cognitive Science*.

Après une définition de ce que Fauconnier entend par «espace mental», je propose de développer certains aspects de la théorie à travers l'exemple des temps grammaticaux analysés dans ce cadre comme reflétant la subdivision cognitive, et celui du discours indirect libre comme manifestation de l'«intégration conceptuelle». Les temps grammaticaux servent ensuite à une comparaison avec certains aspects de la théorie de Len Talmy, en particulier l'opération de fenêtrage, qui permettent d'approfondir les hypothèses de Fauconnier.

2. Qu'est ce qu'un «espace mental»?

Dans le cadre de recherches portant sur la construction du sens, Gilles Fauconnier cherche à décrire comment se mettent en place les représentations mentales au fur et à mesure que se déroule le discours, qu'il soit écrit ou oral. A partir des indices linguistiques (structures syntaxiques, marques de temps, d'aspects, pronoms, *etc*) et pragmatiques, il étudie les opérations de construction de ces représentations, qu'il nomment «espaces» et dont la caractéristique première n'est pas de faire référence au monde ou de le représenter, mais plutôt de refléter les façons de penser et de parler des locuteurs: «la construction d'espaces représente une manière de parler ou de réfléchir mais ne dit rien en soi sur les objets de cette réflexion» (1984: 194). La notion d'«espace» permet de distinguer les structures linguistiques sur lesquelles reposent ces espaces — mais à partir desquelles ils sont construits — des représentations proprement dites. Elle permet également un type de formalisation ensembliste.

Les espaces sont effectivement «des ensembles structurés et modifiables, avec des éléments a, b, c, ..., des relations satisfaites entre ces éléments (R1ab, R2a, R3cbf...), tels que l'on puisse leur ajouter de nouveaux éléments, ou établir de nouvelles relations entre leurs éléments» (1984: 32). Les espaces se construisent ainsi au fur à et mesure du déroulement du discours, successivement les uns à partir des autres. Quand un énoncé apparaît dans le discours, il ouvre un nouvel espace. Cette construction progressive d'espaces correspond à un traitement de l'information par subdivision en différents domaines cognitifs, différents «espaces de connaissance» pourrait-on dire (c'est le sens que prend «mental» en fait), reliés les uns aux autres par différents processus. Je décris plus bas certains de ces processus, mais le plus important pour bien comprendre la pertinence de l'approche de G. Fauconnier, c'est de considérer que les structures linguistiques donnent des *instructions de construction* d'espaces, construction qui s'effectue à un niveau distinct des structures linguistiques, appelé «niveau cognitif» («level C» dans Fauconnier 1997: 36).

Du point de vue «purement» linguistique, Fauconnier défend l'idée qu'«une expression linguistique E n'a pas un sens en soi, mais plutôt un sens potentiel et c'est seulement dans le discours complet et en contexte que le sens sera effectivement produit»[1] [«A language expression E does not

1. Traduction des traductions des citations de Fauconnier et Fauconnier / Turner, ainsi que celle de l'exemple (4): G. Col.

have a meaning in itself; rather it has a *meaning potential*, and it is only within a complete discourse and in context that meaning will actually be produced»] (Fauconnier 1997: 37). La conséquence de ce principe est que pour chaque utilisation particulière, une même structure linguistique ne construit pas systématiquement le même espace. En fait certaines expressions sont davantage spécialisées dans la construction d'espaces (*ie.* les «introducteurs» d'espaces comme les verbes de paroles, de pensée ou des locutions adverbiales), d'autres sont spécialisées dans les relations et les connections entre espaces (*ie.* les «connecteurs», comme les temps verbaux par exemple), d'autres encore établissent des relations trans-spatiales, comme les verbes copules (*be*, *become*, *seem*, *etc*). Comme on le voit, les expressions linguistiques ont des rôles différents dans la mesure où leurs effets dépendent de la configuration d'espaces sur laquelle elles interviennent: «The effect of a language expression depends on the space configuration it operates on» (Fauconnier 1997: 65). Mais pour Fauconnier, *l'instruction* de construction d'espace fournie par une expression linguistique est unique même si elle est fondamentalement sous-spécifiée, dans la mesure où «une expression de langue qui intervient dans le discours au stade n place alors un ensemble de contraintes sur la nouvelle configuration produite, cela en fonction de la configuration déjà engendrée au stade n-1.» (Fauconnier 1991: 231). De manière plus générale, on peut considérer qu'un espace est analysable comme une structure partielle prise dans un réseau d'espaces qui s'enrichit dans le déroulement du discours et permet le déploiement du sens.

Fauconnier distingue différents processus de construction d'espaces et de relations entre espaces mentaux. Je vais commencer par présenter les plus fondamentaux, afin de pouvoir présenter d'autres aspects de la théorie par la suite. Ce qu'il faut bien comprendre, c'est que les expressions linguistiques comme «En 2009», «Jean-Pierre pense que...» (*cf.* plus bas) contribuent à l'ouverture de ces espaces, mais elles donnent très peu d'informations sur le contenu de ces espaces. Le contenu des espaces provient d'autres espaces, par défaut ou par correspondance d'éléments entre espaces.

Un *introducteur* («space builder») est une expression qui établit un nouvel espace ou qui renvoie à un espace déjà introduit dans le discours. Cet espace, désigné par M, est introduit à un moment donné dans le discours à partir d'un «espace parent» M' auquel il est subordonné. C'est donc un principe de *subdivision* ou de *partition* qui régit le déploiement des espaces et leur mise en relation. Par ailleurs, chaque espace peut à un autre moment du discours servir de base pour le système ou devenir un espace en perspective auquel est ajoutée de l'information (dans la terminologie on parlera de «espace focus»). Reprenons — librement — un exemple de Fauconnier (1984):

(1) *Anne-Marie croit que, dans le tableau de Jean-Pierre, les fleurs sont jaunes.*

En (1), on peut distinguer deux introducteurs d'espaces: «Anne-Marie croit», qui introduit un espace parent M' à partir duquel est introduit un autre espace, M, par un second introducteur, «dans le tableau de Jean-Pierre». Dans cet exemple, M est introduit à l'intérieur de M', conformément — entre autres — à l'enchâssement syntaxique. Nous obtenons la figure suivante:

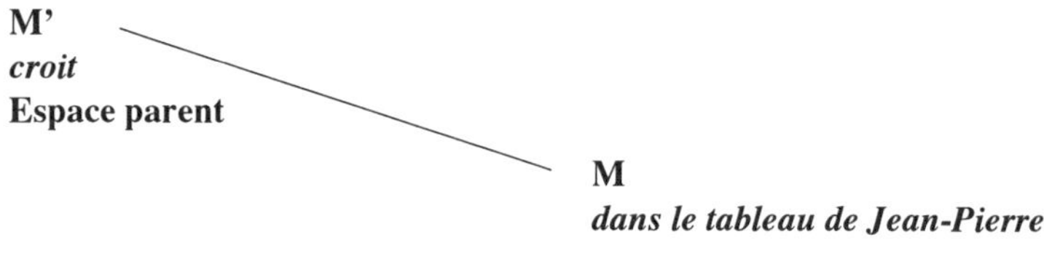

Figure 1

Proposons maintenant une suite à cet exemple telle que:

(2) *Dans le tableau de Jean-Pierre, le géant écrase une fourmi.*

L'espace mental M introduit par «dans le tableau de Jean-Pierre» est *structuré* par deux éléments représentés par les deux groupes nominaux «le géant» et «une fourmi», ainsi qu'une relation satisfaite entre ces deux éléments indiquée par la forme verbale. Pour Fauconnier, le rôle d'un article indéfini est effectivement d'introduire un nouvel élément dans un espace M_i, alors que celui d'un article défini est plutôt de signaler qu'un élément est déjà introduit dans un espace «parent» M_j (1984: 36). On constate ainsi que ces deux expressions linguistiques donnent deux instructions de structuration d'espace différentes: avec «un N» l'espace est structuré par l'apparition d'un nouvel élément, alors qu'avec «le N» l'espace est structuré par la mise en correspondance de deux éléments a et a' de deux espaces différents, M_i l'espace en cours («current space») et M_j l'espace parent.

Examinons maintenant plus spécifiquement comment deux espaces sont connectés. L'exemple suivant:

(3) *He seems to enjoy what she's telling him.*

contient ce que Fauconnier appelle un «connecteur» («trans-spatial operator»): le verbe «seem» (sembler)[2]. Ce verbe établit un lien et une correspondance entre deux espaces mentaux, un «espace focus» désigné par M et un espace de base qui contient un point de vue et que l'on désigne par B. «Seem» exprime l'idée d'apparence et fait que l'espace M peut être considéré comme contenant une image de ce que décrit les éléments de l'espace B, cette image étant par ailleurs accessible à partir de B. Plus précisément, M contient deux éléments a' et b', arguments de la relation décrite par le verbe, soit la

2. Dans le cadre de mes propres travaux sur la langue anglaise, je me suis intéressé à la question des verbes d'apparence (*seem*, *appear* et *look*, voir Col 2006), ce qui explique le choix d'analyser en (3) un exemple anglais.

structure «X enjoy Y»[3] notée ENJOY a'b'. Ces éléments sont mis en correspondance avec a et b de l'espace de base B par le connecteur F («seem»). B contient effectivement a et b et toutes les connaissances relatives à ces éléments (*cf.* note 2). B contient ainsi deux entités dont la relation prédicative est spécifiée dans M par la relation d'apparence; B sert bien de base à la construction de M. On dira ainsi que M se structure de manière interne par le cadre prédicatif «X enjoy Y» avec a' et b' comme arguments (de là ENJOY a'b') à partir des éléments a et b contenus dans B, et par la relation d'apparence établie par le connecteur «seem». Soit la figure suivante:

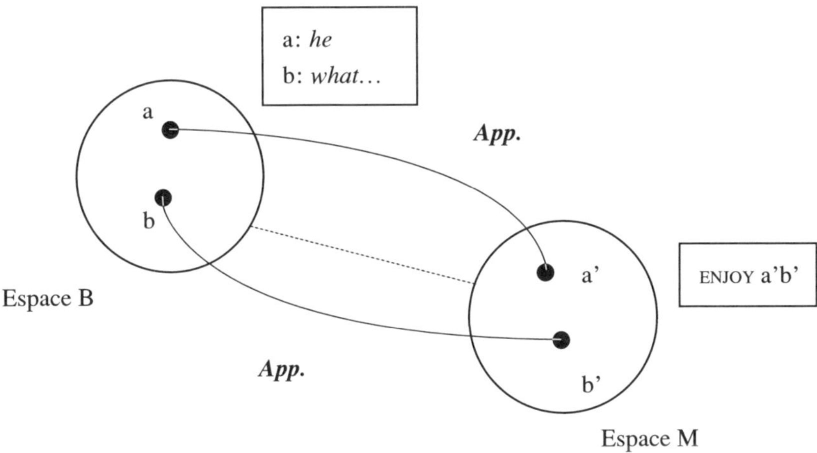

Figure 2

Ce que l'on vient de décrire correspond à un principe fondamental dans la théorie des espaces mentaux, le «principe d'identification», encore appelé «principe d'accès», qui établit qu'une expression linguistique qui nomme, décrit ou désigne un élément dans un espace peut être utilisée pour accéder à cet élément dans un autre espace («If two elements *a* and *b* are linked by a connector *F* ($b = F(a)$), then element *b* can be identified by naming, describing, or pointing to its counterpart *a*», Fauconnier 1997: 41). Ainsi, dans notre exemple, on accède à M à partir de B à travers la description de a et de b dans la relation *App.* Pour être plus précis, c'est une relation *d'accessibilité* qui est mise en place avec *App.* dans la mesure où ENJOY a'b' est liée à une relation d'«apparence» qui peut être définie comme une relation de type modal (sur la notion d'accessibilité qui caractérise les espaces modaux, voir Fauconnier 1997: 95).

3. Notons que ces deux éléments sont eux-mêmes issus d'autres espaces, dans la mesure où on a d'un côté un pronom personnel et de l'autre un forme aspectuelle indiquant que le procès est «en cours», elle même comprise dans une subordonnée complétive également issue d'un autre espace. Un tel exemple illustre bien la notion de «réseau» d'espaces sur laquelles je reviens plus bas.

Après avoir exposé quelques notions de base de la théorie des espaces mentaux de G. Fauconnier, je souhaiterais présenter des applications de cette théorie et les solutions apportées à deux problématiques, celle du traitement des temps et des aspects d'une part, et celle du discours indirect libre d'autre part.

3. Les temps grammaticaux et la «subdivision cognitive»

On considère généralement — et de manière sans doute simplifiée — la question de la référence comme une des problématiques premières de l'analyse des formes temporelles: «à quoi renvoie tel temps grammatical?». Les réponses les plus satisfaisantes sont généralement d'ordre relationnel, comme celles proposées par Reichenbach (1947) et reprises sous différentes formes dans différentes théories linguistiques contemporaines. Le modèle de Fauconnier — qui s'inspire ici explicitement des travaux de Dinsmore (1991) — invite à considérer les temps grammaticaux, ainsi que plus généralement les expressions temporelles, comme des instructions de construction d'espaces et de relation entre espaces. Ce qui sous-tend cette approche est la question de l'organisation du discours et la nécessité pour tout participant à un discours de pouvoir garder une trace de l'apparition des espaces, des liens entre eux, de leur ordre, ou encore du déplacement d'un espace à un autre:

> *«The thinker, speaker, hearer, discourse participant must keep track of the space set up, their content, the links between them, and the order in which they appear. The process is a dynamic one. At any stage, one must know, or be able to figure out, how to move discursively through the configuration.»* (Fauconnier 1997: 72).
>
> [Le penseur, le locuteur, l'auditeur, le participant au discours doit garder une trace de l'organisation des espaces, de leur contenu, des liens entre eux, et l'ordre dans lequel ils apparaissent. Le processus est dynamique. A chaque étape, on doit savoir, ou être capable de comprendre, comment se déplacer discursivement dans la configuration.]

Dans une approche qui propose de décrire le déroulement du discours par la construction et les relations entre espaces mentaux, donc qui propose de *décrire la construction du sens comme une propagation de sous-structures dans une configuration cognitive complexe*, les espaces sont organisés dans une succession de constructions qui permet aux interlocuteurs de se repérer à l'intérieur d'une configuration.

Considérons l'exemple suivant:

> (4) *I knew only one of the two detectives. Harold Wexler. I had met him a few months earlier when I stopped into the Pints Of for a drink with Sean. They worked CAPs together on the Denver PD. I remember Sean called him Wex.*
> (*The Poet*, Michael Connelly)

[Je connaissais seulement un seul des détectives. Harold Wexler. Je l'avais rencontré quelques mois auparavant quand je m'étais arrêté au «Pints Of» pour boire un verre avec Sean. Ils travaillaient ensemble au Service des Homicides du Commissariat Central de Denver. Je me souviens que Sean l'appelait Wex.]

et tentons de décomposer la configuration qu'il propose dans la perspective de Fauconnier (1991 et 1997) en distinguant minimalement:

(i) un espace de base, le point de départ de la construction, vers lequel on peut toujours revenir,
(ii) un espace-point de vue (Viewpoint) à partir duquel les autres sont structurés, mis en place ou atteints à un moment donné du discours,
(iii) un espace-focus F, c'est-à-dire l'espace en cours de «structuration interne» (celui sur lequel est portée l'attention) auquel est ajoutée de l'information et qui peut être atteint à partir de l'espace point de vue en cours.

En (4), on distingue pour commencer un espace de base B, qui correspond aussi à ce stade au point de vue initial et au focus, par défaut. Cet espace est signalé par le prétérit simple de «knew»: B [prétérit simple] [*knew*]. B est considéré comme «l'ancre de la configuration» («anchor for the configuration», Fauconnier 1997: 73), le point de départ vers lequel on peut toujours revenir; et effectivement ici, le prétérit correspond au temps du récit. Soit la figure suivante (l'énoncé concerné par la figure est en caractères gras):

(4) ***I knew only one of the two detectives. Harold Wexler.*** *I had met him a few months earlier when I stopped into the Pints Of for a drink with Sean. They worked CAPs together on the Denver PD. I remember Sean called him Wex.*

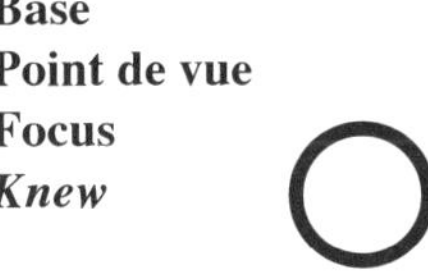

Figure 3

Le plu-perfect (ou «plus que parfait») qui suit signale la construction d'un nouvel espace mental mis en place par «a few months earlier» qui joue ici le rôle de «space builder». L'attention se déplace sur ce nouvel espace qui devient l'espace «en cours» («current space») au «détriment» de B (d'où la notation de «focus» entre parenthèses dans la figure 4 plus bas): on le notera M_1 [*a few months earlier*] [plu-perfect] [*had met*]. Cet énoncé partitionne en fait l'information qui se trouve répartie sur deux espaces différents. M_1 est effectivement un espace à partir duquel émerge une «expansion» M_2 qui correspond dans l'énoncé à la subordonnée introduite par «when». Cette subordonnée développe le moment «a few months earlier» qui introduit M_1. M_1 sert ainsi d'espace «de fondation» à partir duquel M_2 se met en place; M_1 et M_2 sont respectivement un Foundation Space et un Expansion Space qui partitionnent l'information évoquée par cet énoncé dans ce contexte. D'ou successivement les figures 4 et 5:

(4) *I knew only one of the two detectives. Harold Wexler.* ***I had met him a few months earlier*** *when I stopped into the Pints Of for a drink with Sean. They worked CAPs together on the Denver PD. I remember Sean called him Wex.*

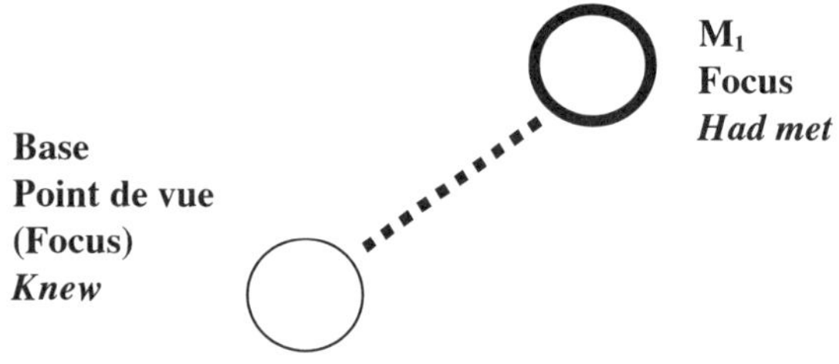

Figure 4

(4) *I knew only one of the two detectives. Harold Wexler. I had met him a few months earlier* ***when I stopped into the Pints Of for a drink with Sean****. They worked CAPs together on the Denver PD. I remember Sean called him Wex.*

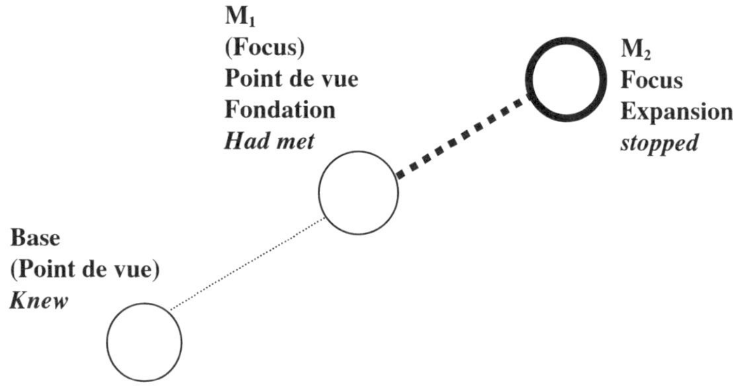

Figure 5

Le quatrième espace (M_3), celui signalé par le second prétérit («they worked»), est plus délicat à analyser. On peut l'interpréter comme se construisant à partir du premier: dans cette hypothèse, on revient à l'espace de base et un nouvel espace focus se met en place. Mais l'indétermination temporelle du prétérit en anglais (proche d'un aoriste) fait que cet espace se construit en même temps à partir des précédents et pas seulement à partir de la base. Le contenu de cet espace provient effectivement à la fois de B («they» = Wexler + Sean) et de M_1 (le personnage Sean, assassiné au moment du récit, était encore vivant au moment de la rencontre du narrateur avec Wexler dans le pub); il se construit partiellement à partir de ces deux espaces par deux chemins temporels possibles, cette double origine étant marquée par le caractère indéterminé du prétérit.

(4) *I knew only one of the two detectives. Harold Wexler. I had met him a few months earlier when I stopped into the Pints Of for a drink with Sean.* ***They worked CAPs together on the Denver PD****. I remember Sean called him Wex.*

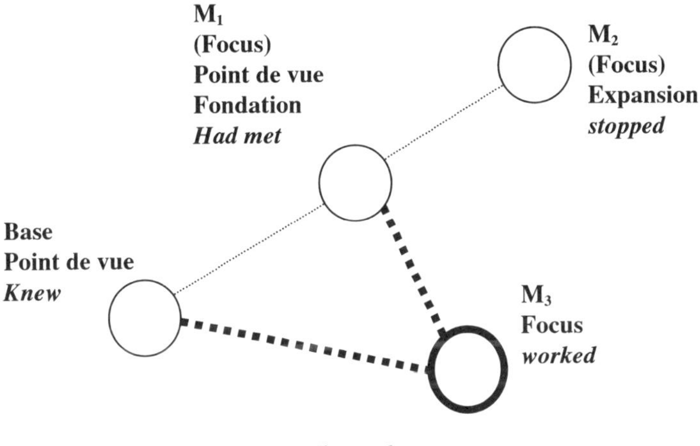

Figure 6

«I remember» ouvre enfin un cinquième espace mental M_4 qui permet l'accès à un sixième espace M_5 qui contient «Sean called him Wex». M_4 est en fait un nouveau point de vue dans la configuration générale construite par l'énoncé. Sa mise en place se fait toujours depuis l'espace de base — sur lequel on revient donc une seconde fois — qui reste à l'origine du déroulement du discours dans cet extrait de roman. La spécificité de M_4, en tant qu'il est ouvert par un verbe évoquant un souvenir et qui plus est, un verbe conjugué au présent alors que le récit est globalement au prétérit, est cependant d'être un espace à partir duquel on accède à un autre (en l'espèce, le contenu du souvenir), ce qui fait de lui un nouvel espace point de vue, soit la figure 7:

(4) *I knew only one of the two detectives. Harold Wexler. I had met him a few months earlier when I stopped into the Pints Of for a drink with Sean. They worked CAPs together on the Denver PD.* ***I remember*** *Sean called him Wex.*

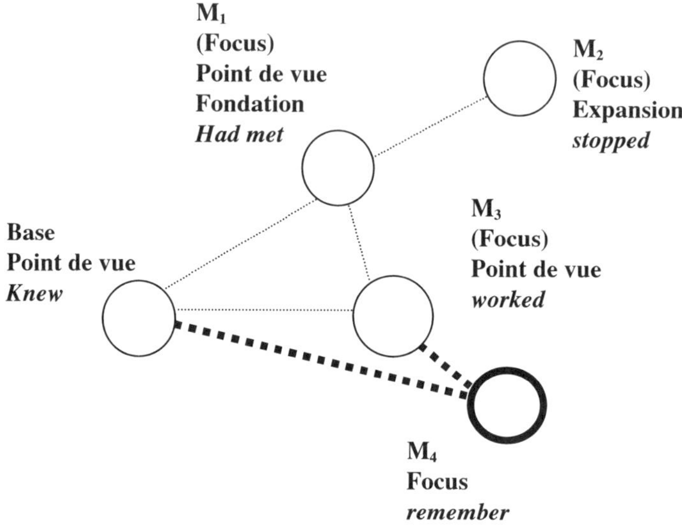

Figure 7

L'espace auquel on accède, M_5 correspond quant à lui à un espace focus, qui se structure à partir de M_4. L'instruction donnée par le temps grammatical (présent simple) qui ouvre l'espace point de vue (M_4) fait qu'on accède à M_5 non pas directement à partir de la base, mais à partir d'elle *via un autre* (M_4), le présent de «remember» marquant justement que le chemin d'accès n'est pas direct vu que le récit est ici globalement au prétérit.

(4) *I knew only one of the two detectives. Harold Wexler. I had met him a few months earlier when I stopped into the Pints Of for a drink with Sean. They worked CAPs together on the Denver PD. I remember* ***Sean called him Wex****.*

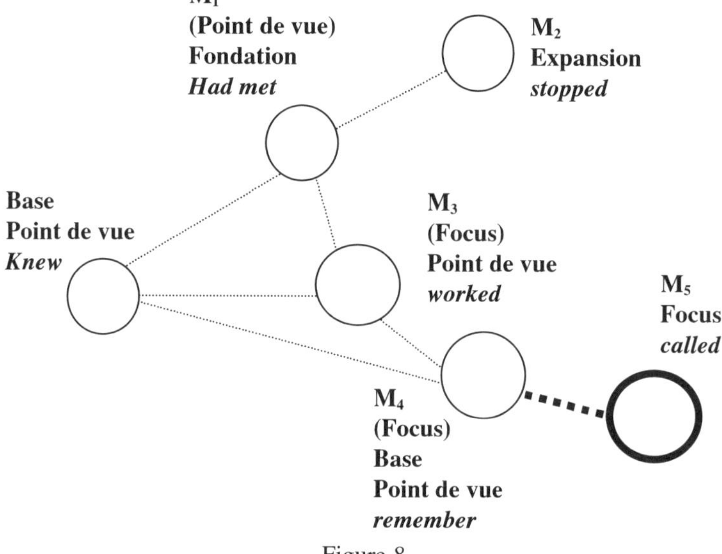

Figure 8

Ce qu'on peut retenir d'une telle conception des temps grammaticaux est son caractère relationnel, dans la suite des conceptions développées par Reichenbach, mais surtout son caractère «processuel»: les temps donnent des *instructions* particulières de construction d'espaces mentaux et de leurs relations, dans le *déroulement* du discours (au sens large du terme):

> *«The Time Paths represent a dynamic unfolding of discourse. The tense combinaisons are not meaning properties of single sentences or propositions. They are codings of the discourse configuration into which the sentence fits. It is crucial for this scheme that Viewpoint, Focus, Event and even Base be reassigned as discourse unfolds.»* (Fauconnier 1997: 83).
>
> [Les chemins temporels représentent un déroulement dynamique du discours. Les combinaisons de temps grammaticaux ne sont pas des propriétés sémantiques de phrases ou de propositions isolées. Ce sont des codages de configurations de discours où l'énoncé trouve sa place. Dans ce but, il est crucial que Point de vue, Evénement focal et même Base soient réaffectés à d'autres espaces au fur et à mesure que le discours se déroule.]

Les distinctions entre espaces de base, point de vue, focus, *etc.* sont effectivement créées par les temps grammaticaux qui aident donc à construire l'architecture générale de la configuration cognitive en cours d'élaboration.

Comme on a pu le constater dans l'exemple (4), la notion d'accès est également fondamentale, et celle-ci dépasse la seule question des temps. C'est même cette notion qui — pour moi — est vraiment centrale dans l'analyse des temps grammaticaux, notamment l'analyse des marques grammaticales de futur de l'anglais. Fauconnier propose, à la suite des travaux de Dinsmore et Cutrer, une distinction entre le statut de Fait (Fact) et celui de Prédiction (Prediction) pour caractériser les propriétés contenues dans les espaces temporels, ce statut pouvant évoluer au fur et à mesure que le discours se déroule et que les points de vue évoluent en même temps (voir par exemple le cas du futur antérieur en français et son équivalent anglais: would + have + participe passé). Une telle vision des temps grammaticaux, toute satisfaisante qu'elle soit pour décrire la succession des espaces mentaux dans le déroulement du discours, pourrait cependant effacer des propriétés morphologiques qui permettent aussi de donner des instructions de construction du sens. Pour ne prendre qu'un seul exemple, les formes grammaticales de l'évocation du futur en anglais combinent des formes simples et des formes auxiliées qui donnent chacune des instructions complémentaires et complexes. Col (2008) et Col et Victorri (2007) montrent que les formes de futur peuvent aussi s'analyser comme des instructions de «fenêtrage». Le fenêtrage est une opération cognitive consistant à mettre en place dans le discours une portion d'espace-temps (la «fenêtre»), à repérer cette fenêtre par rapport à une situation d'énonciation et à définir le contenu de cette fenêtre, c'est-à-dire définir la structure cognitive élaborée dans la fenêtre. Cette structure est plus ou moins accessible suivant les formes grammaticales, et son degré d'accessibilité est lié au degré d'élaboration de la structure.

Cette conception s'inspire de la théorie des espaces mentaux, mais propose une formalisation propre qui cherche à unifier les différentes approches cognitives à partir de celle de Fauconnier.

4. Fenêtrage et temps grammaticaux

Le traitement des temps grammaticaux proposé par Fauconnier présenté dans les paragraphes précédents partage des points communs avec l'opération cognitive de fenêtrage. Le principe suggéré par Fauconnier est de considérer les temps grammaticaux, ainsi que plus généralement les expressions temporelles, comme des instructions de construction d'espaces et de relation entre espaces. L'idée est que les temps grammaticaux sont une sorte de «mémoire» de l'évolution des espaces. Dans cette perspective, chaque temps permet de savoir quel est l'espace en cours de structuration. L'hypothèse du fenêtrage développée par Talmy dans un autre courant de la sémantique cognitive va, de son côté, représenter une sorte d'approfondissement de cette perspective. Le point de vue de Talmy (2000) est un point de vue attentionnel (il parle d'ailleurs de «fenêtrage d'attention») et rejoint la position «en creux» de la théorie des espaces mentaux. A partir d'une situation de référence donnée (ou «cadre d'événement»), un énoncé place une portion de cette situation à l'avant-plan de l'attention tout en plaçant à l'arrière-plan d'autres portions de la même situation. La mise en avant-plan s'effectue par la mention explicite (et donc la présence dans l'énoncé) de la portion en question, ou d'autres portions de la même situation. Ce qui est omis dans l'énoncé peut alors correspondre au contexte, ou à ce qui est implicite de manière générale[4]. En fait, une scène de référence est pour Talmy séquencielle par nature, ce qui lui permet de distinguer trois types de fenêtrage, initial, médian ou final. De la même façon, ce qui est en dehors de la fenêtre d'attention, ce qui est «hors cadre» (en anglais «gapped»), est aussi pris dans une forme de séquentialité; Talmy distingue ainsi trois types de mise hors-cadre («gapping»): mise hors-cadre initiale, mise hors-cadre médiane et mise hors-cadre finale.

Reprenons l'exemple des temps grammaticaux dans la perspective de Talmy[5]. Les temps peuvent contribuer à un type de fenêtrage particulier, lié à un type de cadre d'événement particulier. Il s'agit de ce que Talmy appelle l'interaction entre participants à un «complexe situationnel» (2000: 282-288). Dans ce type de fenêtrage, le cadre d'événement est constitué des relations

4. Le fenêtrage d'attention est une partie de la structuration conceptuelle du langage, avec le «niveau» d'attention, le «centre» d'attention, l'«étendue» de l'attention, les «réseaux» d'attention, toutes ces problématiques constituant la «distribution de l'attention» (Talmy, 2000: 258).

5. Les analyses qui suivent s'appuient sur le chapitre 4 du volume 1: «The Windowing of Attention in Language» (2000: 257-309).

entre participants. Ces participants peuvent être des personnes, réelles ou fictives, ou bien encore le locuteur lui-même. Ce type de cadre permet de distinguer des fenêtrages différents en fonction de l'évolution de la scène, et par extension, en fonction des différences de moments. A partir de la paire d'exemples ci-dessous, l'analyse de Talmy est la suivante:

(5)a *John met a woman at the party last week. Her name* ***was*** *Linda.*
(5)b *John met a woman at the party last week. Her name* ***is*** *Linda.*

(5)a et (5)b évoquent de la même façon une structure conceptuelle identique, en l'occurrence une paire d'interactions entre une situation et ses participants. Ici, Talmy distingue une «circonstance primaire», c'est-à-dire le fait pour une certaine femme de s'appeler Linda, ce qui constitue «un état non borné temporellement» (2000: 283). Une distinction est par ailleurs faite entre deux types d'interaction avec cet état. La première interaction, indirecte, est celle de John avec la circonstance primaire, c'est-à-dire la rencontre de John et d'une femme appelée Linda. La seconde interaction est quant à elle directe, c'est-à-dire avec le locuteur, et elle concerne le prénom de la femme au moment où parle le locuteur. Dans les secondes parties de chacun des énoncés où la femme est nommée, l'utilisation du temps passé en (5)a et du temps présent en (5)b signale alors les différences de placement d'une fenêtre attentionnelle sur l'une ou l'autre de ces interactions. D'après Talmy, le passé en (5)a ne s'applique pas au référent principal de la scène (Linda), mais plutôt au moment de la première interaction entre participants: la rencontre de John avec cette femme. La fenêtre d'attention inclut alors des aspects de l'interaction, inférés ou non. Le temps présent de (5)b signale quant à lui l'adoption d'une perspective temporelle de la seconde interaction entre participants — c'est-à-dire le moment présent — et oriente le placement d'une fenêtre d'attention incluant quelque chose de ce contexte interactionnel. Talmy conclut qu'ici, dans le cas de l'interaction entre participants, nous avons affaire à un type de fenêtrage où chacune des deux formulations évoque la totalité d'un cadre d'événement particulier tout en indiquant explicitement seulement certaines sous-portions de ce cadre et en établissant ainsi une fenêtre d'attention sélective sur lui. Il faut cependant noter que la fenêtre d'attention sélective délimitée temporellement ne peut pas porter sur un événement non délimité puisqu'elle bornerait l'événement non délimitable, comme en (6):

(6) *John met a woman at the party last week. Her name was Linda *while he was there. / *when he asked her for it./ *when she told him.*

Comme on peut le constater à travers l'exemple des temps grammaticaux, Talmy ne propose guère plus de formalisation que Fauconnier, mais il cherche à inscrire les temps dans une activité cognitive de fenêtrage sur des portions d'événement dans leurs relations avec le locuteur. Cette préoccupation n'est pas absente chez Fauconnier; les espaces mentaux décrivent les façons de parler et de penser du locuteur. Talmy est cependant plus largement typologique que Fauconnier sur cette question — et donc en recherche d'exhaustivité —, et permet de poser certains éléments de formalisation. Les temps grammaticaux représentent pour tous les deux des instructions particulières, soit des instructions de construction et de relation d'espaces mentaux, soit des instructions de fenêtrage sur des sous-portions d'événement. On peut néanmoins orienter les analyses non pas vers les «temps» en tant que tels, mais vers les unités linguistiques qui composent ces «temps». Dans cette logique, chaque unité (auxiliaires et formes verbales par exemple) donne des instructions de construction du sens qui permettent, même dans le cadre de l'opération de fenêtrage, une formalisation adaptée.

5. Le discours indirect libre et l'«intégration conceptuelle»

Après l'analyse de quelques formes linguistiques et de leur rôle instructionnel dans la construction des espaces mentaux, je propose maintenant de voir comment cette théorie permet d'aborder des questions de niveaux de discours, donc de constructions linguistiques plus larges, à travers l'étude du discours indirect libre.

Une des problématiques du discours indirect libre est qu'on est dans une situation paradoxale: on a trop d'origines énonciatives et en même temps pas assez car une origine unique est introuvable. Observons un exemple comme le suivant:

(7) When someone suggested that Robert take up painting, he laughed at the idea. **Where would he find the time?** His only free time in the weekend was spent gardening, mowing, doing maintenance jobs around the house [...].

And with all that work he was being urged to take on painting! His wife's brother who lived near had always been the painter of the family. **One was enough.** Some of Robert's friends were painters. [...]

Janet Frame, «The Painter», in *New Zealand Short Stories* 4. (Oxford University Press, 1984)

Dans cet extrait, les passages en caractères gras posent effectivement des problèmes quant à leurs origines énonciatives. On relève dans ces passages des marques de «récit» autant que des marques de «discours», si on suit provisoirement la distinction de Benveniste (1966). Ainsi, la forme de la question (question directe), la ponctuation (point d'interrogation ou d'exclamation), la phrase exclamative sont autant de marques linguistiques renvoyant à un système de repérages organisé autour du locuteur. Parallèlement, les marques de récit comme le prétérit (la flexion *–ould* du modal, qui relève aussi, on va le voir, du système de repérage du locuteur, ou encore *was*) ou les marques de personnes (troisième personne, *he* et personne générique *one*) indiquent qu'un autre système de repérage est à prendre en compte, organisé autour du narrateur. Ces deux systèmes sont à l'œuvre dans ce passage; ils sont intégrés dans chacun des énoncés et permettent de rendre compte tous les deux de la construction du sens de ces énoncés.

L'approche par réseaux d'espaces mentaux et propagation du sens dans le réseau va permettre non pas de résoudre la question de l'origine — qui, on le voit plus bas, ne demande pas en tant que telle de réponses — mais plutôt de décrire la construction du sens de ce type d'énoncé. La question centrale va être celle du choix de l'espace point de vue.

Dans une étude sur le discours direct et indirect dans la perspective théorique des espaces mentaux, Sanders et Redecker (1996) proposent un principe que l'on peut résumer de cette façon: dès qu'un personnage prend la parole ou pense, un espace M enchâssé dans l'espace de base B est créé. L'accès à M se fait alors en fonction de l'influence du narrateur. Plus le narrateur marquera son influence sur le récit, plus l'accès à M se fera par B, et inversement, plus le locuteur marquera son influence, moins l'accès à M se fera par B et on accèdera directement à M. Ainsi dans le discours indirect, le point de vue à partir duquel est construit M reste en B, alors que dans le discours direct, le point de vue est transféré à M qui sert de nouvelle base. Ce principe permet de distinguer discours direct et discours indirect. Pour ce qui est du discours indirect libre, les auteurs parlent plutôt de position intermédiaire entre ces deux pôles de régulation (1996: 303). Pour eux, le discours indirect libre représente le cas où le point de vue peut être soit en M soit en B: on a accès à un espace M qui ne sert pas de base à proprement parler. Néanmoins, l'accès à M est rendu direct car les éléments contenus dans l'«espace-focus» (les mots, les pensées,...) sont identifiables comme appartenant au personnage et non au narrateur. En s'inspirant des analyses de Sanders et Redecker (1996: 302), on obtient pour (7) une figure comme la suivante:

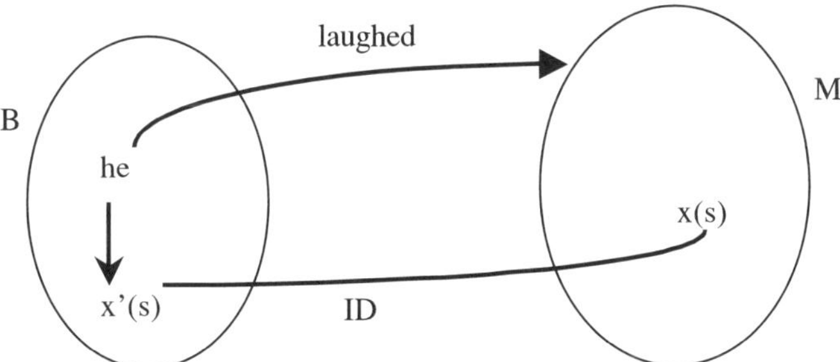

B: base, point de vue du narrateur
M: focus, point de vue du personnage
x: «*find the time*», *etc*
s: «he»

Figure 9

Dans cette figure, on remarque que les paroles / pensées de «he», à la fois narrateur et personnage, sont présentes dans les deux espaces M et B, et mises en relation d'identité — ce que montre «ID». La particularité du discours indirect libre est, d'après Sanders et Redecker, que l'interprétation du point de vue se fait par défaut dans M: on accède directement à des pensées / paroles sans qu'une origine unique ne soit donnée explicitement.

Une autre analyse du discours indirect libre dans le même cadre théorique privilégie non pas une position d'entre-deux, mais plutôt l'hypothèse d'une construction de sens faite par projection partielle de structures sémantiques, et émergence d'une structure propre à partir de cette projection. L'impossibilité de trouver une origine unique à chacune des «situations d'énonciation» — pour employer une autre terminologie et éviter des confusions —, situation de narration Sit_1 et situation d'énonciation rapportée $Sit_{1'}$, fait que chacun des espaces est incomplet. C'est leur mise en relation par projection qui permet la construction du sens de ce type d'énoncé. Une telle perspective correspond à une opération cognitive que Fauconnier appelle l'«intégration conceptuelle», ou «blending». Cette opération consiste à décrire les cas où le sens ne provient pas seulement de la mise en correspondance de deux espaces (ou plus), mais de la projection d'une sélection d'éléments provenant de ces espaces sur un autre espace qui les intègre dans une nouvelle structure[6].

Prenons un autre exemple, comme celui-ci:

> (8) *Etienne, déjà, continuait d'une voix changée. (…)* ***Est-ce qu'il se trouvait des lâches pour manquer à leur parole*** *?* (*Germinal*, Zola, cité par Riegel *et al.)*

L'énoncé correspondant au discours indirect libre est souligné dans l'exemple. En se fondant encore une fois sur la distinction de Benveniste, on relève des marques linguistiques propres au récit comme l'imparfait, qui fonctionne dans ce contexte comme le temps du récit, ainsi que des marques de discours comme la ponctuation des interrogatives directes, couplée à la syntaxe de ce type d'énoncé, qui signale la présence d'un locuteur. L'imparfait peut en fait relever des deux niveaux d'énonciation; mais ici, on peut dire qu'il donne une instruction «narrative» plus que «discursive» vu qu'il est aussi le temps général du récit («continuait»). On peut ainsi distinguer deux espaces mentaux, l'un correspondant au récit et contenant des éléments comme le temps grammatical, et l'autre correspondant au discours et contenant des marques de locution comme la ponctuation et la syntaxe des questions directes. Dans la mesure où ces deux espaces correspondent à des situations d'énonciation, ils partagent des paramètres, en l'occurrence, le paramètre du sujet d'énonciation (S_0) et celui du moment d'énonciation (T_0). C'est la valeur de ces paramètres qui est différente dans chacun des espaces. On obtient une première figure de ce type:

6. Les analyses qui suivent s'inspirent de travaux effectués sur l'anglais dans Col 2003 et Col 2004.

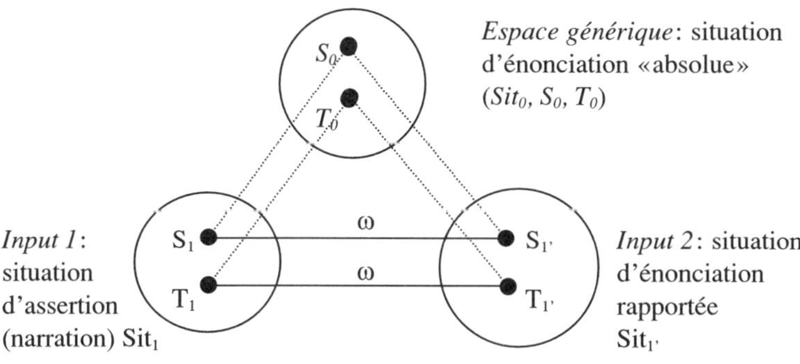

Figure 10

Dans cette figure apparaissent trois espaces au total. On distingue effectivement deux «espaces d'entrée» — «input» dans la figure — qui sont structurés par des éléments propres à une situation de narration d'une part (Input 1) et à une situation de discours d'autre part (Input 2). Les éléments de ces deux espaces d'entrée se caractérisent par des valeurs particulières des deux paramètres fondamentaux d'une situation d'énonciation, le sujet énonciateur S_0 et le moment d'énonciation T_0. Ces deux paramètres «hors-valeurs» sont quant à eux présents dans le troisième espace, l'«espace générique», qui regroupe les éléments partagés par les deux autres. Le sens propre à l'énoncé, sens qui se construit sur la co-présence dans le même énoncé de valeurs différentes pour les paramètres S et T, émerge finalement du mixage de certains éléments dans un quatrième espace, dit «espace intégrant»:

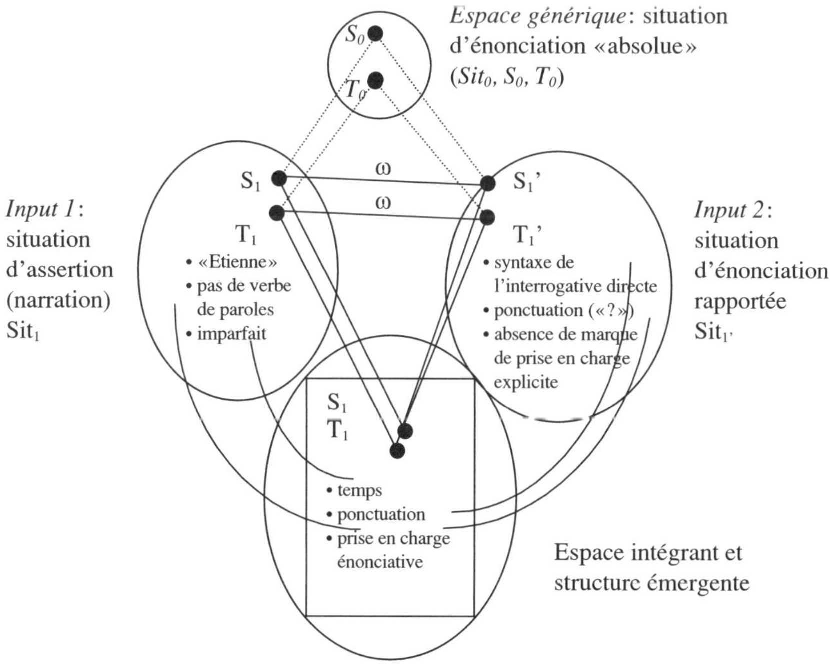

Figure 11

La figure de la page 69 montre que le sens de l'énoncé (8) se construit à partir de la projection de certains éléments (marques de temps, de syntaxe et de ponctuation) dans un espace d'où émerge une structure cognitive nourrie par les espaces mais non calculable directement à partir d'eux individuellement. Comme le précisent Fauconnier et Turner (1998):

> «In the many-space model of conceptual projection, meaning is not constructed in any single space, but resides in the entire array and its connections. The «meaning» is not contained in the blended space. [...] A mental space is built up in part by recruiting structure from (possibly many) conceptual domains and from local context.» (Fauconnier et Turner 1998: 158).
>
> [Dans le modèle multi-spatial de projection conceptuelle, le sens ne se construit dans chacun des espaces, mais dans l'ensemble des espaces et de leurs connexions. Le «sens» n'est pas contenu dans l'espace mixé. [...] Un espace mental est partiellement construit en recrutant sa structure de plusieurs domaines conceptuels et du contexte local.]

Cette opération d'unification d'espaces permet d'après les auteurs d'étudier beaucoup de domaines, comme par exemple les métaphores, le raisonnement mathématique, ou bien encore la grammaire. Le Blending permet effectivement de décomposer les structures causatives et de montrer que le sens causatif est issu de la projection d'une construction transitive à trois arguments de type NP V NP NP sur une séquence causale de type [[a ACTS] CAUSE [b MOVE to c]] décrivant l'action de a sur b et ses conséquences sur c, comme dans (9):

(9) *McKnight eventually* ***drank himself into*** *Bethlehem madhouse.* (*Star of the Sea*, J. O'Connor)

La projection de la structure DRINK NP sur la séquence causale fait que le verbe «drink» prend un sens causatif dans l'énoncé, sens qu'il n'a bien entendu pas en dehors de cette construction (**McKnight eventually drank himself* ou **McKnight eventually drank into Bethlehem madhouse*). C'est dans l'espace intégrant qu'est construit ce sens (ici exprimé autour d'une partie de la relation causale, en l'occurrence le moyen qui mène au résultat, «drink into»), issu du mixage d'une construction grammaticale et d'une séquence conceptuelle qui partagent quelques points communs seulement — minimalement, une source et un but dans une relation notionnelle[7].

Ce qui ressort de l'intégration conceptuelle, c'est peut-être son manque de régles et de formalisation. On trouve dans Fauconnier (1997: 149-151) une série de principes de fonctionnement et de définitions, mais ces principes

7. Ce type de construction relève également d'un fenêtrage particulier qui met en saillance différents éléments de la relation causale, fenêtrage sur le moyen, le résultat ou le processus lui-même; voir en particulier Talmy (2000) sur cette question. La notion même de «blend» («fusion») est d'ailleurs introduite dans les travaux de Talmy dès 1977 (repris en 2000), et a été ensuite reprise par Fauconnier (1997).

et définitions restent assez généraux, ce qui va dans le sens du degré de généralité élevé de cette opération. Ces principes restent aussi largement descriptifs et typologiques.

6. Conclusion

Quels sont les apports de la théorie des Espaces Mentaux à la sémantique cognitive?

La théorie de Gilles Fauconnier — et Mark Turner — apporte essentiellement un point de vue *dynamique* à l'étude de la construction du sens. Si on admet effectivement que les «espaces» sont des représentations et que ces représentations sont en quelque sorte «vides», dans le sens où elles ne contiennent aucune image mentale ou tout contenu propre, l'intérêt de cette approche est justement la *construction* même des espaces, les *relations* complexes qu'ils entretiennent, leur *structuration*, ou bien encore leur *fusion*. Dans cette perspective dynamique et évolutive, et pour ne reprendre qu'un seul exemple, les temps grammaticaux ne sont pas étudiés comme ils le sont généralement, c'est-à-dire dans leur rôle référentiel, mais comme de véritables *balises* dans le déploiement des espaces. Les temps grammaticaux donnent des «instructions» de construction du sens en indiquant à quel moment du déploiement des espaces on se situe. La pertinence de l'approche de Fauconnier, et plus particulièrement celle de Fauconnier et Turner à travers l'Intégration Conceptuelle, est par ailleurs valable dans d'autres domaines de la linguistique, comme celui de la prosodie[8]. Il est nécessaire, en fait, de bien situer l'opération d'Intégration Conceptuelle dans la perspective de la théorie, et du coup la considérer comme une manifestation parmi d'autres de projection et de correspondance entre espaces. Comme les autres processus cognitifs décrits par Fauconnier, l'Intégration Conceptuelle a des résonnances dans différents domaines des sciences du langage. Sa particularité est que son degré de généralité assez élevé fait qu'elle a des résonnances en dehors de ce domaine aussi. On retrouve en psychologie cognitive, par exemple, une opération très proche, celle d'«assemblage» de représentations qui, selon Le Ny (2004, 2005), est au cœur du processus de compréhension verbale. On voit ainsi que c'est aussi à l'échelle du vaste domaine des sciences cognitives qu'il faudrait également appréhender les avancées récentes de la théorie des Espaces Mentaux.

A l'échelle des sciences du langage, il est intéressant de constater que décrire la construction dynamique du sens en termes d'espaces en structuration progressive trouve un écho dans une approche attentionnelle comme celle développée par Talmy. Un espace en cours de structuration est finalement

8. On peut effectivement montrer, comme dans Col (2007), comment les structures syntaxiques et prosodiques fusionnent dans l'émergence du sens à l'oral.

un espace sur lequel se porte l'attention. Cet espace est en quelque sorte sélectionné dans l'épissure générale des espaces et permet la monstration de propriétés émergeantes. Dans cette perspective, les temps grammaticaux indiquent des fenêtrages attentionnels spécifiques sur des sous-portions d'événement, notamment entre participants à une scène de référence.

Bibliographie

BENVENISTE, E., 1966. «Les relations de temps dans le verbe français», *Problèmes de linguistique générale*, tome 1, Gallimard. 237-250.

COL, G., 2003. «Style indirect libre et intégration conceptuelle», *Stylistique et énonciation: le cas du discours indirect libre*, Presses de l'Université Paris X — Nanterre. 187-203.

—, 2004. «Théories cognitives et l'hypothèse de l'émergence du sens». *Tropismes* n° 12. Nanterre: Université Paris X — Nanterre. 115-140.

—, 2006. *«Appear, seem* et *look:* «perception» et «construction» des apparences», in A. DELPLANQUE (ed), *Les verbes d'apparence, CORELA*, numéro spécial.

—, 2007. «Prosodie et émergence du sens. Propositions pour une étude cognitive de l'intonation», *Canadian Journal of Linguistics / Revue Canadienne de Linguistique,* n° 52(3), p. 255-277.

—, 2008. «Windowing the future. The cognitive operation of «windowing» in the study of future time evocation», in J.-R. Lapaire, *et al.* (eds), *Du fait grammatical au fait cognitif / From Gram to Mind: Grammar as Cognition*, Pessac: Presses Universitaires de Bordeaux, vol. 2, 323-341.

COL, G., et B. VICTORRI, 2007. «Comment formaliser en linguistique cognitive? Opération de fenêtrage et calcul du sens temporel» In Guy ACHARD-BAYLE et M.-A. PAVEAU (eds), *Cognition, Discours, Contextes, CORELA*, numéro spécial.

CULIOLI, A., 1990. *Pour une linguistique de l'énonciation*, tome 1. Gap: Ophrys.

CUTRER, M., 1994. *Time and Tense in Narratives and Everyday Language*. Ph.D diss., University of California, San Diego.

DINSMORE, J., 1991. *Partitioned Representations*. Dordrecht, Boston, London: Kluwers Academic Publishers.

FAUCONNIER, G., 1984. *Espaces mentaux. Aspects de la construction du sens dans les langues naturelles.* Minuit.

—, 1991. «Subdivision cognitive», *Communications* 53, 229-248. Seuil.

—, 1997a. *Mappings in Thought and Language*. Cambridge: Cambridge University Press.

—, 1997b. «Manifestation linguistique de l'intégration conceptuelle», in C. FUCHS et S. ROBERT (eds), *Diversité des langues et représentations cognitives*. Gap: Ophrys. 182-193.

FAUCONNIER, G., et E. SWEETSER, 1996. *Spaces, Worlds and Grammar*, Chicago: University of Chicago Press.

FAUCONNIER, G., et M. TURNER, 1998. «Conceptual Integration Networks», *Cognitive Science* 22 (2). 133-187.

—, 2002. *The Way We Think*. New York: Basic Books.

GRÉA, P., 2002. «Intégration conceptuelle et métaphore filée», *Langue Française*, 134, 109-123.

LE NY, J.-F., 2004. «Eléments de psychologie cognitive: des représentations à la compréhension», in C. FUCHS (ed), *La Linguistique cognitive*. Gap: Ophrys. 155-170.

—, 2005. *Comment l'esprit produit du sens. Notions et résultats des sciences cognitives*. Odile Jacob.

RIEGEL, M., J.-C. PELLAT et R. RIOUL, 1994. *Grammaire méthodique du français*. Paris: Presses Universitaires de France.

SANDERS, J., et G. REDEKER, 1996. «Perspective and the Representation of Speech and Thought in Narrative Discourse», in *Spaces, Worlds and Grammar*, FAUCONNIER, G. et E. SWEETSER, (*eds*). The University of Chicago Press. 290-317.

TALMY, L., 2000. «The Windowing of Attention in Language», in *Toward a Cognitive Semantics*, vol. 1. Cambridge, Mass.: The Massachussets Institute of Technology Press, 257-309.

—, 2000. «Semantic Conflicts and Resolution», in *Toward a Cognitive Semantics*, vol. 2. Cambridge, Mass.: The Massachussets Institute of Technology Press, 323-336.

VICTORRI, B., 1992. «Un modèle opératoire de la construction dynamique de la signification», *La Théorie d'Antoine Culioli. Ouvertures et incidences*. Gap: Ophrys. 185-201.

—, 2004. «Les grammaires cognitives», in C. FUCHS (ed), *La Linguistique cognitive*. Gap: Ophrys. 73-98.

VICTORRI, B., et C. FUCHS, 1996. *La Polysémie. Construction dynamique du sens*. Hermès.

Gilles COL
Université François-Rabelais (Tours)
Laboratoire FoReLL (EA 3816, Poitiers)

LA MÉTALANGUE SÉMANTIQUE NATURELLE: ACQUIS ET DÉFIS

Abstract

For the benefit of those unfamiliar with the natural semantic metalanguage approach, and of those who, on the basis of superficial readings, may have reached the hasty conclusion that the Wierzbickian approach had nothing to offer them, this article provides an overview which is as systematic as possible: it leaves out nothing that is essential, either with respect to what has already been achieved (the "achievements"), or with respect to what remains to be done (the "challenges"). In reality, the NSM approach provides all those who do not remain indifferent to the desire to be understood, as much by scholars as by untrained readers, with a way to overcome the "crossing the creek" syndrome referred to by Georges Kleiber (2001: 3): "This syndrome, noted for the first time in the Middle Ages among the Oelenberg monks (in Reiningue, near Mulhouse) is well-known: sufferers keep hopping from one rock onto another, without ever falling into the water, but they forget they need to cross the river!" The natural semantic metalanguage is shown to be at once unique and multi-faceted, with the English and French versions being used to briefly present its lexicon and grammar. Before moving on to the challenges, the notions of "cultural script" and "culture" are briefly dealt with. We particularly insist on some of the most recent tasks NSM practitioners have embarked on. These include the formulation of a typology of pathways enabling one to deal more effectively with the issue of language and cultural values, the compilation of the list of semantic molecules to be used to increase the readability of semantic explications, and the elaboration of "semantic templates" for the explication of words belonging to specific semantic categories such as emotions, physical contact verbs, speech act verbs etc.

Le terme remonte aux années quatre-vingts, mais l'approche est plus ancienne. Conçue il y a quelque quarante ans par Anna Wierzbicka, la métalangue sémantique naturelle (MSN) a été ainsi appelée par Cliff Goddard, devenu aux années quatre-vingts le bras droit de la linguiste polonaise installée depuis les années soixante-dix en Australie. Ensemble, Goddard et Wierzbicka continuent à développer la métalangue en vue d'en faire un instrument descriptif de plus en plus fort, de plus en plus rigoureux, et qui, de par ses prétentions à l'universalité, n'a d'égal dans aucune autre approche, passée ou contemporaine. D'autres, dont l'auteur de ces lignes, se sont associés à cet effort d'élaboration, d'amélioration et de mise à l'épreuve, ce qui a permis de faire connaitre les tenants et aboutissants de l'approche MSN d'un plus grand nombre de chercheurs, aux quatre coins du monde. Force nous est, cependant, de constater que, parmi les linguistes dont la langue de travail est le français, l'approche MSN continue à être largement méconnue. À l'intention des novices et de ceux qui, sur la foi de lectures partielles, ont conclu, un peu rapidement, que l'approche wierzbickienne n'avait rien à leur offrir, nous adopterons dans la présentation qui suit une démarche aussi systématique que possible, qui ne laisse rien d'essentiel à l'ombre, ni du côté de ce qui a déjà été accompli (les «acquis»), ni du côté de ce qui reste à accomplir (les «défis»). Nous espérons montrer qu'en réalité, l'approche MSN offre à tous, et en particulier à ceux qui ont souci de bien se faire comprendre, non seulement des spécialistes mais aussi du commun des mortels, le moyen de vaincre le syndrome du franchissement du gué dont parle Georges Kleiber (2001: 3): «Ce syndrome, relevé pour la première fois au Moyen-âge chez les moines de l'Oelenberg (à Reiningue, près de Mulhouse), est bien connu: on continue de sauter d'une pierre à une autre, sans jamais tomber à l'eau, mais on oublie de franchir la rivière!»[1]

I. La métalangue sémantique naturelle: acquis

I.1. *À la fois une et plurielle*

Dans sa contribution à un ouvrage collectif (Peeters 2006) qui se veut une défense et illustration de la métalangue sémantique naturelle à l'intention aussi bien des chercheurs se réclamant de l'approche MSN que des spécialistes de la linguistique romane, Maher (2006) a proposé pour l'expression italienne *sfogarsi con qualcuno* 's'épancher auprès de qqn, ouvrir son cœur à qqn' la *formule sémantique* que voici:

La persona X si è sfogata con la persona Y

a. X felt something very bad
 when X thought about this X could think:
  I feel something very bad now
  this thing is like something inside me
  I don't want it to be inside me
b. because of this, X wanted to say something about this to someone
 X wanted someone to say something like this:
  I know that you feel something very bad
  this is bad
c. because of this, for some time, X said many things about this to Y
 when X said these things, it was as if X was saying at the same time:
  I feel something very bad
  I want you to know this

1. Il existe plusieurs autres exposés en langue française consacrés à l'approche MSN (voir p.ex. Peeters 2002, Koselak 2003a, Goddard & Wierzbicka 2006, Wierzbicka 2006a, b, Peeters 2008, à paraitre a, b). La MSN étant un outil qui continue à être perfectionné, on ne manquera pas de trouver certaines divergences d'un exposé à l'autre, symptôme d'une approche vivante et d'un désir de s'approcher tangentiellement de l'instrument descriptif parfait.

d. after this, because of this, X thought something like this:
   I don't feel something very bad like I did before
   this something is not inside me anymore

Dans cette formule n'ont été utilisés que des *primitifs sémantiques* (angl. *semantic primes*): des éléments lexicaux *universels*, qui sont en outre sémantiquement *irréductibles*. Les primitifs sont reliés entre eux en fonction d'une *grammaire* elle aussi universelle, reposant notamment sur des *valences syntaxiques* du type SAY SOMETHING ABOUT SOMETHING TO SOMEONE (où interviennent les primitifs SAY, SOMETHING et SOMEONE). Au lexique et à la grammaire de la métalangue, universels ou du moins présumés universels (sur la foi d'innombrables travaux empiriques entrepris au cours des dernières décennies)[2], s'ajoutent, au niveau typographique, des mises en retrait dont le but est de grouper les composantes pour mieux montrer leur articulation au sein d'une formule. De par leur nature, le lexique et la grammaire confèrent à la métalangue un statut culturellement neutre[3], et en font un outil descriptif dont la clarté et la rigueur restent inégalées. Ce qu'on exprime dans la version anglaise de la MSN, qui reste la mieux connue, peut être exprimé dans n'importe quelle autre version, sans déformation sémantique aucune. Pour l'expression *sfogarsi con qualcuno*, Maher (2006) a elle-même proposé les versions italienne et espagnole que voici[4]:

La persona X si è sfogata con la persona Y (version italienne)

a. X sentiva qualcosa di molto male
   quando pensava a questo, poteva pensare:
      sento qualcosa di molto male adesso
      questa cosa è come qualcosa dentro di me
      non voglio che sia dentro di me
b. a causa di questo, X voleva dire qualcosa su questo a qualcuno
   voleva che qualcuno dicesse qualcosa così:
      so che senti qualcosa di molto male
      questo è male
c. a causa di questo, per un po' di tempo, X ha detto molte cose su questo a Y
   quando diceva queste cose, era come se dicesse allo stesso tempo:
      sento qualcosa di molto male
      voglio che tu sappia questo
d. dopo di questo, a causa di questo, X ha pensato qualcosa così:
      non sento qualcosa di molto male come prima
      questa cosa non è più dentro di me

2. Il existe en ce moment quelques doutes sur l'universalité de la structure «it was as if» dans la composante c. Aussi est-il vraisemblable qu'une autre formulation devra être trouvée.

3. Nous revenons plus loin à la notion de «culture» au sein de l'approche MSN.

4. La décision de recourir à *tu* plutôt qu'à *Lei* en italien, et à *tú* plutôt qu'à *Usted* en espagnol, parait aujourd'hui sujette à caution. Nous y revenons ci-dessous.

La persona X si è sfogata con la persona Y (version espagnole)

a. X sentía algo muy malo
   cuando pensaba en eso, podía pensar:
      siento algo muy malo ahora
      esta cosa es como algo dentro de mí
      no quiero que esté dentro de mí
b. a causa de eso, X quería decir algo sobre eso a alguien
   quería que alguien dijera algo así:
      sé que sientes algo muy malo
      eso es malo
c. a causa de eso, por un tiempo, X dijo muchas cosas sobre eso a Y
   cuando dijo estas cosas, era como si dijera al mismo tiempo:
      siento algo muy malo
      quiero que tú sepas eso
d. después de eso, a causa de eso, X pensó algo así:
      no siento algo muy malo come antes
      esta cosa no está más dentro de mí

Il y a en fait autant de versions — entièrement isomorphes — de la MSN qu'il y a de langues dans le monde: la métalangue a été conçue de telle façon que son support peut être n'importe quelle langue naturelle. On trouvera ainsi dans Peeters (2008) des explicitations en français, en malais et en coréen du concept de *Schadenfreude*[5].

I.2. *Le lexique de la MSN*

Les soi-disant primitifs sémantiques qui constituent le lexique de la MSN ne sont pas des lexèmes: il s'agit plutôt de sens lexicalisés (sous forme de mots, de morphèmes ou de phrasèmes) dans l'ensemble des langues naturelles. Leurs propriétés morphosyntaxiques (y inclus la partie du discours dont elles relèvent) peuvent être différentes d'une langue à l'autre. Les lexicalisations anglaises et françaises figurent dans les tableaux ci-dessous.

Tableau 1 — Le lexique de la MSN, classé en rubriques (version anglaise)

I, YOU, SOMEONE, SOMETHING, PEOPLE, BODY	Substantifs
KIND, PART	Substantifs relationnels
THIS, SAME[6], OTHER	Déterminants
ONE, TWO, MUCH / MANY, SOME, ALL	Quantificateurs

5. Il importe de noter dès maintenant qu'il y a dans l'approche MSN deux espèces d'explicitations: des *formules sémantiques* (illustrées ci-dessus) et des *scénarios culturels*. Les premières explicitent des sens (de mots, de routines langagières, de structures syntaxiques productives, de normes communicatives etc.); les *scénarios culturels*, quant à eux, feront l'objet de quelques remarques dans le volet I.4.

6. Plutôt que THE SAME (voir la justification dans Peeters 2006).

GOOD, BAD	Évaluateurs
BIG, SMALL	Descripteurs
THINK, KNOW, WANT, FEEL, SEE, HEAR	Prédicats mentaux
SAY, WORDS, TRUE	Discours
DO, HAPPEN, MOVE, TOUCH	Actions, évènements, mouvement, contact
BE (SOMEWHERE), THERE IS, HAVE, BE (SOMEONE / SOMETHING)	Emplacement, existence, possession, spécification
LIVE, DIE	Vie et mort
WHEN, NOW, BEFORE, AFTER, A LONG TIME, A SHORT TIME, FOR SOME TIME, MOMENT	Temps
WHERE, HERE, ABOVE, BELOW, FAR, NEAR, SIDE, INSIDE	Espace
NOT, MAYBE, CAN, BECAUSE, IF	Concepts logiques
VERY, MORE	Intensificateur et augmentateur
LIKE	Similarité

Tableau 2 — Le lexique de la MSN, classé en rubriques (version française)

JE, VOUS[7], QUELQU'UN, QUELQUE CHOSE, GENS, CORPS	Substantifs
TYPE, PARTIE	Substantifs relationnels
CE, MÊME, AUTRE	Déterminants
UN, DEUX, BEAUCOUP, CERTAINS[8], TOUT	Quantificateurs
BIEN, MAL	Évaluateurs
GRAND, PETIT	Descripteurs
PENSER, SAVOIR, VOULOIR, SENTIR, VOIR, ENTENDRE	Prédicats mentaux
DIRE, MOTS, VRAI	Discours
FAIRE, ARRIVER, BOUGER, TOUCHER	Actions, évènements, mouvement, contact
ÊTRE (QUELQUE PART), IL Y A, AVOIR, ÊTRE (QUELQU'UN / QUELQUE CHOSE)	Emplacement, existence, possession, spécification
VIVRE, MOURIR	Vie et mort

7. Plutôt que TU, proposé dans Peeters (2006). Pour une justification, voir Peeters (2009a).

8. Peeters (2006) proposait IL Y A ... QUI, comparable à la version italienne C'È ... CHE. Si nous revenons aujourd'hui à une lexicalisation proposée dans des écrits antérieurs, c'est que IL Y A ... QUI ne se prête pas à la même combinatoire.

QUAND, MAINTENANT, AVANT, APRÈS, LONGTEMPS, PEU DE TEMPS, POUR QUELQUE TEMPS[9], MOMENT	Temps
OÙ, ICI, AU-DESSUS, AU-DESSOUS, LOIN, PRÈS, CÔTÉ, DANS	Espace
NE... PAS, PEUT-ÊTRE, POUVOIR, À CAUSE DE, SI	Concepts logiques
TRÈS, PLUS	Intensificateur et augmentateur
COMME	Similarité

Certains primitifs se lexicalisent de plusieurs façons distinctes, selon le contexte. Les variantes en question s'appellent des allolexes. Le primitif QUELQUE CHOSE en a plusieurs: CHOSE après des déterminants et des quantificateurs (on aura donc TOUTES CES CHOSES, et non pas *TOUS CES QUELQUES CHOSES), RIEN dans des contextes négatifs, CE QUI et CE QUE dans des questions indirectes et des propositions relatives. Le primitif QUAND, quant à lui, en a trois (QUAND, MOMENT et FOIS). Pour les détails, on verra Peeters (2006)[10]. En outre, il est important de préciser que, souvent, les lexicalisations des primitifs se prêtent à des usages qui ne sont pas universels, et dès lors bannis de la métalangue, et que ces usages peuvent différer d'une langue à l'autre. Les sens qu'on admet sont illustrés à l'aide d'une ou de plusieurs phrases ou contextes dits *canoniques*, qui exemplifient l'usage qu'on peut faire des éléments lexicaux constitutifs du lexique de la métalangue. Voici quelques exemples de phrases canoniques; elles consistent pour la plupart, mais pas exclusivement, de primitifs sémantiques:

Je ne veux pas que vous fassiez cela.
Quelqu'un m'a dit quelque chose.
Ces gens ont vécu longtemps.
Cette chose a deux parties.
Si vous faites cela, les gens diront du mal de vous.
Quand vous pensez à moi, je sens quelque chose de bien.
Quand vous êtes avec moi, il ne peut m'arriver rien de mal.
Beaucoup de gens ne savent pas les mêmes choses que moi.
Il est arrivé quelque chose de bien dans cet endroit.

I.3. *La grammaire de la MSN*

Les phrases canoniques permettent en outre de préciser les propriétés grammaticales et syntaxiques de chacun des primitifs, et d'illustrer le phénomène des «expressions-valises» (p.ex. DIRE DU MAL, PENSER DU BIEN au

9. Plutôt que POUR UN TEMPS, proposé dans Peeters (2006), et qui parait moins naturel.

10. Anna Wierzbicka (communication privée, janvier 2009) nous a signalé que, s'il s'avère que *tu* ne se laisse pas définir de façon adéquate en termes du primitif VOUS, ni *vous* en termes du primitif TU, il faudra traiter TU et VOUS comme des allolexes. Quoi qu'il en soit, il ne s'agit certainement pas de deux primitifs distincts.

lieu de DIRE QUELQUE CHOSE DE MAL, PENSER QUELQUE CHOSE DE BIEN). C'est que la MSN est plus qu'une simple liste de primitifs sémantiques. C'est une méta-*langue* au sens propre de ce terme, ce qui veut dire qu'à côté de l'aspect lexical il y a un aspect syntaxique, tout aussi important, qu'il convient de présenter au moins brièvement (pour plus de détails, on verra par exemple, et parmi plusieurs autres sources, Goddard & Wierzbicka 2002, et — plus récemment — Goddard 2008). L'hypothèse, une fois de plus sous-tendue par des recherches empiriques de plus en plus extensives, est que chacun des primitifs a un nombre de propriétés syntaxiques tout aussi universelles que les primitifs eux-mêmes. Ces propriétés sont de plusieurs types. Certaines d'entre elles précisent quels sont les primitifs que l'on peut simplement juxtaposer: le déterminant CE peut ainsi être suivi du substantif GENS (CES GENS), et de la même façon on peut avoir des combinaisons tels que QUELQU'UN D'AUTRE, BEAUCOUP D'ENDROITS, LOIN D'ICI (où D' est une simple ligature), mais aussi DEUX PARTIES, LA MÊME CHOSE, etc. D'autres propriétés concernent les soi-disant valences syntaxiques de certains des primitifs: contrairement à TOUT, BEAUCOUP admet une option partitive (BEAUCOUP DE CES GENS, mais non pas *TOUS DE CES GENS); dans le cas du verbe FAIRE, on peut avoir QUELQU'UN FAIT QUELQUE CHOSE, QUELQU'UN FAIT QUELQUE CHOSE À QUELQUE CHOSE, QUELQU'UN FAIT QUELQUE CHOSE À QUELQU'UN, QUELQU'UN FAIT QUELQUE CHOSE À QUELQU'UN / QUELQUE CHOSE AVEC QUELQUE CHOSE, QUELQU'UN FAIT QUELQUE CHOSE AVEC QUELQU'UN. Finalement, il y a des propriétés qui dépassent le niveau propositionnel: le primitif SAVOIR peut ainsi être suivi d'une subordonnée (SAVOIR QUE P).

I.4. *Les notions de «scénario culturel» et de «culture»*

Depuis quelque quinze ans, Wierzbicka propose dans ses écrits non seulement des formules sémantiques, mais aussi des *scénarios culturels* (angl. *cultural scripts*)[11]. Les scénarios culturels sont des intuitions d'ordre évaluatif propres à un univers culturel ou une «culture» identifiable en tant que telle, des intuitions explicitées en MSN sur ce qui est bien vu et mal vu au sein de cet univers culturel ou de cette «culture», des intuitions quant aux valeurs culturelles qu'on y observe.

Des auteurs parfois très influents ont cherché à priver la notion de «culture» (au sens pertinent) de sa légitimité, en faisant valoir que les entités auxquelles le terme et la notion ont été appliqués manquent d'homogénéité, d'uniformité, de cohérence, de contours fixes, etc., et sont muables. La question qui se pose est de savoir si le saut de la prémisse à la conclusion est justifié. À l'instar de Wierzbicka (2005: 593), nous croyons qu'il ne l'est

11. Le terme anglais fait sa première apparition dans trois textes publiés en 1994 (Wierzbicka 1994a, b, c). Le terme français a été proposé par Hagège (1998).

pas. Ce que dit cet auteur au sujet du sens pertinent du mot anglais *culture* s'applique tel quel au sens pertinent du mot français[12]:

> The word *culture(s)* provides the speaker of English [et celui du français, B.P.] with a very convenient way of referring to a complex conceptual construction which reflects some important aspects of their collective experience of the world. First of all, this experience (reflected in the English language [et dans la langue française, B.P.]) tells them that in different places in the world people think differently. Second, it tells them that these different ways of thinking are often associated with different values (i.e. roughly, different sets of assumptions about what is good and what is bad). Third, it tells them that such different ways of thinking (reflected in ways of speaking) are often linked with different ways of living and different ways of 'doing things' (different 'practices', different social institutions, etc.).

Il serait évidemment vain de vouloir dénier ou ignorer la diversité qui existe au sein des entités traditionnellement appelées *cultures*, comme il serait vain de vouloir dénier ou ignorer leur impermanence. En disant que les propos que l'on tient au sujet de ces *cultures* sont forcément arbitraires, on risque cependant de jeter le bébé avec l'eau du bain. En dépit de la diversité et de l'impermanence, il y a toujours, même dans les sociétés multiculturelles, un noyau commun, dont ceux qui se retrouvent dans un environnement nouveau et étranger où, tout à coup, ils sont obligés d'utiliser une langue étrangère, se rendent plus facilement compte que d'autres, et qui, s'il change, ne change jamais du jour au lendemain (cf. Wierzbicka 2005).

Il n'y a aucun mal à parler de *cultures*, dit aussi Goddard (2000: 85), pourvu qu'on soit prêt à admettre que rien, au sein d'une culture, n'est absolu, que tout y est relatif:

> It goes without saying that cultures are always to some extent heterogeneous, that they cross-cut and overlap, and that they are constantly changing. The notion of 'a culture' is an abstraction, an idealization — not altogether dissimilar, in some respects, to the notion of 'a language'. But, though languages too are heterogeneous, interconnected, and ever-changing, we can continue profitably to employ the concept of 'a language' (for example, 'French', or 'Russian', or 'Malay'), so long as we handle the concept with care. In my view, we can adopt the same attitude to the concept of 'culture'.

12. Plus loin dans son article, Wierzbicka (2005: 589-591) souligne la nature «spécifiquement anglo-saxonne» («specifically Anglo») de la notion anthropologique de «culture». Ses remarques à ce sujet ne doivent pas être prises au pied de la lettre. Le grand public anglophone connait la notion, dit-elle, le sens pertinent du mot ayant pénétré l'usage de tous les jours. Il n'en serait pas ainsi dans d'autres langues, dont l'allemand et le français. Malheureusement, en ce qui concerne le français, Wierzbicka s'est avant tout appuyée sur une édition du dictionnaire Collins-Robert remontant à 1990. Il est étonnant qu'elle ne se soit pas rendu compte du décalage inévitable des dictionnaires par rapport à l'usage ni du fait que l'édition dont elle s'est servie n'est pas la dernière. La sixième édition (2002) fait état du sens pertinent, non seulement en anglais, mais également en français.

Goddard est allé plus loin: dans un article récent (2005: 56), il a proposé, pour le sens pertinent du mot anglais *culture*, une formule sémantique qui s'applique aussi, semble-t-il, au sens pertinent du mot français correspondant.

Revenons aux scénarios culturels. Contrairement aux formules sémantiques, ceux-ci explicitent, non pas des sens, mais des façons de penser. Wierzbicka (2005: 583) décrit de la façon suivante le rapport entre son approche de la sémantique et la théorie des scénarios:

> The key idea of NSM semantics is that all meanings can be adequately portrayed in empirically established universal human concepts, with their universal grammar. The key idea of the theory of cultural scripts is that widely shared and widely known ways of thinking can be identified in terms of the same empirically established universal human concepts, with their universal grammar.

Pour la valeur culturelle française de l'engagement, c'est-à-dire le désir (si ce n'est la nécessité) de prendre position et de défendre son point de vue (Peeters 2000), on peut proposer le scénario que voici:

Scénario culturel correspondant à «l'engagement» des Français

Les gens pensent comme ça:
  c'est bien si quelqu'un dit ce qu'il pense
  à cause de cela, je dis ce que je pense
  je le dis comme quelque chose de vrai
  quand je fais cela, je veux que les gens sachent ce que je sens
  si je ne fais pas cela, les gens penseront du mal de moi

Paraphrasant Wierzbicka (2006c: 34), on pourrait se demander: que veut dire au juste la proposition «Les gens pensent comme ça», que l'on retrouve invariablement en tête des scénarios culturels? Qui sont les gens qui pensent «comme ça»? Il est évident que ce n'est pas l'ensemble des Français, mais, par métonymie intégrée (Kleiber 1994, 1995; Peeters 2005), la majorité[13]. Ceux qui ont des idées différentes sont au courant du scénario: ils en acceptent la validité aux yeux du plus grand nombre, ils ne sont pas sans savoir

13. Le principe de la métonymie intégrée se laisse illustrer de façon ludique à l'aide d'une plaisanterie de Maurice Biraud, fameuse à l'époque de la guerre au Vietnam (Kleiber 1994: 174). Deux Viêt-Congs se rencontrent. L'un d'eux s'informe auprès de l'autre: «Tu as entendu la nouvelle? Les Américains ont débarqué sur la lune!» Et l'autre de s'exclamer, avec un sourire radieux: «Vraiment! Tous?». On aura compris de quoi il s'agit: pour qu'on puisse dire que les Américains ont débarqué sur la lune, ou que les Alsaciens boivent de la bière, ou que mon pantalon est sale, il n'est pas nécessaire: (a) que tous les Américains aient débarqué sur la lune; (b) que tous les Alsaciens boivent de la bière; (c) que tout mon pantalon soit sale. Il suffit: (a) qu'un ou deux Américains aient mis pied sur la lune; (b) que la majorité des Alsaciens boivent de la bière; (c) qu'il y ait au moins une petite tache quelque part sur mon pantalon. La saillance des Américains sur la lune, des Alsaciens buveurs de bière et de la tache sur mon pantalon est telle qu'une généralisation, quelque incongrue qu'elle soit quand on la prend au pied de la lettre, reste cependant acceptable d'un point de vue cognitif.

qu'aux yeux de la plupart des Français il est effectivement bien de dire ce qu'on pense et qu'il est généralement impossible de se soustraire au scénario en question sans se faire remarquer.

II. La métalangue sémantique naturelle: défis

II.1. *Les «cinq ethnos»*

Jusqu'ici, il n'a été question que des acquis de l'approche MSN. Le moment est venu de regarder de l'avant. Il n'y a pas que des acquis: il y a également des défis. Un premier défi consiste à essayer de voir plus clair dans les différentes démarches que l'on pourrait proposer afin de mieux comprendre les valeurs culturelles caractéristiques d'une communauté linguistique quelconque (p.ex. les Français, les Touaregs, les Japonais...). Nous avons proposé ailleurs (Peeters 2009b, à paraitre a) une typologie de démarches distinctes, et nous avons attribué à chacune d'elles un nom spécifique, ce qui devrait nous permettre de nous retrouver plus facilement dans le dédale de ce que, faute de mieux, et quels que soient les usages que d'autres ont fait de ce terme, on pourrait désigner comme l'*ethnolinguistique*. L'objectif de la discipline nommée ainsi est double: il s'agit d'une part de déterminer comment l'étude détaillée de comportements communicatifs, de routines et d'expressions figées, de mots clés et de structures syntaxiques productives peut conduire à la découverte de valeurs culturelles présumées, qui doivent à leur tour faire l'objet d'un examen approfondi lequel doit permettre de confirmer ou d'infirmer l'hypothèse initiale; et d'autre part de voir comment, par le biais d'une étude détaillée de comportements communicatifs, de routines et d'expressions figées, de mots clés et de structures syntaxiques productives, il est possible de corroborer les valeurs culturelles que l'on a tendance à associer à des univers culturels particuliers.

Cinq démarches distinctes ont d'ores et déjà été envisagées.

1. Sera appelée *ETHNOPRAGMATIQUE*, la démarche qui consiste à étudier, en invoquant des faits linguistiques aussi bien que non linguistiques, des comportements communicatifs et des normes communicatives propres à un univers culturel spécifique, en vue de découvrir si derrière ces comportements et ces normes se cachent des valeurs culturelles propres à cet univers. Il peut s'agir ou bien de valeurs déjà connues, que la démarche ethnopragmatique permettra de mieux comprendre, ou bien de valeurs précédemment insoupçonnées — dont il s'agira ensuite de corroborer la réalité par d'autres moyens. L'ethnopragmatique telle qu'elle vient d'être définie présente de nombreuses affinités avec la démarche du même nom dans les travaux de Cliff Goddard[14].

14. On trouvera tous les renvois bibliographiques utiles dans Goddard (2006). Goddard situe les débuts de l'ethnopragmatique dans une étude de Wierzbicka publiée il y a plus de vingt ans (Wierzbicka 1985b) — mais c'est bien lui (Goddard 2002a) qui a proposé le terme.

2. Sera appelée *ETHNOPHRASÉOLOGIE* (terme proposé par Wierzbicka 1999), la démarche qui consiste à étudier, en invoquant des faits linguistiques aussi bien que non linguistiques, des routines langagières et/ou des expressions figées propres à un univers culturel spécifique, en vue de découvrir si derrière ces routines et ces expressions se cachent des valeurs culturelles propres à cet univers. Il peut s'agir ou bien de valeurs déjà connues, que la démarche ethnophraséologique permettra de mieux comprendre, ou bien de valeurs précédemment insoupçonnées — dont il s'agira ensuite de corroborer la réalité par d'autres moyens.
3. Sera appelée *ETHNOSÉMANTIQUE*, la démarche qui consiste à étudier, en invoquant des faits linguistiques aussi bien que non linguistiques, des mots clés présumés, propres à un univers culturel spécifique, en vue de découvrir si derrière ces mots se cachent des valeurs culturelles propres à cet univers. Il peut s'agir ou bien de valeurs déjà connues, que la démarche ethnosémantique permettra de mieux comprendre, ou bien de valeurs précédemment insoupçonnées — dont il s'agira ensuite de corroborer la réalité par d'autres moyens.
4. Sera appelée *ETHNOSYNTAXE* (terme proposé par Wierzbicka 1979), la démarche qui consiste à étudier, en invoquant des faits linguistiques aussi bien que non linguistiques, des structures syntaxiques productives propres à un univers culturel spécifique, en vue de découvrir si derrière ces structures se cachent des valeurs culturelles propres à cet univers. Il peut s'agir ou bien de valeurs déjà connues, que la démarche ethnosyntaxique permettra de mieux comprendre, ou bien de valeurs précédemment insoupçonnées — dont il s'agira ensuite de corroborer la réalité par d'autres moyens.
5. Sera appelée *ETHNOAXIOLOGIE*, la démarche qui consiste à corroborer la réalité de valeurs culturelles présumées, communément associées à une collectivité linguistique, en repérant des faits linguistiques aussi bien que non linguistiques qui en constituent le reflet. La démarche ethnoaxiologique sera le plus souvent précédée de l'une des démarches explicitées ci-dessus, mais rien ne s'oppose à ce qu'elle soit effectuée de façon tout à fait indépendante.

Le trait le plus saillant de chacune des démarches, et dès lors de l'ethnolinguistique dans son ensemble, au sens où nous voudrions que soit compris ce terme, est le recours systématique à la *métalangue sémantique naturelle* (MSN), qui, seule, à notre avis, permet de combattre avec succès ce que nous avons appelé, à l'instar de Georges Kleiber, le syndrome du franchissement du gué. Grâce à la MSN, on peut, d'une façon aussi culturellement neutre que possible, expliciter des valeurs culturelles et décrire, pour les élucider, des normes ou des comportements communicatifs, des expressions idiomatiques, des routines langagières, des mots culturellement saillants et des structures syntaxiques productives identifiables au sein d'une communauté linguistique et/ou de la langue qu'elle utilise[15]. Si l'objectif est de mieux comprendre une valeur culturelle, on pourra se servir, entre autres choses, de normes ou de comportements communicatifs, d'expressions idiomatiques, de routines langagières, de mots clés et de structures syntaxiques productives, et la procédure que l'on suit est celle de l'*ethnoaxiologie*. Si l'objectif est de découvrir les valeurs culturelles qui sous-tendent les normes et les comportements communicatifs, les expressions idiomatiques, les routines langagières, les mots clés et les structures syntaxiques productives d'une langue, les procédures que l'on suit seront celles de l'*ethnopragmatique*, de l'*ethnophraséologie*, de l'*ethnosémantique* et de l'*ethnosyntaxe*, démarches qui *s'ajoutent* à celle de l'ethnoaxiologie.

L'ethnolinguistique telle qu'elle est définie ici est un paradigme en cours de développement. Pour chacune des démarches, un plan de travail et des questions indicatives que l'on a intérêt à se poser ont été arrêtés. Les plans et les questions pourront cependant varier en fonction de l'objet précis de l'analyse. Le nombre de démarches lui-même n'est pas définitivement arrêté. L'ethnolinguistique a occupé une place d'honneur lors du colloque international «Cross-culturally speaking, speaking cross-culturally», qui a eu lieu à l'Université Macquarie en juillet 2009. Elle fait également l'objet d'une monographie, en préparation, consacrée entièrement à l'univers culturel français et à un certain nombre de valeurs culturelles françaises. Chacune des démarches y sera illustrée, et ce de la façon suivante:

- la démarche ethnopragmatique, par le biais de l'examen d'un comportement communicatif qualifié en français de «râlage» ou de «râlerie»;
- la démarche ethnophraséologique, à l'aide d'un examen de la routine langagière *On va s'arranger*;
- la démarche ethnosémantique, à l'aide d'un examen du mot clé *idée*;
- la démarche ethnosyntaxique, à l'aide d'un examen de la structure *Un X peut en cacher un autre*;
- la démarche ethnoaxiologique, à l'aide d'un examen des valeurs de l'esprit de contestation, de la débrouillardise, de l'engagement et de la méfiance (quatre exposés différents, chacun faisant suite à l'un des examens «déclencheurs» relevés ci-dessus).

II.2. *La notion de «molécule sémantique»*

La MSN se prête de toute évidence à l'explicitation de termes dont la spécificité culturelle est manifeste, qu'il s'agisse de noms d'émotions, de noms de parenté, de verbes de parole, de particules discursives — et j'en passe. Depuis quelques années, les tentatives se multiplient pour la mettre à l'épreuve dans d'autres domaines: l'explicitation du sens de verbes tels que

15. Cette liste des usages auxquels se prête la MSN n'est pas exhaustive; n'y figurent que les éléments qui, en ce qui nous concerne, peuvent constituer le point de départ d'incursions dans le monde de l'ethnolinguistique.

couper, *trancher*, *boire*, *manger*, de noms d'animaux et de plantes, d'instruments, de matériaux etc. Peut-on espérer décrire, avec le même degré de précision et de rigueur, le sens de termes «banals» tels que ceux-là? La réponse semble être affirmative, à condition de faire appel à des *molécules sémantiques*, c'est-à-dire à des sens lexicaux non primitifs déployés à titre d'unité intermédiaire au sein de l'explicitation d'un concept plus complexe. Ainsi que l'a souligné notamment Goddard (2007), le recours à des molécules est parfois inévitable: si les termes d'émotion (Wierzbicka 1999, Harkins & Wierzbicka 2001, Ameka 2002, Goddard 2002b, Koselak 2003b, Ye 2006a, b, Hasada 2008, etc.), les actes de parole (Wierzbicka 1987, Goddard 2002c, Maher 2002, etc.) et les particules discursives (Besemeres & Wierzbicka 2003, Wong 2004, 2005, Travis 2005, 2006, etc.), parmi d'autres, peuvent être explicités directement en primitifs sémantiques, il y a d'autres termes qui ne nous offrent pas cette souplesse relative. Ainsi, ce n'est qu'en recourant aux molécules 'water' ('eau'), 'mouth' ('bouche') et 'hands' ('mains') qu'il parait possible d'expliciter en MSN le sens des verbes *manger* et *boire* — et on peut recourir pour ce faire non seulement à la version anglaise de la MSN, celle qui, nous l'avons dit, reste la mieux connue, mais aussi à n'importe quelle autre version, y compris la française.

Pour les verbes anglais équivalents, *eat* et *drink*, Wierzbicka (2009) vient de proposer les formules sémantiques suivantes:

Someone (X) was eating something (Y):

a. someone (X) was doing something to something (Y) with their mouth[M] for some time — LEXICO-SYNTACTIC FRAME
because of this, something was happening to this something (Y) at the same time
b. people do something like this to something when it is like this: — PROTOTYPICAL MOTIVATIONAL SCENARIO
    this something is not something like water[M]
    they do something to this something with their mouth[M]
        because they want this something to be inside their body
c. when someone does something like this to something, the same thing happens many times — MANNER
it happens like this:
    this someone does something to this something with their hands[M]
    at the same time, this someone does something to it with their mouth[M]
    because of this, after this, part of this thing is for a short time inside this someone's mouth[M]
    when this part is inside this someone's mouth[M], this someone does something to it with some parts of their mouth[M]
    because of this, something happens to it at this time
    after this, this someone does something else to it with their mouth[M]
    because of this, after this, it is not inside this someone's mouth[M] anymore
    it is in another part of this someone's body for some time
d. if someone does something like this to something for some time — POTENTIAL OUTCOME
    after some time all parts of it can be inside this someone's body

Someone (X) was drinking something (Y):

a. someone (X) was doing something to something (Y) with their mouth[M] for some time — LEXICO-SYNTACTIC FRAME
because of this, something was happening to this something at the same time
b. people do something like this to something when it is like this: — PROTOTYPICAL MOTIVATIONAL SCENARIO
this something is something like water[M]
they do something to this something with their mouth[M]
because they want this something to be inside their body
c. when someone does something like this to something, the same thing happens many times — MANNER
it happens like this:
this someone does something to this something with their mouth[M]
after this, because of this, part of this something is for a very short time inside this someone's mouth[M]
after this, this someone does something to it with their mouth[M]
because of this, after this, it is not inside this someone's mouth[M] anymore
it is somewhere else inside this someone's body for some time
d. if someone does something like this to something for some time — POTENTIAL OUTCOME
after some time all parts of it can be inside this someone's body

On voit mal comment expliciter le sens de verbes tels que *eat* et *drink* (ou bien *manger* et *boire*) sans recourir aux molécules 'water', 'mouth' et 'hands' (ou 'eau', 'bouche' et 'mains'; cf. ci-dessus). Par ailleurs, les verbes *eat* et *drink* (*manger* et *boire*) eux-mêmes sont vraisemblablement des molécules sémantiques extrêmement productives[16]. Sans elles, comment décrire d'une façon plausible le sens de mots désignant des outils indispensables dans la culture française tels que *cuillère*, *bouteille*, *assiette*, *soucoupe* etc.? Et comment expliciter le sens de mots tels que *pain*, *viande*, *café*, *chocolat chaud* etc.? Ainsi donc, il existe ce qu'on pourrait appeler des chaines de dépendance sémantique. L'une des découvertes de l'approche MSN, sure d'avoir dans le domaine de la typologie linguistique des répercussions qui restent à explorer, est que ces chaines sonnent le glas de certaines classes sémantiques perçues jusqu'ici comme homogènes (c'est-à-dire incluant des termes d'une complexité sémantique comparable). L'exemple le plus spectaculaire est peut-être celui des parties du corps. Afin d'expliciter le sens de la majorité des termes désignant des parties du corps (p.ex. *bras*, *jambes*, *tête*), eux-mêmes des molécules dont il faudra se servir dans l'explicitation de mots tels que *manche*, *pantalon*, *chapeau*, on a besoin de molécules telles que *long*, *rond*, *plat*. Pour expliciter ceux-ci, on a besoin de la molécule *mains*, qu'il ne faut donc pas ranger du même côté que les parties du corps susmentionnées. De toutes les molécules relevées ici, seule la dernière

16. Il y a lieu de croire qu'il y a plusieurs degrés de productivité, et qu'il y a des molécules qui sont plus productives que d'autres.

(*mains*) se laisse expliciter directement et uniquement en primitifs sémantiques, et ce de la façon suivante (description basée sur celle que Wierzbicka 2007: 28 a proposée pour l'anglais *hands*):

mains

a. deux parties du corps de quelqu'un
b. une de ces parties est d'un côté du corps, l'autre est de l'autre côté du corps
c. ces deux parties du corps de quelqu'un peuvent bouger comme le veut ce quelqu'un
d. ces deux parties du corps de quelqu'un ont beaucoup de parties[17]
e. si ce quelqu'un le veut, toutes les parties d'un côté d'une de ces deux parties peuvent toucher en même temps toutes les parties d'un côté de l'autre de ces deux parties
f. parce que le corps des gens a ces deux parties, les gens peuvent faire beaucoup de choses avec beaucoup de choses comme ils veulent
g. parce que le corps des gens a ces deux parties, les gens peuvent toucher beaucoup de choses comme ils veulent

La notion de molécule sémantique étant relativement nouvelle[18], il n'y a pas de réponse nette à la question de savoir combien de molécules vraiment productives il convient de postuler. Pour la langue anglaise, Goddard (2010a) estime leur nombre entre 150 et 250. Ce qui est certain, c'est qu'il y a un certain nombre de catégories à distinguer (comme dans le cas des primitifs sémantiques). Le tableau ci-dessous s'inspire des listes proposées par Goddard (*ibid.*). Il y a lieu de croire — mais l'hypothèse reste à vérifier — que les relevés anglais et français ne seront pas très différents.

Tableau 3 — Échantillon de molécules sémantiques françaises, classé en rubriques

'mains', 'bouche', 'yeux', 'oreilles', 'jambes', 'pieds', ...	parties du corps
'long', 'rond', 'plat', 'droit', 'dur', 'aigu',...	descripteurs physiques
'manger', 'boire', 'être assis', 'être debout', 'être couché', ...	activités et états physiques
'tuer', 'ramasser', 'attraper', ...	actes physiques
'rire', 'chanter', 'écrire', 'lire', ...	actions expressives

17. Il importe de ne pas identifier ces parties-là comme les doigts ni de traiter le mot *doigt* (ou *doigts*) comme une molécule. C'est en explicitant le sens du mot *doigt* (ou *doigts*) qu'on aura besoin de la molécule *mains*.

18. Elle n'est pas sans rappeler la notion de «pseudo-primitif» dont il est question dans des textes plus anciens (remontant aux années quatre-vingts), mais qui n'a jamais fait l'objet d'une théorisation comparable à celle développée plus récemment et évoquée ici.

'sommet', 'bas', 'front', 'bords', 'bouts', ...	termes topologiques
'créature', 'animal', 'oiseau', 'poisson', 'arbre', 'fleur', ...	formes de vie
'sol', 'ciel', 'soleil', 'eau', 'feu', 'jour', 'nuit', ...	environnement naturel
'bois', 'pierre', 'métal', 'verre', 'papier', ...	matériaux
'roue', 'tuyau', 'fil', 'moteur', 'electricité', 'machine', ...	parties mécaniques
'hommes', 'femmes', 'enfants', 'mère', 'père', 'femme' [= 'épouse'], 'mari', ...	relations sociales et familiales
'argent', 'livre', 'couleur', 'nombre', ...	concepts culturels majeurs

Certaines de ces molécules sont des universaux du lexique, d'autres non.

II.3. *La notion de «gabarit sémantique»*

En dépit du recours à des molécules sémantiques, les explicitations proposées dans le cadre de l'approche MSN restent souvent longues et complexes: c'est le prix à payer pour l'exhaustivité, l'attention au détail et la rigueur de la description. Le danger est des plus évidents: on risque, en lisant ou en évaluant une explicitation, de s'y perdre, de ne plus savoir «où on en est». Aussi les théoriciens de l'approche ont-ils été amenés à proposer des «gabarits» (angl. *semantic templates*) permettant non seulement un balisage optimal au sein des explicitations, mais aussi d'uniformiser l'explicitation de termes appartenant à un même domaine sémantique — ce qui doit faciliter l'étude comparative de termes sémantiquement apparentés.

Si les premiers gabarits figurent dans Wierzbicka (1985a), ouvrage consacré à la description sémantique d'objets fabriqués et d'espèces naturelles, ce n'est qu'au cours des dix dernières années que l'idée d'un «gabaritage» plus systématique a été embrassée. Il existe de nos jours des gabarits pour plusieurs classes adjectivales et verbales. Retenons, parmi les premières, les adjectifs d'émotion (Wierzbicka 1999), de forme (Wierzbicka 2006d), de couleur (Wierzbicka 2006e) et de propriété physique (Goddard & Wierzbicka 2007); et, parmi les secondes, les verbes de mouvement (p.ex. angl. *run*, *walk*; Wong, Goddard & Wierzbicka à paraitre), d'activité instrumentale (p.ex. angl. *cut*, *chop*; Goddard & Wierzbicka 2009) et d'activité physiologique routinière tels que *eat* et *drink*[19]. Il n'aura échappé à personne que les explicitations sémantiques proposées pour ces verbes (cf. ci-dessus) diffèrent des autres explicitations reproduites ici dans la mesure où elles comportent

19. Il existe aussi, depuis quelque temps, des gabarits pour proverbes et dictons (Goddard 2010b).

quatre «volets» (LEXICO-SYNTACTIC FRAME ou CADRE LEXICO-SYNTAXIQUE, PROTOTYPICAL MOTIVATIONAL SCENARIO ou SCÉNARIO MOTIVATIONNEL PROTOTYPIQUE, MANNER ou MANIÈRE, POTENTIAL OUTCOME ou RÉSULTAT POTENTIEL) qui, ensemble, constituent le gabarit conçu pour les verbes désignant des activités physiologiques routinières. Ces deux exemples de métalangue sémantique naturelle «à l'œuvre» montrent, mieux que les autres exemples reproduits au cours de cet exposé, que chaque explicitation en MSN, à l'aide de cet instrument descriptif qui ne laisse rien au hasard, et dont le but, rappelons-le, est d'être aussi explicite que possible, est une expérience (au sens scientifique de ce terme), une hypothèse sujette à révision et à amélioration.

Pourquoi, se demandera-t-on, être «aussi explicite que possible» dans le cas de mots aussi banals que *manger* et *boire*, que tout le monde connait, et dont on a du mal à s'imaginer qu'ils ne sont pas présents dans toutes les langues du monde? Détrompons-nous: ce sont des mots qui ne sont pas «connus de tout le monde». Certes, dans le cas de langues relativement apparentées telles que le français et l'anglais, on peut faire valoir que le sens premier des verbes *eat* et *drink*, explicité ci-dessus, correspond à celui des verbes *manger* et *boire*. Mais il ne s'agit pas d'universaux, ainsi que le rappellent notamment Goddard (2001) et Wierzbicka (2009). D'où l'intérêt d'une paraphrase aussi explicite que possible, vérifiable par des locuteurs natifs, intelligible à des locuteurs de n'importe quelle autre langue, typologiquement proche ou éloignée, génétiquement apparentée ou non. Ce n'est qu'en proposant des paraphrases de ce genre qu'on franchit le gué qu'en dépit des apparences d'autres approches ne permettent pas de franchir.

Regardons de près chacun des quatre volets que comportent les formules sémantiques des verbes *eat* et *drink*, et profitons-en pour corriger ci et là les explicitations fournies ci-dessus, en nous fondant sur la technique éprouvée de la traduction d'une version de la métalangue à l'autre, technique qui s'est avérée des plus utiles en vue de perfectionner des descriptions en MSN. Étant donné que le sens premier des verbes anglais *eat* et *drink* est très probablement tout à fait équivalent à celui des verbes français *manger* et *boire*, nous aboutirons à une première tentative d'explicitation en MSN des verbes français qui est en même temps une version corrigée des explicitations proposées par Wierzbicka pour les verbes anglais.

a. *CADRE LEXICO-SYNTAXIQUE*

Le cadre lexico-syntaxique fournit avant tout des renseignements relatifs à la structure actantielle et à l'aspect inhérent des verbes explicités. *Eat / manger* et *drink / boire* sont des activités qui présupposent, d'une part, un sujet animé («someone/quelqu'un», disons X, «does something for some time/fait quelque chose pour quelque temps») et, de l'autre, un objet direct normalement inanimé («something/quelque chose», disons Y). Étant donné qu'on a affaire à des activités, mieux vaut recourir à un temps verbal qui se prête à une lecture imperfective (processus en cours): les usages perfectifs sont en effet sémantiquement plus complexes, puisqu'ils expriment qu'un résultat qui n'est que «possible» a été effectivement réalisé. Cela nous donne, en français, «quelqu'un (X) *faisait* quelque chose à quelque chose (Y) pour quelque temps». La précision «with their mouth/avec la bouche» relève plutôt du troisième volet (MANIÈRE). Dans le cas des verbes d'activité physiologique routinière, le cadre lexico-syntaxique renvoie en outre à l'effet qu'a l'activité en question sur l'objet direct Y («à cause de cela, en même temps, quelque chose arrivait à Y»). Il importe en outre de préciser que le sujet est «maitre» de la situation, que ce qui arrive à Y est exactement ce que X voulait («quelque chose arrivait à Y, comme X le voulait»). On le voit: moyennant quelques corrections, le cadre lexico-syntaxique proposé par Wierzbicka pour les verbes *eat* et *drink* se laisse sans aucun problème transposer en français et peut s'appliquer aux verbes *manger* et *boire*.

Nouvelle version anglaise[20]:

someone (X) was doing something to something (Y) for some time
because of this, at the same time, something was happening to Y, as X wanted

Version française:

quelqu'un (X) faisait quelque chose à quelque chose (Y) pour quelque temps
à cause de cela, en même temps, quelque chose arrivait à Y, comme X le voulait

b. *SCÉNARIO MOTIVATIONNEL PROTOTYPIQUE*

Au scénario motivationnel prototypique constitutif du gabarit des verbes d'activité physiologique routinière correspondent, dans le cas d'autres verbes, d'autres scénarios tels que le scénario cognitif prototypique (verbes d'émotion), le scénario interpersonnel prototypique (verbes de parole) et le scénario de finalité prototypique (verbes de mouvement). La raison d'être de ces divers scénarios saute aux yeux: dans le cas des verbes d'activité physiologique routinière, par exemple, il s'agit de préciser pourquoi le sujet entreprend l'activité en question. À cet égard, les scénarios donnés ci-dessus laissent à désirer. Tout d'abord, il y a des éléments redondants: «to something» apparait déjà dans le cadre lexico-syntaxique et «with their mouth» concerne la manière d'agir et non pas la motivation du sujet. La nature du produit ingéré relève elle aussi de la manière d'agir et doit donc être fournie plus loin. Enfin, si on mange et si on boit, ce n'est pas parce qu'on veut que la substance reçue dans la bouche soit ingérée, mais parce qu'on a faim ou qu'on a soif. Cela nous donne les scénarios révisés que voici:

20. L'ordre des mots dans la deuxième ligne a été modifié pour des raisons de lisibilité. THIS THING (Y) est plus correct que THIS SOMETHING (Y) (rappelons qu'après le déterminant THIS, SOMETHING est à remplacer par THING; cas d'allolexie), mais on peut se contenter, comme cela a été fait ici, de mettre simplement Y.

Nouvelles versions anglaises:

(eat)
people do something like this because they feel something bad inside their body
they don't want to feel this
because of this, they want this thing to be inside their body

(drink)
people do something like this because they feel something bad inside their mouth[M]
they don't want to feel this
because of this, they want this thing to be inside their mouth[M] for some time
after this, they want this thing to be inside their body

Versions françaises:

(manger)
les gens font quelque chose comme cela parce qu'ils sentent quelque chose de mal dans leur corps
ils ne veulent pas sentir cela
à cause de cela, ils veulent que cette chose soit dans leur corps

(boire)
les gens font quelque chose comme cela parce qu'ils sentent quelque chose de mal dans leur bouche[M]
ils ne veulent pas sentir cela
à cause de cela, ils veulent que cette chose soit dans leur bouche[M] pour quelque temps
après cela, ils veulent que cette chose soit dans leur corps

c. *MANIÈRE*

Le volet MANIÈRE précise ce que fait le sujet qui mange ou qui boit. Quelques correctifs s'imposent. D'abord, la nature de la substance ingérée doit être évoquée ici plutôt que dans le volet précédent. Cela peut se faire de façon plus simple que dans les explicitations originales, où un usage excessif (et parfois incorrect, pour des raisons d'allolexie) est fait du primitif SOMETHING. Ensuite, mieux vaut écarter, comme dans les volets précédents, les renseignements redondants. Enfin, nous proposons de supprimer la composante IT HAPPENS LIKE THIS, qui n'est pas vraiment indispensable et se traduit très mal en français (??CELA ARRIVE COMME ÇA). On aura donc:

Nouvelles versions anglaises:

(eat)
people do something like this to something if this thing is not like water[M]
when someone does something like this, the same thing happens many times:
  this someone does something to something with their hands[M]
  at the same time, this someone does something to this thing with their mouth[M]
  ...[21]

21. Seule la partie initiale figure ici, car il n'y a pas de corrections à apporter ailleurs (hormis, à la dernière ligne, IN > INSIDE); la version complète se retrouve dans le volet 2.3.5 ci-dessous.

(drink)
people do something like this to something if this something is like water[M]
when someone does something like this, the same thing happens many times:
this someone does something to something with their mouth[M]
because of this, after this, part of this thing is for a very short time inside this someone's mouth[M]
...[22]

Versions françaises:

(manger)
les gens font quelque chose comme cela à quelque chose
si cette chose n'est pas comme de l'eau[M]
quand quelqu'un fait quelque chose comme ça, la même chose arrive beaucoup de fois:
ce quelqu'un fait quelque chose à quelque chose avec les mains[M]
en même temps, ce quelqu'un fait quelque chose à cette chose avec la bouche[M]
à cause de cela, après cela, une partie de cette chose est pour peu de temps dans la bouche[M] de ce quelqu'un
quand cette partie est dans la bouche[M] de ce quelqu'un,
ce quelqu'un fait quelque chose à cette partie avec certaines parties de la bouche[M]
à cause de cela, en même temps, quelque chose arrive à cette partie
après cela, ce quelqu'un fait autre chose à cette partie avec la bouche[M]
à cause de cela, après cela, cette partie n'est plus dans la bouche[M] de ce quelqu'un
cette partie est dans une autre partie du corps de ce quelqu'un pour quelque temps

(boire)
les gens font quelque chose comme cela à quelque chose si cette chose est comme de l'eau[M]
quand quelqu'un fait quelque chose comme ça, la même chose arrive beaucoup de fois:
ce quelqu'un fait quelque chose à quelque chose avec la bouche[M]
à cause de cela, après cela, une partie de cette chose est pour très peu de temps dans la bouche[M] de ce quelqu'un
après cela, ce quelqu'un fait autre chose à cette partie avec la bouche[M]
à cause de cela, après cela, cette partie n'est plus dans la bouche[M] de ce quelqu'un
cette partie est dans une autre partie du corps de ce quelqu'un pour quelque temps

22. Même remarque. La version complète se retrouve dans le volet e ci-dessous, avec quelques corrections supplémentaires de moindre importance: SOMETHING > SOMETHING ELSE, SOMEWHERE ELSE INSIDE THIS SOMEONE'S BODY > INSIDE ANOTHER PART OF THIS SOMEONE'S BODY.

d. *RÉSULTAT POTENTIEL*

Étant donné que les verbes d'activité en général, et les verbes d'activité physiologique routinière en particulier, se prêtent à des usages aussi bien perfectifs qu'imperfectifs, il importe de préciser, dans un volet distinct, le RÉSULTAT POTENTIEL. Ce résultat, annoncé dans le SCÉNARIO MOTIVATIONNEL PROTOTYPIQUE, n'est pas garanti: il ne pourra être atteint qu'à condition que l'activité soit poursuivie pour quelque temps. Il n'y a rien de particulier à corriger; dans la deuxième ligne, nous avons toutefois substitué THIS THING à IT.

Nouvelle version anglaise:

if someone does something like this to something for some time,
after some time, all parts of this thing can be inside this someone's body

Version française:

si quelqu'un fait quelque chose comme ça à quelque chose pour quelque temps,
après quelque temps, toutes les parties de cette chose peuvent être dans le corps de ce quelqu'un

e. *EAT* et *DRINK*, *MANGER* et *BOIRE* REVISITÉS

Someone (X) was eating something (Y):

a. someone (X) was doing something to something (Y) for some time — LEXICO-SYNTACTIC FRAME
because of this, at the same time, something was happening to Y, as X wanted
b. people do something like this — PROTOTYPICAL MOTIVATIONAL SCENARIO
because they feel something bad inside their body
they don't want to feel this
because of this, they want this thing to be inside their body
c. people do something like this to something if this thing is not like water[M] — MANNER
when someone does something like this, the same thing happens many times:
this someone does something to something with their hands[M]
at the same time this someone does something to this thing with their mouth[M]
because of this, after this, part of this thing is for a short time inside this someone's mouth[M]
when this part is inside this someone's mouth[M], this someone does some thing to it with some parts of their mouth[M]
because of this, something happens to it at this time
after this, this someone does something else to it with their mouth[M]
because of this, after this, it is not inside this someone's mouth[M] anymore
it is inside another part of this someone's body for some time
d. if someone does something like this to something for some time, — POTENTIAL OUTCOME
after some time, all parts of this thing can be inside this someone's body

Quelqu'un (X) mangeait quelque chose (Y):

a. quelqu'un (X) faisait quelque chose à quelque chose (Y) pour quelque temps — CADRE LEXICO-SYNTAXIQUE
à cause de cela, en même temps, quelque chose arrivait à Y, comme X le voulait
b. les gens font quelque chose — SCÉNARIO MOTIVATIONNEL PROTOTYPIQUE
comme cela parce qu'ils sentent quelque chose de mal dans leur corps
ils ne veulent pas sentir cela
à cause de cela, ils veulent que cette chose soit dans leur corps
c. les gens font quelque chose comme cela à quelque chose — MANIÈRE
si cette chose n'est pas comme de l'eau[M]
quand quelqu'un fait quelque chose comme ça, la même chose arrive beaucoup de fois:
ce quelqu'un fait quelque chose à quelque chose avec les mains[M]
en même temps, ce quelqu'un fait quelque chose à cette chose avec la bouche[M]
à cause de cela, après cela, une partie de cette chose est pour peu de temps dans la bouche[M] de ce quelqu'un
quand cette partie est dans la bouche[M] de ce quelqu'un,
ce quelqu'un fait quelque chose à cette partie avec certaines parties de la bouche[M]
à cause de cela, en même temps, quelque chose arrive à cette partie
après cela, ce quelqu'un fait autre chose à cette partie avec la bouche[M]
à cause de cela, après cela, cette partie n'est plus dans la bouche[M] de ce quelqu'un
cette partie est dans une autre partie du corps de ce quelqu'un pour quelque temps
d. si quelqu'un fait quelque chose comme ça à quelque chose pour quelque temps, — RÉSULTAT POTENTIEL
après quelque temps, toutes les parties de cette chose peuvent être dans le corps de ce quelqu'un

Someone (X) was drinking something (Y):

a. someone (X) was doing something to something (Y) for some time — LEXICO-SYNTACTIC FRAME
because of this, at the same time, something was happening to Y, as X wanted
b. people do something like this — PROTOTYPICAL MOTIVATIONAL SCENARIO
because they feel something bad inside their mouth[M]
they don't want to feel this
because of this, they want this thing to be inside their mouth[M] for some time
after this, they want this thing to be inside their body
c. people do something like this to something if this something is like water[M] — MANNER
when someone does something like this, the same thing happens many times:
this someone does something to something with their mouth[M]
because of this, after this, part of this thing is for a very short time inside this someone's mouth[M]
after this, this someone does something else to it with their mouth[M]

because of this, after this, it is not inside this someone's mouth[M] anymore
it is inside another part of this someone's body for some time

d. if someone does something like this to something for some time, POTENTIAL OUTCOME
after some time, all parts of this thing can be inside this someone's body

Quelqu'un (X) buvait quelque chose (Y):

a. quelqu'un (X) faisait quelque chose à quelque chose (Y) pour quelque temps CADRE LEXICO-SYNTAXIQUE
à cause de cela, en même temps, quelque chose arrivait à Y, comme X le voulait

b. les gens font quelque chose comme cela parce qu'ils sentent quelque chose de mal dans leur bouche[M] SCÉNARIO MOTIVATIONNEL PROTOTYPIQUE
ils ne veulent pas sentir cela
à cause de cela, ils veulent que cette chose soit dans leur bouche[M] pour quelque temps
après cela, ils veulent que cette chose soit dans leur corps

c. les gens font quelque chose comme cela à quelque chose si cette chose est comme de l'eau[M] MANIÈRE
quand quelqu'un fait quelque chose comme ça, la même chose arrive beaucoup de fois:
ce quelqu'un fait quelque chose à quelque chose avec la bouche[M]
à cause de cela, après cela, une partie de cette chose est pour très peu de temps dans la bouche[M] de ce quelqu'un
après cela, ce quelqu'un fait autre chose à cette partie avec la bouche[M]
à cause de cela, après cela, cette partie n'est plus dans la bouche[M] de ce quelqu'un
cette partie est dans une autre partie du corps de ce quelqu'un pour quelque temps

d. si quelqu'un fait quelque chose comme ça à quelque chose pour quelque temps, RÉSULTAT POTENTIEL
après quelque temps, toutes les parties de cette chose peuvent être dans le corps de ce quelqu'un

III. Pour conclure

Dans cet exposé, nous avons essayé d'insister autant sur les acquis que sur les défis de l'approche MSN. Nous avons présenté celle-ci comme une et multiple, et nous avons brièvement présenté le lexique et la grammaire de la MSN, en nous fondant avant tout sur les versions anglaise et française. Avant de passer aux défis, nous nous sommes attardés aux notions de «scénario culturel» et de «culture» au sein de l'approche MSN. Nous avons particulièrement insisté sur certaines des tâches les plus récentes auxquelles les promoteurs de l'approche MSN se sont attelés. Ces tâches incluent la formulation d'une typologie de démarches permettant de voir plus clair dans la problématique «Langue et valeurs culturelles», la mise à point de la liste des molécules sémantiques dont on a intérêt à se servir pour assurer la lisibilité des explicitations, et l'élaboration de «gabarits» pour l'explicitation de mots relevant de catégories sémantiques particulières (émotions, verbes de contact physique, actes de parole…). Avant tout, nous espérons avoir montré que, d'ores et déjà, l'approche MSN permet de vaincre ce que Georges Kleiber a, de façon si apte, nommé le «syndrome du franchissement du gué». Certes, le travail n'est pas fini, il s'en faut de loin. Mais le chemin parcouru est long, et il y a de la lumière au bout du tunnel.

Bibliographie

AMEKA, F., 2002. «Cultural Scripting of Body Parts for Emotions. On 'Jealousy' and Related Emotions in Ewe», *Pragmatics & Cognition*, 10, 27-55.

BESEMERES, M., WIERZBICKA, A., 2003. «Pragmatics and Cognition. The Meaning of the Particle *Lah* in Singapore English», *Pragmatics & Cognition*, 11, 3-38.

GODDARD, C., 2000. «'Cultural Scripts' and Communicative Style in Malay (*Bahasa Melayu*)». *Anthropological Linguistics*, 42, 81-106.

—, 2001. «Lexico-Semantic Universals. A Critical Overview», *Linguistic Typology*, 5, 1-66.

—, 2002a. «Ethnosyntax, Ethnopragmatics, Sign-Functions, and Culture», in N.J. Enfield (ed.), *Ethnosyntax. Explorations in Grammar and Culture*, Oxford, Oxford University Press, 52-73.

—, 2002b. «Explicating Emotions across Languages and Cultures. A Semantic Approach», in S.R. Fussell (ed.), *The Verbal Communication of Emotions. Interdisciplinary Perspectives*, Mahwah, Lawrence Erlbaum, 19-53.

—, 2002c. «Directive Speech-Acts in Malay. An Ethnopragmatic Perspective», *Cahiers de praxématique*, 38, 113-143.

—, 2005. «The Lexical Semantics of Culture», *Language Sciences*, 27, 51-73.

— (ed.), 2006. *Ethnopragmatics. Understanding Discourse in Cultural Context*, Berlin, Mouton de Gruyter.

—, 2007. «Semantic Molecules», in I. Mushin, M. Laughren (eds.), *Proceedings of the 2006 Conference of the Australian Linguistic Society* (http://www.als.asn.au).

— (ed.), 2008. *Cross-Linguistic Semantics*, Amsterdam, John Benjamins.

—, 2010a. «The Natural Semantic Metalanguage Approach» in B. Heine, H. Narrog (eds.), *The Oxford Handbook of Linguistic Analysis*, Oxford, Oxford University Press, 459-484.

—, 2010b. «'Like a Crab Teaching its Young to Walk Straight'. Proverbiality, Semantics and Indexicality of Proverbs in English and Malay», in G. Senft, E. Basso (eds.), *Ritual Communication*, Oxford, Berg.

GODDARD, C., WIERZBICKA, A. (eds.), 2002. *Meaning and Universal Grammar. Theory and Empirical Findings*, Amsterdam, John Benjamins.

—, 2006 [[1]2002]. «Langue, culture et conceptualisation. La sémantique transculturelle», in N. Delbecque (ed.), *Linguistique cognitive. Comprendre comment fonctionne le langage*, Bruxelles, De Boeck & Larcier / Duculot, 163-190.

—, 2007. «NSM Analyses of the Semantics of Physical Qualities: *sweet, hot, hard, heavy, rough, sharp* in Cross-Linguistic Perspective», *Studies in Language*, 34, 675-800.

—, 2009. «Contrastive Semantics of Physical Activity Verbs. 'Cutting' and 'chopping' in English, Polish, and Japanese», *Language Sciences*, 31, 60-96.

HAGÈGE, C., 1998. Compte rendu de M. Hellinger, U. Ammon (eds.), *Contrastive Sociolinguistics* (Berlin, Mouton de Gruyter, 1996), *Bulletin de la Société de linguistique de Paris*, 93:2, 102 105.

HARKINS, J., WIERZBICKA, A. (eds.), 2001. *Emotions in Cross-Cultural Perspective*, Berlin, Mouton de Gruyter.

HASADA, R, 2008. «Two 'Virtuous Emotions' in Japanese. *Nasake/joo* and *jihi*», in C. Goddard (ed.), *Cross-Linguistic Semantics*, Amsterdam, John Benjamins, 331-348.

KLEIBER, G., 1994. *Nominales. Essais de sémantique référentielle*, Paris, Colin.

—, 1995. «Polysémie, transferts de sens et métonymie intégrée», *Folia Linguistica*, 29, 105-32.

—, 2001. «Les référents évolutifs. Au large et à l'étroit», in W. De Mulder, C. Schnedecker (eds.), *Les référents évolutifs entre linguistique et philosophie*, Metz, Université de Metz, 3-37.

KOSELAK, A., 2003a. «La sémantique naturelle d'Anna Wierzbicka et les enjeux interculturels», *Questions de communication*, 4, 83-95.

—, 2003b. «Approche sémantique du concept de *honte*», *Pratiques*, 117-118, 51-76.

MAHER, B., 2002. «Natural Semantic Metalanguage Theory and Some Italian Speech Act Verbs», *Studies in Pragmatics* (Journal of the Pragmatics Society of Japan) 4, 33-48.

—, 2006. «*Sfogarsi*», in B. Peeters (ed.), *Semantic Primes and Universal Grammar. Empirical Evidence from the Romance Languages*, Amsterdam, John Benjamins, 207-233.

PEETERS, B., 2000. «'S'engager' vs. 'to show restraint'. Linguistics and Cultural Relativity in Discourse Management», in S. Niemeier, R. Dirven (eds.), *Evidence for Linguistic Relativity*, Amsterdam, John Benjamins, 193-222.

—, 2002. «La *métalangue sémantique naturelle* au service de l'étude du transculturel», *Travaux de linguistique*, 45, 83-101.

—, 2005. «*Commencer à* + infinitif. Métonymie intégrée et piste métaphorique». In H. Bat-Zeev Shyldkrot, N. Le Querler (eds.), *Les périphrases verbales*, Amsterdam, John Benjamins, 381-396.

— (ed.), 2006. *Semantic Primes and Universal Grammar. Empirical Evidence from the Romance Languages*, Amsterdam, John Benjamins.

—, 2008. «La métalangue sémantique naturelle et la lutte contre le syndrome du franchissement du gué», in J. Durand, B. Habert, B. Laks (eds.), *Actes du premier congrès mondial de linguistique française*, Paris, EDP Sciences, 2235-2243. (CD-ROM.)

—, 2009a. «Tu ou vous?», in B. Peeters, N. Ramière (eds.), *Tu ou vous. L'embarras du choix*, Limoges, Lambert-Lucas, 9-39.

—, 2009b. «Language and Cultural Values. The Ethnolinguistic Pathways Model». *Fulgor*, 4:1, 59-73 (http://ehlt.flinders.edu.au/deptlang/fulgor/).

—, à paraitre a. «L'interculturel servi à la sauce MSN, ou À quoi sert la métalangue sémantique naturelle?», in N. Auger, F. Demougin, C. Béal (eds.), *Les enjeux de la communication interculturelle*, Montpellier, Presses universitaires de Montpellier / Maison des sciences humaines.

—, à paraitre b. «Les faux amis, une question de degré. L'apport de la métalangue sémantique naturelle», in M. Burston, F. Baider, E. Lamprou (eds.), *La marque en lexicographie. États présents, voies d'avenir*, Limoges, Lambert-Lucas.

TRAVIS, C.E., 2005. *Discourse Markers in Colombian Spanish. A Study in Polysemy*, Berlin, Mouton de Gruyter.

—, 2006. «The Natural Semantic Metalanguage Approach to Discourse Markers», in K. Fischer (ed.), *Approaches to Discourse Particles*, Oxford, Elsevier, 219-241.

WIERZBICKA, A., 1979. «Ethno-Syntax and the Philosophy of Grammar», *Studies in Language*, 3, 313-383.

—, 1985a. *Lexicography and Conceptual Analysis*, Ann Arbor, Karoma.

—, 1985b. «Different Languages, Different Cultures, Different Speech Acts. English vs. Polish», *Journal of Pragmatics*, 9, 145-178.

—, 1987. *A Dictionary of English Speech Act Verbs*, Sydney, Academic Press.

—, 1994a. «'Cultural Scripts'. A Semantic Approach to Cultural Analysis and Cross-Cultural Communication», in L. Bouton, Y. Kachru (eds.), *Pragmatics and Language Learning*, Urbana-Champaign, University of Illinois, 1-24.

—, 1994b. «'Cultural Scripts'. A New Approach to the Study of Cross-Cultural Communication», in M. Pütz (ed.), *Language Contact and Language Conflict*, Amsterdam, John Benjamins, 69-87.

—, 1994c. «Emotion, Language, and Cultural Scripts», in S. Kitayama, H.R. Markus (eds.), *Emotion and Culture. Empirical Studies of Mutual Influence*, Washington, American Psychological Association, 133-196.

—, 1999. *Emotions Across Languages and Cultures. Diversity and Universals*, Cambridge, Cambridge University Press.

—, 2005. «In Defense of 'Culture'», *Theory & Psychology*, 15, 575-597.

—, 2006a. «Les universaux empiriques du langage. Tremplin pour l'étude d'autres universaux humains et outil dans l'exploration de différences transculturelles», *Linx*, 54, 151-179.

—, 2006b. «Sens et grammaire universelle. Théorie et constats empiriques», *Linx*, 54, 181-207. [Une version abrégée et révisée de ce texte a été publiée dans les *Cahiers Ferdinand de Saussure*, 59, 2006, 151-172.]

—, 2006c. «Anglo Scripts against 'Putting Pressure' on Other People and their Linguistic Manifestations», in C. Goddard (ed.), *Ethnopragmatics. Understanding Discourse in Cultural Context*, Berlin, Mouton de Gruyter, 31-63.

—, 2006d. «Shape in Grammar Revisited», *Studies in Language*, 30, 115-177.

—, 2006e. «There are no 'Color Universals', but there are Universals of Visual Semantics», *Anthropological Linguistics*, 47, 217-244.

—, 2007. «Bodies and their Parts. An NSM Approach to Semantic Typology», *Language Sciences*, 29, 14-65.

—, 2009. «All People Eat and Drink. Does this Mean that 'eat' and 'drink' are Universal Human Concepts?», in J. Newman (ed.), *The Linguistics of Eating and Drinking*, Amsterdam, John Benjamins, 65-89.

WONG, J., 2004. «The Pragmatic Particles of Singapore English. A Semantic and Cultural Interpretation», *Journal of Pragmatics*, 36:9, 739-793.

—, 2005. «'Why you so Singlish one?'. A Semantic and Cultural Interpretation of the Singapore English Particle *one*», *Language in Society*, 34, 239-275.

WONG, J., GODDARD, C., WIERZBICKA, A., à paraitre. «*Walking, running, jumping*. The Semantics of Human Locomotion».

YE, Z., 2006a. «Why are there two 'Joy-Like' 'Basic' Emotions in Chinese? Semantic Theory and Empirical Findings», in P. Santangelo, D. Guida (eds.), *Love, Hatred and Other Passions. Questions and Themes on Emotions in Chinese Civilisation*, Leiden, Brill, 59-80.

—, 2006b. «Why the 'Inscrutable' Chinese Face? Emotionality and Facial Expression in Chinese», in C. Goddard (ed.), *Ethnopragmatics. Understanding Discourse in Cultural Context*, Berlin, Mouton de Gruyter, 127-169.

Bert PEETERS
Macquarie University, Sydney
Bert.Peeters@mq.edu.au

SEMANTIQUE COGNITIVE ET CHANGEMENT LEXICAL

Abstract

This paper attempts to account for the promiment role of cognitive semantics in the study of lexical change. First, we discuss the principles of cognitive semantics and show how they are able to explain semantic change within the lexicon. The notion of frame semantics turns out to be an explanatory principle for both metonymic innovation ("domain highlighting") and metaphorical innovation ("domain mapping"); furthermore, the application of prototype theory to semantic change affects not only taxonomic, but also some special kinds of metonymic and metaphorical change.

We then address the integration of semantic and other types of lexical innovation, like word formation and loans. These aspects of lexical change have previously mainly been dealt with in entirely distinct sub-disciplines of linguistics and have been taken as essentially unrelated. However, empirical data reveal that semantic change often has to be considered within multilayered processes of lexical innovation. As a solution to this problem we have developed within the theory of *lexical filiation* a three-dimensional cross-classification analysis of lexical change which accounts for the interaction of processes of semantic and lexical change.

Finally we presenty our *Dictionnaire Étymologique et Cognitif des Langues Romanes* (*DECOLAR*) as an application of the cognitive approach to semantic change allied with the principles of the theory of lexical filiation. As a closing remark we cast a glance at the utility of our approach for typological studies of cognitive pathways of semantic and lexical change which may underpin a 'strong version' of the invisible hand theory of linguistic change.

Le rôle éminent que joue la sémantique cognitive pour l'étude du changement lexical et l'interaction des procédés sémantiques avec les autres procédés lexicaux ont souvent été négligés. C'est pourquoi cette contribution veut rendre compte de l'état des choses quant à la relation entre la linguistique cognitive et la lexicologie diachronique. Par conséquent, la première partie de l'article présente les principes fondamentaux de la sémantique cognitive et discute son application au lexique. D'une part, la notion de scénario (*frame*) s'avère être un principe explicatif non seulement pour la métonymie («domain highlighting»), mais également pour la métaphore («domain mapping»), d'autre part, l'application de la théorie des prototypes au changement sémantique permet non seulement de comprendre les changements taxinomiques, mais également certains cas spécifiques des changements métonymique et métaphorique.

La seconde partie de cette contribution est dédiée à l'intégration du changement sémantique et d'autres types de changement lexical, comme la formation de mots et l'emprunt. Ces procédés d'innovation sont étudiés essentiellement dans des disciplines de la linguistique complètement séparées, alors que les données concrètes montrent que le changement sémantique doit être vu comme faisant partie d'un processus pluridimensionnel. Pour résoudre ce problème, nous avons développé, au sein de la théorie de la *filiation lexicale*, une méthode d'analyse qui repose sur une classification croisée à trois dimensions, celles des innovations sémantiques, morphologiques et stratiques respectivement.

La troisième partie de cet article sera consacrée aux applications de la sémantique historique cognitive et de la théorie de la filiation lexicale. Nous présenterons le *Dictionnaire Etymologique et Cognitif des Langues Romanes* (*DECOLAR*) dans lequel sont analysées les dénominations des parties du corps dans les langues romanes et qui intègre les méthodes de la sémantique cognitive et de la théorie de la filiation. Finalement, nous discuterons l'impact des théories de la sémantique cognitive et de la filiation sur les études de typologie lexicale qui sont consacrées aux 'itinéraires' cognitifs. Nous nous poserons la question de savoir dans quelle mesure ces théories soutiennent la 'version forte' de la théorie de la main invisible du changement lexico-sémantique.

1. Innovation et changement lexical

A la différence de la sémantique structurale qui se veut une sémantique du système linguistique (cf. Greimas 1966; Coseriu/Geckeler 1981; Touratier 2000, 27-59; Lehmann/Martin-Berthet 2008, 46-56) et ne saurait être une sémantique des tropes[1], la sémantique cognitive, elle, s'ouvre aux effets conceptuels ou perceptuels déclenchés dans le discours et peut nous fournir, par là-même, une théorie des tropes[2]. Dans la perspective de la rhétorique, un trope comme la métaphore n'est rien d'autre qu'un schéma cognitif selon lequel s'articule un effet sémantique du discours. Le schéma tropique de la métaphore en tant que tel est universel, mais il se réalise sous forme d'un effet métaphorique original qui se produit à un moment donné dans un discours donné, comme le montre le célèbre exemple (1) (cf. Eco 1990, 143s., 152s.; Koch 1994, 205, 210):

1. Si la *Rhétorique générale* du Groupe μ (cf. Dubois et al. 1970) emprunte une partie de sa terminologie à la sémantique structurale, ses 'sèmes' n'en représentent pas moins des entités conceptuelles, largement extralinguistiques. Depuis toujours, le côté sémantique de la théorie rhétorique des tropes comporte des aspects cognitifs: cf. Lausberg 1973, §§552-598; Bacry 1992, 39-63, 79-98; Reboul 1994, 127-132, 136-139; Mortara Garavelli 1991, 146-186; Gévaudan 2008.

2. Les manuels de linguistique cognitive contiennent en général des chapitres sur les tropes de la métaphore et de la métonymie: cf. Taylor 1995, 122-141; Ungerer/Schmid 1996, 114-155; Croft/Cruse 2004, 193-221; Evans/Green 2006, 286-327; Grady 2007 et Panther/Thornburg 2007 (in Geeraerts/Cuyckens 2007). Cf. aussi Lakoff/Johnson 1980; Lakoff 1987; Croft 1993.

(1) Ce *toit* tranquille où marchent des colombes,
Entre les pins palpite, entre les tombes;
Midi le juste y compose de feux
La mer, la mer, toujours recommencée!
(Paul Valéry, *Charmes*, 100)

Dans ce début de poème, le mot *toit* désigne, de manière tout à fait originale, la MER, ou, plus exactement, la surface de la mer sur laquelle se reflète le soleil, tel qu'elle se présente à un spectateur qui se trouve au Cimetière marin de Sète. Pour comprendre cette métaphore, nous avons besoin de savoir encyclopédique: il faut avoir une connaissance, entre autres, du scénario perceptuel du toit d'ardoise typiquement français. Pour un grec, par exemple, cette métaphore ne s'expliquerait pas toute seule. C'est là qu'intervient la linguistique cognitive en décortiquant les catégories, les scénarios, les domaines, les ICM, etc. nécessaires à la compréhension des tropes et, plus généralement, des effets de discours.

Il est intéressant de voir que la rhétorique classique introduit, en marge de la notion de 'trope', celle de 'catachrèse' (cf. Lausberg 1973, §§562, 577; Bacry 1992, 26-28; Reboul 1994, 127; Mortara Garavelli 1991, 148-150). Cette notion s'applique, par exemple, à des cas comme (2): le mot français *bouton* qui ne désignait, au départ, qu'un BOURGEON s'emploie également pour désigner, à travers une «catachrèse» métaphorique, une PETITE TUMEUR FAISANT SAILLIE À LA SURFACE DE LA PEAU. Comme il s'agit d'une métaphore habitualisée ou bien 'lexicalisée', le mot français *bouton* a subi un changement sémantique.

(2) fr.mod. *bouton* BOURGEON
→ PETITE TUMEUR FAISANT SAILLIE À LA SURFACE DE LA PEAU

Il convient ici d'appliquer la distinction entre 'innovation' d'une part et 'adoption'/'diffusion' d'autre part. Cette différenciation, indispensable à la compréhension du changement linguistique, a été proposée par Coseriu dans les années cinquante (cf. Coseriu 1978, 78-80) et «redécouverte», de manière indépendante et dans un milieu beaucoup plus proche de la linguistique cognitive, par Croft (2000, 4s.; pour une spécification ultérieure, cf. Winter-Froemel 2008). Le changement linguistique ne s'achève qu'à travers l'adoption et la diffusion du phénomène nouveau, dans un groupe ou dans une tradition discursive[3] d'abord, et ensuite dans une communauté linguistique entière (cf. Koch 2002, 10-12; 2005b). En d'autres mots: il se produit dans le discours — à tous moments — un grand nombre d'innovations spontanées (non seulement poétiques, d'ailleurs) qui ne seront jamais adoptées et diffusées au sein de la communauté. Par contre, tout changement linguistique présuppose une innovation dans le discours.

3. A propos de la notion de 'tradition discursive' (ou 'tradition textuelle'), cf. Schlieben-Lange 1983, 26-28, 138-145; 1990; Koch 1997; Oesterreicher 1997; Wilhelm 2001; 2005.

Ce raisonnement vaut, bien entendu, plus particulièrement pour le changement lexico-sémantique (cf. Koch 1994, 203-209; Blank 1997, 114-130; Gévaudan 2007, 19-21, 48-57). Dans ce domaine, l'innovation correspond au trope spontané de la rhétorique (soit une métaphore, dans notre exemple (1)), et, d'une manière générale, à tout effet sémantique du discours. Il va de soi que l'exemple (2), remonte, lui aussi, à un trope métaphorique spontané dans le discours: il y a bien un locuteur — anonyme — qui, à un moment donné, a employé le mot français *bouton* pour la première fois dans le sens de PETITE TUMEUR etc. Quant à l'adoption et à la diffusion, elle n'a jamais eu lieu dans le cas de notre exemple (1); par contre, le sens de PETITE TUMEUR etc. du mot français *bouton* (2) a été adopté par d'autres locuteurs et diffusé dans la communauté linguistique. Il s'agit donc d'un changement métaphorique achevé, ou bien: d'une métaphore lexicalisée. D'une manière générale on peut distinguer les étapes suivantes d'un changement lexico-sémantique:

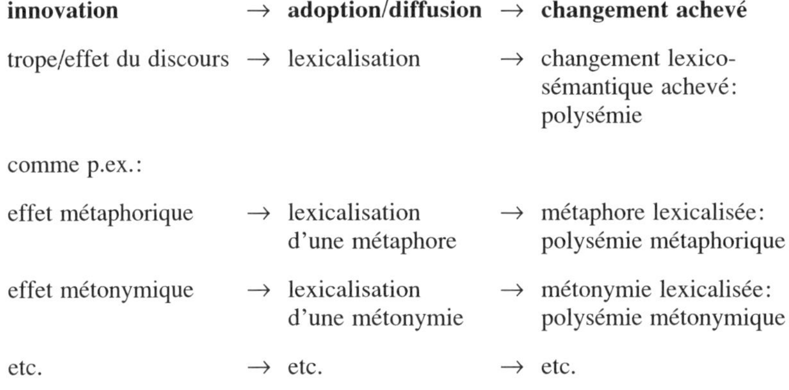

innovation	→	**adoption/diffusion**	→	**changement achevé**
trope/effet du discours	→	lexicalisation	→	changement lexico-sémantique achevé: polysémie
comme p.ex.:				
effet métaphorique	→	lexicalisation d'une métaphore	→	métaphore lexicalisée: polysémie métaphorique
effet métonymique	→	lexicalisation d'une métonymie	→	métonymie lexicalisée: polysémie métonymique
etc.	→	etc.	→	etc.

Fig. 1. Phases du changement lexico-sémantique

Notons qu'en synchronie, le résultat d'un tel changement lexico-sémantique achevé est un état de polysémie: de nos jours, le mot français *bouton* a, entre autres, les deux acceptions représentées dans (2).

Nous avions dit que la sémantique cognitive est capable de saisir (en termes de métaphore, de métonymie, etc.) le rapport conceptuel ou perceptuel qui, dans un trope spontané (ou effet du discours), relie le sens nouveau au sens existant. Dans la mesure où ce rapport se maintient tout le long de la lexicalisation, nous pouvons également faire appel à la sémantique cognitive pour décrire ce même rapport à travers un changement lexico-sémantique tout entier. Par conséquent, la sémantique cognitive n'est pas seulement susceptible de servir de théorie des tropes spontanés, mais elle est également destinée au rôle d'une théorie du changement lexico-sémantique (sans parler de son rôle pour la théorie de la polysémie, que nous n'aborderons pas ici[4]).

4. Cf. à ce propos: Taylor 1995, 99-121; Delbecque 2002, 53-57; Blank 2003b; Croft/Cruse 2004, 109-115; Evans/Green 2006, 328-352; Lewandowska-Tomaszczyk, 2007; cf.

2. Concepts fondamentaux de la sémantique cognitive et changement sémantique

Voyons maintenant quels sont les concepts fondamentaux de la sémantique cognitive, susceptibles d'apporter quelque chose d'essentiel à l'étude du changement sémantique. Nous ne suivrons pas ici la chronologie des approches, mais plutôt un ordre que nous semble imposer la systématique des concepts en question.

2.1. *Scénario, métonymie et changement sémantique*

Commençons par la notion de *frame* ('scénario' en français), qui a joué un rôle des plus importants dans les discussions de la sémantique cognitive des dernières décennies[5]. Selon Geeraerts, le scénario (*frame*) constitue

> a coherent structure of related concepts where the relations have to do with the way the concepts co-occur in real world situations (Geeraerts 2006a, 16).

Un peu comme les termes de 'domaine' et de *idealized cognitive model* (= ICM, v. n. 5), l'expression *frame* a subi une inflation terminologique considérable. Bornons-nous donc à une interprétation relativement restrictive de la notion de *frame* ou bien de 'scénario' (dans ce qui suit: SC = scénario; EL = élément d'un scénario; cf. Fig. 2). Il y a 'contiguïté' entre deux éléments d'un même scénario (3)(a), et il y a également contiguïté entre le scénario entier et chacun de ses éléments (3)(b):

(3) (a) EL_1 — EL_2 = contiguïté
(b) SC — EL_n = contiguïté

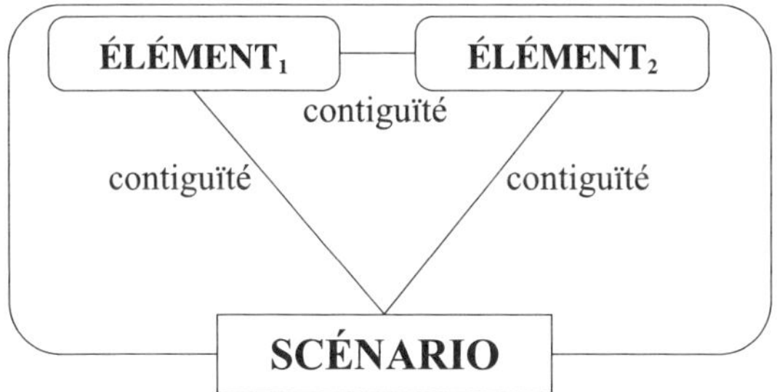

Fig. 2. Scénario et éléments

aussi les observations critiques concernant l'application de certaines approches cognitives au problèmes de la polysémie dans Kleiber 1990, 147-183.

5. A propos de notions de *frame*, de 'scénario', de *script*, de 'domaine' et de *idealized cognitive model*, cf., entre autres, Fillmore 1975; 1985; 2006, 373-392; Lakoff 1987, 68-76; Taylor 1995, 81-92; Barsalou 1992; Ungerer/Schmid 1996, 205-249; Croft/Cruse 2004, 7-39; Evans/Green 2006, 222-247; Cienki 2007.

La relation de contiguïté exclut d'autres relations cognitives, tel que la similarité (4) et l'inclusion (ou subordination taxinomique) (5):

(4) (a) EL_1 — $EL_2 \neq$ similarité
(b) SC — $EL_n \neq$ similarité
(5) (a) $EL_1 \not\subset EL_2$ et $EL_2 \not\subset EL_1$
(b) $EL_n \not\subset SC$

Le phénomène du scénario (qui compte parmi les premières «découvertes» de la sémantique cognitive) et, par là, la relation de contiguïté sont à la base du trope de la métonymie qui n'a été étudiée en profondeur que relativement tard dans le cadre de l'approche cognitive. Si nous entendons 'cognitive model' au sens de 'scénario' tel que nous venons de le définir, la définition suivante paraît très utile:

> Metonymy is a cognitive process in which one conceptual entity [...] provides mental access to another conceptual entity [...] within the same cognitive model (Radden/Kövecses 1999, 21).

Selon les explications que nous venons de donner, la définition suivante est complémentaire de la précédente:

> Metonymy is a semantic link between two readings of a lexical item that is based on a relationship of contiguity between the referents of the expression in each of those readings (Geeraerts 1997, 96).

Depuis quinze ans environ, la sémantique cognitive est en train de découvrir l'importance fondamentale et la portée impressionnante de la métonymie (cf. Nunberg 1995; Papafragou 1996; Panther/Radden 1999; Barcelona 2000; Dirven/Pörings 2002; Panther/Thornburg 2003; 2007). Il s'est avéré particulièrement éclairant de se servir d'une notion gestaltiste centrale en considérant la métonymie comme un effet figure-fond qui se produit, à partir d'un signifiant linguistique invariant, entre deux éléments conceptuels contigus, c.-à-d. entre deux éléments E_1 et E_2 d'un même scénario SC (Fig. 3) ou bien entre le scénario SC et un de ses éléments E_n (Fig. 4; cf. Koch 1995, 40s.; 1999, 151-153; 2001a, 203s., 214-218; 2008a, 173s.; Blank 1997, 242s.; 2001, 79s.)[6].

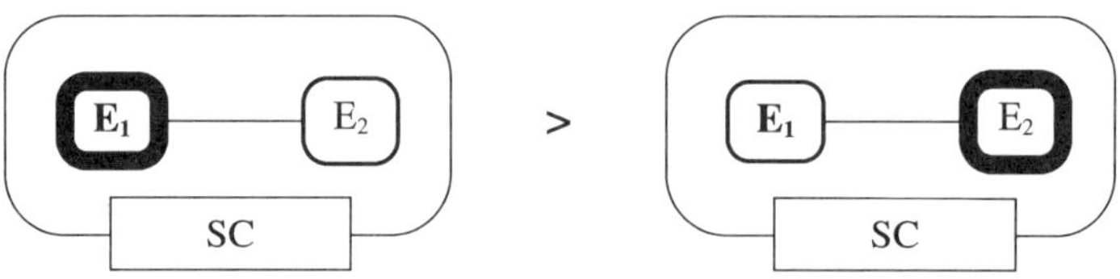

Fig. 3. Effet figure-fond entre éléments d'un scénario

6. En ce qui concerne le rôle fondamental de la relation de contiguïté pour la métonymie, cf. aussi Taylor 1995, 122; Croft 1993, 347; Dirven 1993, 14; Ungerer/Schmid 1996, 115s.; Waltereit 1998, 1-3, 16s.; Radden/Kövecses 1999, 19; Feyaerts 2000, 63-65; Lipka 2002, 96.

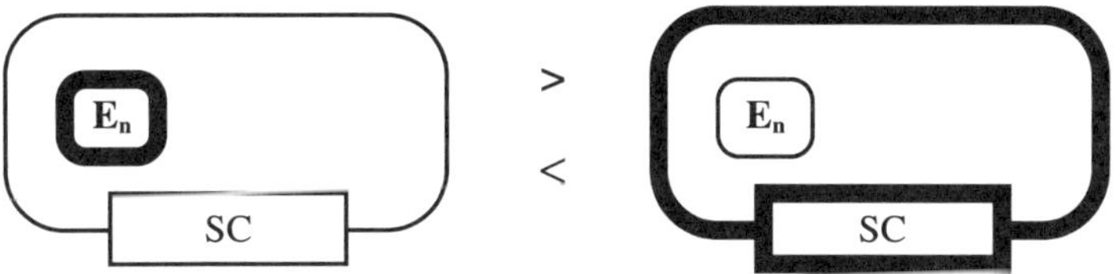

Fig. 4. Effet figure-fond entre élément et scénario (et vice versa)

Dans d'autres terminologies, on peut aussi parler de 'perspectivisation' (Taylor 1995, 90, 107s., 125s.) ou bien de «domain highlighting within one domain matrix» (Croft 1993, 348). Comme la modélisation de la sémantique cognitive s'applique aux tropes aussi bien qu'aux changements lexico-sémantiques, il est tout à fait naturel d'intégrer le modèle de la métonymie représenté dans la Fig. 3 et la Fig. 4 à l'analyse des changements lexicaux métonymiques. A l'intérieur du scénario ŒIL, nous assistons p.ex. à un effet figure-fond entre le concept PAUPIÈRE (= E_1 dans la Fig. 3) et le concept CIL (= E_2) qui se reflète dans un changement métonymique observable, entre autre, en occitan (6). Pour comprendre le schéma de la Fig. 4, il suffit de regarder notre exemple (7) où les locuteurs du latin sont passés d'un élément de scénario E_n (FENTE) au scénario SC tout entier (DERRIERE).

(6) occ. *parpèl(h)a* PAUPIÈRE → occ. *parpèl(h)a* CIL (cf. section 6)

(7) lt. *fissum* FENTE → lt.v. **fissum* (LE) DERRIÈRE
(étymon du fr. *fesse*)

Une notion qui, ces dernières années, a connu beaucoup de succès en matière de sémantique diachronique est celle de 'subjectivation' (angl. *subjectification*), employée notamment par Langacker et Traugott. Nous n'entrerons pas dans les détails ici (il faudrait signaler notamment les différences indéniables qui existent entre les deux approches; cf. Langacker 1999; Traugott 1999; Koch 2008a, 177). Voici un exemple de subjectivation selon l'approche de Traugott:

(8) lt. *mandāre* CONFIER qc à qn
→ lt. *mandāre* CHARGER qn de faire qc

Il y a 'subjectivation' ici en ce sens que l'on passe de la sphère de la description d'un événement dans le monde extralinguistique (CONFIER qc à qn) à la sphère d'un événement communicatif (CHARGER qn de faire qc). Comme l'interaction humaine connaît un scénario prototypique qui comprend le fait de CHARGER verbalement (= E_2 de la Fig. 3) une personne de faire quelque chose que l'on veut lui CONFIER (= E_1), il y a ici contiguïté et donc métonymie. Pour comprendre cette interprétation, on n'a même pas besoin, comme le pensent Traugott/Dasher (2002, 29), d'élargir la notion de métonymie, puisque la subjectivation est déjà, de par sa nature — et notre exemple (8) le montre clairement —, rien d'autre qu'un type particulier d'effet figure-fond dans un scénario (cf. Koch 2008a, 176-178). Mais si toute subjectivation est une métonymie (cf. aussi Marchello-Nizia 2006, 100), l'inverse n'en est pas vrai pour autant. On a donc intérêt à distinguer différents types de métonymies et différents critères de classement des métonymies.

Nous nous contenterons de mentionner brièvement un autre type de métonymie: On a beaucoup parlé du phénomène de la 'réanalyse' ces dernières années. Comme l'ont montré Detges et Waltereit (2002), la réanalyse est en premier lieu un processus *sémantique* qui opère sur une chaîne parlée donnée (mais qui *peut* avoir aussi des répercussions sur le plan grammatical). Qui plus est, les deux auteurs signalent qu'un nombre très élevé de réanalyses est de nature métonymique. Ce constat n'est pas étonnant puisque, dans beaucoup de cas, le passage d'un concept E_1 à un concept E_2 contigu ne compromet pas nécessairement la référence globale de l'énoncé. Regardons l'exemple (6): Qu'une personne qui emploie l'occitan *parpél(h)a* veuille désigner la PAUPIÈRE ou le CIL, cela revient — pas toujours, mais souvent — au même (comparer en français *battre des paupières* et *battre des cils*). Voilà donc une métonymie par réanalyse, déclenchée par un auditeur (cf. Koch 1999, 155s.; 2001a, 225-228; 2004, 42-45; 2008a, 180-183; Gévaudan 2007, 57s.). Ce type de métonymie s'oppose radicalement aux métonymies expressives, «inventées» par un locuteur, comme par exemple (7).

2.2. *Métaphore et changement sémantique*

Depuis toujours, la métaphore occupe une place de choix dans les travaux de linguistique cognitive (cf. p.ex. Lakoff/Johnson 1980; Lakoff 1987, passim; 2006; Liebert 1992; Ortony 1994; Gibbs/Steen 1999; Barcelona 2000; Dirven/Pörings 2002; Kövecses 2002; Grady 2007). Grâce à Croft (1993, 348), nous pouvons opposer la métonymie, définie par le «domain highlighting» (2.1), à la métaphore, qui se définit par un processus de «domain mapping across different domain matrices». En sémantique cognitive, la notion de métaphore présuppose donc celle de 'domaine' ou — selon notre terminologie — de 'scénario'. La contiguïté au sein d'un même scénario (qui caractérise la métonymie) s'oppose à une similarité qui passe à travers différents scénarios (dans le cas de la métaphore). A la différence de ce que nous avons posé dans (4) pour les contiguïtés internes à un seul scénario donné (et par là-même pour la métonymie), nous pouvons dire que, dans le cas de la métaphore, les locuteurs perçoivent une similarité entre des éléments EL_{SC1} et EL_{SC2} appartenant à deux scénarios différents, SC_1 et SC_2 respectivement (9)(a). Nous pouvons même aller jusqu'à dire, dans le cas des *structural*, *orientational* et *ontological metaphors* (au sens de Lakoff/Johnson 1980), que les locuteurs perçoivent une similarité globale entre deux scénarios SC_1 et SC_2 (9)(b).

(9) (a) EL_{SC1} — EL_{SC2} = similarité
(b) SC_1 — SC_2 = similarité

Soulignons encore que les similarités dont il est question ici ne constituent nullement des relations préexistantes dans la réalité, mais des relations perçues par les locuteurs (exactement comme pour les contiguïtés d'ailleurs[7]).

La métaphore est considérée — à tort ou à raison — comme le trope par excellence. Etant donné que la sémantique cognitive s'applique aux tropes aussi bien qu'aux changements lexico-sémantiques, il est tout à fait naturel d'intégrer le modèle cognitif de la métaphore, tel que l'ont conçu notamment Lakoff et Johnson (1980), à l'analyse des changements lexicaux métaphoriques. Notre exemple (2) fr. *bouton* BOURGEON → PETITE TUMEUR ... est un cas de métaphore lexicalisée. Les deux scénarios impliqués sont, du côté du concept source (C_1), la PLANTE et, du côté du concept cible (C_2), le CORPS HUMAIN.

Si, du point de vue qualitatif, la métaphore constitue, du moins au stade de l'innovation (Fig. 1), un processus plutôt complexe, il n'en est pas moins vrai que c'est la métonymie, processus beaucoup plus simple, qui l'emporte quantitativement sur la métaphore au stade du changement achevé (mais probablement aussi au stade de l'innovation).

2.3. *Prototypicalité et changement sémantique*

Une des innovations les plus originales introduites par la sémantique cognitive est, sans aucun doute, la notion de 'prototypicalité' (cf. Rosch 1973; Taylor 1995, 1-80; Kleiber 1990, 4-117; Ungerer/Schmid 1996, 1-59; Croft/Cruse 2004, 74-106; Evans/Green 2006, 248-269; Geeraerts 2006c). En abordant cette notion, nous quittons, dans un premier temps, le monde des scénarios pour considérer celui des hiérarchies taxinomiques. Partons d'un exemple très simple:

(10) fr. Un *moineau* est un *oiseau*.

Si nous pouvons dire (10), il s'ensuit que la classe des objets qui correspondent au concept désigné par le mot fr. *moineau* (C_2) est incluse dans la classe des objets qui correspondent au concept désigné par le mot fr. *oiseau* (C_1).[8] Il y a donc un rapport de subordination taxinomique entre C_1 et C_2 (v. Fig. 5), et à la différence de ce que nous avons dit des éléments d'un scénario (5), nous pouvons parler d'une inclusion taxinomique entre C_1 et C_2 (11)(a):

(11) (a) $C_2 \subset C_1$
(b) $C_n \subset C_1$

7. Cf. Dirven 1993, 14.

8. Cette formulation quelque peu biaisée est due au fait que les implications de la sémantique du prototype dont nous parlerons à l'instant, tout en laissant intacte l'inclusion extensionnelle entre C_2 et C_1, remettent en question le caractère inconditionnel d'une inclusion intensionnelle entre C_2 et C_1 (cf. Kleiber/Tamba 1990; Koch 2005a, 160-163).

Or, par rapport à d'autres concepts C_n tels que PIE, AIGLE, AUTRUCHE, PINGOUIN, etc., pour lesquels vaut également (11)(b), MOINEAU a — du moins dans une faune européenne — le statut d'un prototype (donc $C_2 = P$) d'après ce que nous enseigne la théorie du prototype. Par conséquent, l'inclusion intensionnelle entre différents C_n et C_1 n'est que de nature relative (cf. n. 8), ce qui revient à dire que la catégorie C_1 a des limites floues.

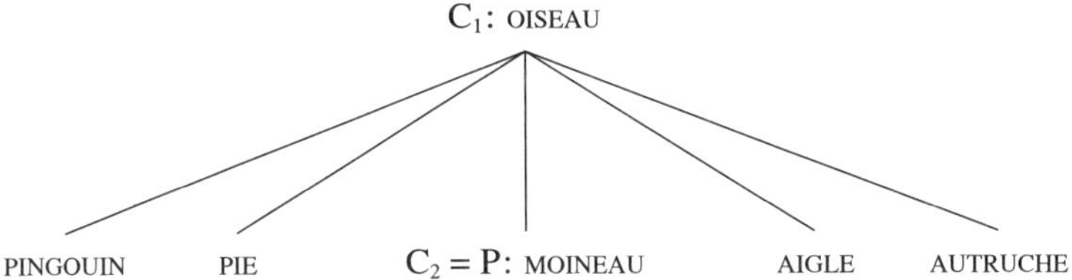

Fig. 5. Schéma taxinomique: OISEAU — MOINEAU (P = prototype)

Grâce aux limites floues des catégories C_1, toutes sortes d'effets de sens sont possibles dans le discours. Or, ce qui nous intéresse ici, une fois de plus, c'est que les notions de la sémantique cognitive s'appliquent aux tropes aussi bien qu'aux changements lexico-sémantiques achevés (cf. Fig. 1). Il est donc tout à fait naturel d'intégrer des éléments de la notion de prototypicalité à l'analyse des changements lexicaux (cf. notamment les travaux de Geeraerts, p.ex. Geeraerts 1997). Nous aborderons brièvement trois applications de cette idée.

Première application: On peut profiter du caractère flou des limites catégorielles pour «incorporer» un référent dont l'appartenance n'est pas évidente. Un bon exemple est la CHAUVE-SOURIS. Est-ce un oiseau, une souris ou un rat, un papillon ou une libellule? Si on la rattache p.ex. à la catégorie des oiseaux (ou à une sous-catégorie particulière des oiseaux), cela peut être un pis aller, un effet de discours, mais une telle solution peut aussi se lexicaliser. Effectivement, certains dialectes italiens se servent du mot *rondinella* 'petite hirondelle' pour désigner systématiquement la chauve-souris — un effet de prototypicalité lexicalisé ((12); cf. Koch 2001b, 150s., 154). Les marges de la catégorie CHAUVE-SOURIS ont été légèrement étendues en ce qui concerne la valeur lexicale du mot *rondinella*.

(12) it.dial. *rondinella* petite hirondelle
$\rightarrow$ *rondinella* petite hirondelle $\supset$ chauve-souris

Deuxième application: A côté des effets métonymiques et métaphoriques dont nous avons déjà parlé, il y a aussi des effets taxinomiques, qui correspondent à une partie de ce que la rhétorique classique appelle 'synecdoque' (soit de l'espèce au genre, soit du genre à l'espèce; cf. Nerlich/Clarke 1999; Koch/Winter-Froemel 2009). Ces effets taxinomiques, eux aussi, peuvent se lexicaliser, et dès lors, nous avons affaire à des changements lexicaux de 'généralisation' et de 'spécialisation'. Dans ces types de changement, certains effets de prototypicalité peuvent intervenir (cf. Koch 1995, 30-33; Geeraerts 1997, 68–70, 72s., 77–79):

(13) lt. *passer* MOINEAU → roum. *pasăre* OISEAU

(14) lt. *pollex* POUCE → sd. *póddighe* DOIGT

(15) lt. *homo* ÊTRE HUMAIN → fr. *homme*, esp. *hombre*, it. *uomo*, etc. ÊTRE HUMAIN MÂLE

L'exemple (13) confirme, d'une manière tout à fait impressionnante, les résultats de recherche de la psychologie cognitive concernant la structure interne de la catégorie OISEAU (Fig. 5: C_1) en Europe: c'est un mot désignant, à l'origine, le prototype MOINEAU (C_2 = P) qui en est venu à recouvrir, par une généralisation, la catégorie C_1 tout entière. L'exemple (14) — similaire, mais un peu moins spectaculaire — suggère la possibilité de concevoir le POUCE (C_2) comme le DOIGT (C_1) prototypique. L'exemple (15) montre l'impact d'une vision du monde patriarcale sur la perception de la réalité sociale: un mot désignant, à l'origine, la catégorie tout entière ÊTRE HUMAIN (C1) a pris aussi, par une spécialisation, le sens qui correspond au «prototype» ÊTRE HUMAIN MÂLE (C_2 = P). Etant donné que la généralisation et la spécialisation représentent les deux types de changements taxinomiques les plus importants, il n'est pas étonnant que puissent intervenir ici des effets de prototypicalité, intimement liés, de par leur nature, au principe taxinomique.

Pour discuter la troisième application de la notion de prototypicalité, il faut en revenir aux changements métonymiques (2.1) et métaphoriques (2.2). Dans beaucoup de cas, les effets de contiguïté ou bien de similarité qui se produisent entre deux concepts ne valent pas pour l'ensemble des référents respectifs, mais seulement pour des sous-ensembles (cf. Koch 1995, 39-41; Geeraerts 1997, 68-79). Ainsi, tous les prisonniers ne se trouvent pas dans un état de faiblesse, mais à ce qu'il paraît, le prisonnier prototypique est conçu comme une personne manquant de forces:

(16) lt. *captīvus* PRISONNIER → fr. *chétif* FAIBLE

Sans se référer directement à la métonymie, Dik (1977) a dénommé cet effet 'inductive generalisation'. Tout comme pour la métonymie, bon nombre de métaphores se basent sur le prototype de la catégorie source. Comme le montre l'exemple (17), le prototype du renard est conçu par les Espagnols (et dans beaucoup d'autres communautés) comme rusé:

(17) esp. *zorro* renard → *zorro* personne rusée, maligne

3. Problèmes

La théorie des changements sémantico-lexicaux, qu'elle soit cognitive ou autre, participe nécessairement aussi bien de la sémantique que de la lexicologie. Dans les recherches cognitives, c'est l'aspect sémantique qui l'emporte d'autant plus que les phénomènes de la prototypicalité, de la métonymie, de la métaphore etc. s'appliquent non seulement au lexique, mais aussi à la grammaire (ce qui n'est pas notre propos ici). Or, le changement sémantique est en même temps un des thèmes principaux de toute lexicologie. Il s'agit donc d'intégrer les résultats des recherches cognitives dans l'ensemble des recherches lexicologiques historiques. Étant donné que l'innovation lexicale n'est rien d'autre que la création d'un néologisme, c'est la question de la néologie qui entre en jeu ici. Les changements sémantiques ont comme résultat l'existence d'un type particulier de néologismes, à savoir les 'néologismes sémantiques'. Comment modéliser maintenant leur rapport avec les autres types de néologismes? Traditionnellement, la lexicologie nous propose des systématiques néologiques, telles que nous la voyons dans la Fig. 6.

Le problème d'une telle conception, c'est qu'elle traite chaque type de néologisme comme une branche séparée. Le schéma suggère certaines interrelations entre différentes branches (comme p.ex. entre la dérivation et l'emprunt) — interrelations qui restent toutefois peu explicites et tout à fait locales. Ce qui n'est pas mis en évidence ici, c'est un des aspects les plus passionnants de la néologie lexicale, à savoir la cooccurrence fréquente de divers processus néologiques dans le cadre d'un même acte créateur d'innovation lexicale. Voyons trois exemples particulièrement instructifs cités par Zwanenburg (1990, 75):

(18) fr. *voile*, f. TISSU (destiné à faire avancer un navire)
→ NAVIRE À VOILES [«changement de sens»]

(19) fr. *voile*, f. TISSU (destiné à faire avancer un navire)
→ fr. *voilier* NAVIRE À VOILES [«dérivation»]

(20) fr. *voile*, f. TISSU (destiné à faire avancer un navire)
→ fr. *bateau à voile* NAVIRE À VOILES [«composition (syntagmatique)»]

L'évolution métonymique représentée dans (18) reflète, certes, un processus de diffusion pas tout à fait achevé (selon la systématique esquissée dans la Fig. 1), qui s'est arrêté dans le domaine littéraire[9]. Cela dit, on constatera que la forme *voile* reste tout à fait identique et parlera évidemment de «changement de sens» (métonymique, en l'occurrence). Vu la transformation morphologique dans le cas (19), on assignerait ce processus plutôt à la catégorie de la dérivation, donc à la formation des mots. Or, le rapport sémantique entre *voile* MORCEAU DE TISSU etc. et *voile* NAVIRE À VOILES etc. est exactement identique à celui entre *voile* et *voilier*. Il s'agit d'un rapport de contiguïté (qui s'inscrit dans un rapport formel de suffixation):

9. Cf. *RE*, s.v. *voile* n.f., 2.; *TLFE*, s.v. *voile*, subst. fém., B.

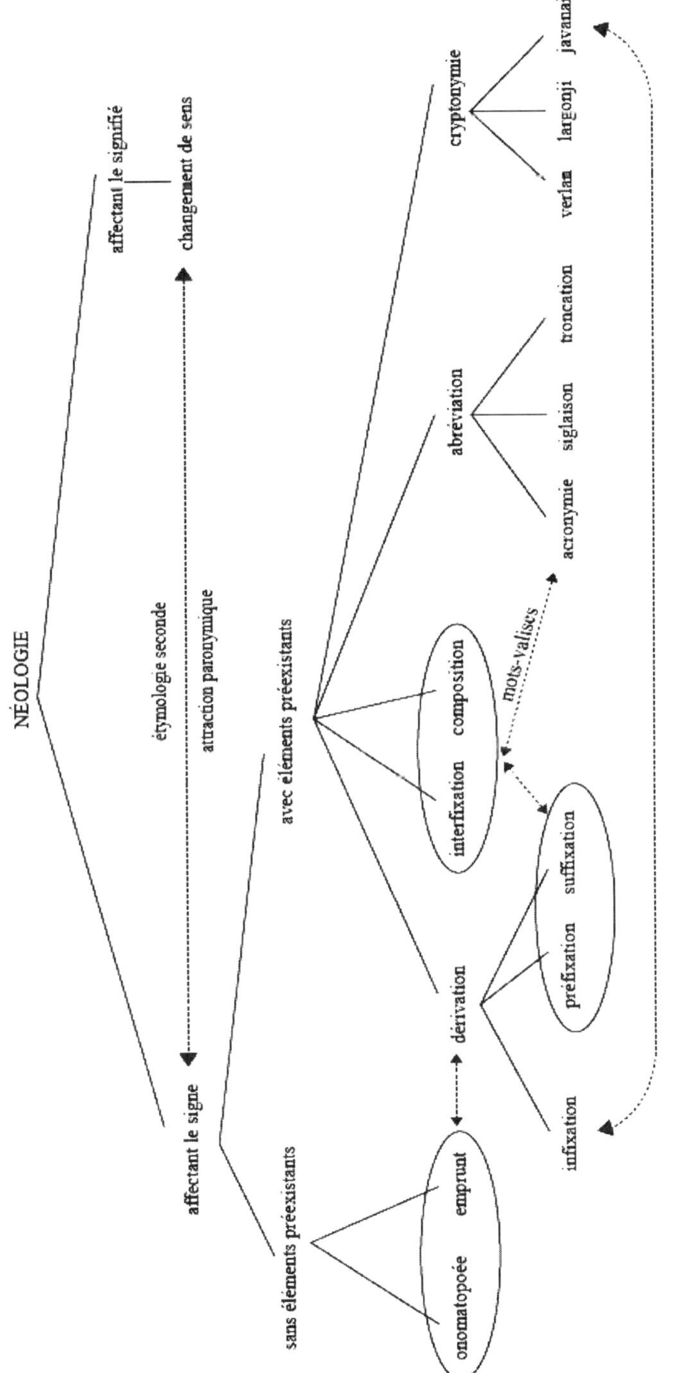

Fig. 6. Classification des néologismes proposée par Arrivé et al. (1986: 403)

(21) Contiguïté + Suffixation
fr. *voile* → fr. *voilier*

On peut appliquer, en principe, le même raisonnement à *voile* et *bateau à voile* (20) (abstraction faite, pour l'instant, de la morphologie un peu plus complexe).

Cela dit, il n'y a qu'une conclusion à tirer: il nous faut un système d'analyse lexicologique qui combine les deux dimensions des relations sémantiques (cognitives) et des relations formelles. Mais il y a plus: dans le cas suivant, le changement de sens (spécialisation, basée sur une subordination taxinomique) s'associe à un emprunt:

(22) Subordination taxinomique + Emprunt
esp. *sombrero* CHAPEAU → fr. *sombrero* CHAPEAU MEXICAIN À LARGE BORD

Il ne suffit donc pas d'intégrer l'aspect sémantique et l'aspect formel de la néologie (comme l'essaient, p.ex. Sablayrolles 2000, 207–246; Pruvost/Sablayrolles 2003, 100–119; Lipka 1994, 6s., 2002, 136s.), mais il s'impose d'établir une systématique de lexicologie diachronique qui mette en relation les trois dimensions de la sémantique, de la forme et de la stratification linguistique (v. infra Fig. 7). Effectivement, nous avons besoin de chacune de ces trois dimensions pour analyser, p.ex., un changement lexical complexe comme nous le trouvons dans l'exemple (23):

(23) Similarité métaphorique + Suffixation + Emprunt
lt. *avis* OISEAU → fr. *avion* AÉROPLANE

C'est une telle systématique qui a été développée dans le cadre de ce que nous appelons la *théorie de la filiation lexicale* (cf. Gévaudan 2003, 2007, Koch 2000, 81–89, 2001c, 17–25; Blank 2003a, 45–52) et qui sera présentée dans la section suivante.

4. Principes de la filiation lexicale

La théorie de la filiation distingue trois dimensions de l'évolution lexicale qu'elle analyse d'abord séparément, à savoir la filiation sémantique, la filiation morphologique et la filiation stratique. Pour chacune de ces dimensions, elle prévoit une classification autonome. Dans une seconde phase, ces trois classifications sont regroupées au sein d'une analyse multifactorielle qui résout le problème soulevé dans la section précédente à l'aide d'un système de coordonnées tridimensionnel que l'on peut représenter comme suit:

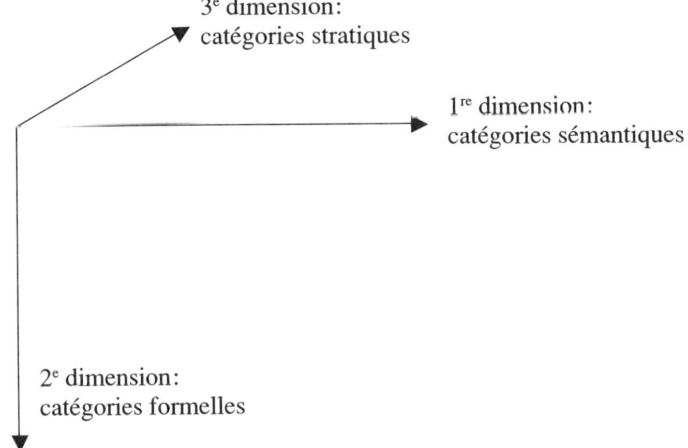

Fig. 7. Système tridimensionnel de l'analyse de la filiation lexicale

Dans cet espace tridimensionnel, tout type de changement lexical concevable correspond à un point auquel on peut assigner des coordonnées en termes sémantique, formel et stratique. Cela permet de rendre compte de l'intégration du changement sémantique dans le cadre plus large et plus complexe de l'évolution lexicale.

Par conséquent, l'analyse multifactorielle que comporte la théorie de la filiation lexicale se fonde sur l'autonomie des classifications de l'innovation sémantique, morphologique et stratique (4.1.) ainsi que sur le principe de la rétrospection et l'intégration de différents aspects de la continuité lexicale (4.2.). Après avoir discuté ces principes fondamentaux nous allons présenter brièvement la catégorisation de la dimension sémantique (4.3.) et de la dimension morphologique ainsi que certains aspects de la classification formelle ou morphosémantique (4.4.) à l'aide d'exemples provenant du projet lexicographique du *DECOLAR* (cf. section 5.). A la fin de cette section nous montrerons que dans le cadre du modèle de la filiation l'innovation stratique comprend non seulement l'emprunt, mais aussi d'autres phénomènes d'innovation qui ne se basent pas sur des unités lexicales autochtones (4.5.).

4.1. *L'autonomie des filiations partielles*

L'intégration de catégories sémantiques (comme par exemple la contiguïté), morphologiques (comme la suffixation) et stratiques (comme l'emprunt) demande une certaine reconsidération des catégories traditionnelles du changement lexical.

Sur le plan sémantique il faut certainement réviser l'idée — suggérée par la notion de trope — selon laquelle une métonymie ou une métaphore consiste à utiliser un mot préexistant avec un nouveau sens[10]. Effectivement, les procédés engagés par ces *figures sémantiques* (cf. Gévaudan 2002; 2008) ne s'effectuent pas nécessairement sur la base de formes lexicales déjà présentes dans le lexique des locuteurs. Ils peuvent tout aussi bien engendrer la création d'une nouvelle forme, comme nous l'avons vu dans le cas du fr. *voilier* (exemple (19)) et du fr. *bateau à voile* (exemple (20)). Dès que l'on accepte que les tropes, ainsi que leurs fondements associatifs, ne sont pas nécessairement attachés au statut lexical particulier de la forme qui les exprime, on obtient des catégories d'innovation sémantique pour ainsi dire 'flexibles', c'est-à-dire compatibles avec toutes sortes de processus formels et stratiques.

Sur le plan morphologique, il faut reconnaître que le rapport entre les procédés de la formation des mots et les mécanismes sémantiques n'est pas automatisé. Par conséquent il convient de distinguer entre certaines régularités sémantiques que peut présenter un paradigme de formation de mot et la réalité d'une innovation *lexicale* qui n'est nullement liée à de telles régularités. Ainsi le suffixe *-(i)er* désigne en français bien souvent une personne qui a professionnellement affaire à ce que signifie le radical auquel il est attaché (*jardinier*, *fermier*, *pompier*, etc.). Cette régularité n'a cependant eu aucune influence sur l'innovation dont résulte fr. *voilier* (19). D'une manière générale, la sémantique d'une innovation lexicale individuelle n'est pas prévisible. Ce n'est donc pas le type de formation qui peut guider l'analyse sémantique de tels cas, mais plutôt la relation cognitive que l'on peut retracer entre les unités lexicales UL_1, qui est à la base de l'innovation, et UL_2, qui en résulte. Au même titre que l'innovation sémantique ne permet pas de porter a priori un jugement sur le procédé morphologique impliqué (ou non), l'innovation morphologique ne peut donc pas être le point de départ de l'analyse sémantique.

Il en va de même sur le plan stratique où par exemple un emprunt ne présuppose pas nécessairement que la signification et la forme de l'emprunt correspondent à tous les égards à l'unité lexicale de la langue source qui a été «empruntée», comme le montrent les exemples (22) et (23). Reconsidérons l'exemple (23) en vue d'esquisser en détail l'indépendance des dimensions sémantique, morphologique et stratique dans ce cas concret:

(24) lt. *avis* OISEAU → fr. *avion* AÉROPLANE

L'évolution lexicale que l'on peut observer ici comporte, premièrement, un changement sémantique: à travers une similarité métaphorique, on passe du concept OISEAU au concept AEROPLANE (dimension **sémantique**). Deuxièmement (et en même temps) la forme *avion* est dérivée par suffixation de la base *avis* (dimension **morphologique**). Troisièmement nous assistons au passage d'un élément latin au lexique français à travers un emprunt (dimension **stratique**). Cette innovation qui affecte les trois dimensions de la filiation peut être représentée comme suit:

10. Cela ne met pas en cause le rôle fondamental des tropes que nous avons souligné au début de cet article (section 1.).

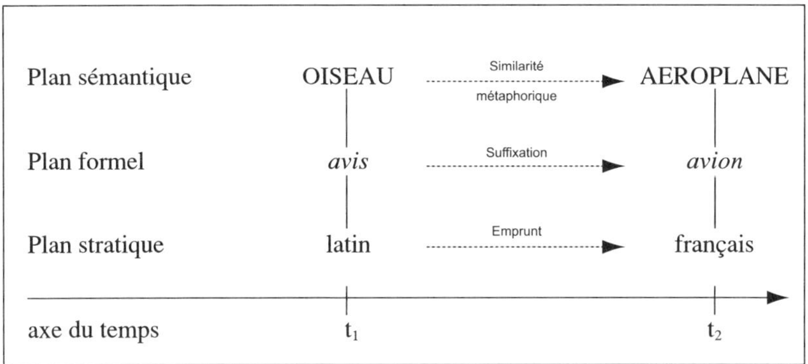

Fig. 8. Les trois dimensions de la filiation du fr. *avion* AÉROPLANE

Ainsi, on assigne à chaque étape de l'évolution d'une unité lexicale une description précise et explicite par rapport aux trois dimensions sémantique, formelle et stratique. La formule ci-dessous regroupe les trois analyses partielles sous forme linéaire:

(25) lt. *avis* OISEAU
>Similarité métaphorique . Suffixation . Emprunt>
fr. *avion* AÉROPLANE

Dans chacune des trois dimensions de la filiation lexicale, l'analyse diachronique se base sur un système spécifique de catégories que nous discuterons plus loin (v. sections 4.3., 4.4., 4.5.). De la sorte, on parvient, au sein de la grille tridimensionnelle présentée dans la Fig. 7, à une infinité de catégories complexes du changement lexical, qu'il convient de désigner par un triplet de la forme « > . . > » tel que nous l'avons appliqué dans la formule (25) ci-dessus. En intégrant tous les types d'innovation lexicale celle-ci permet de considérer dans son contexte l'innovation sémantique qui est, du point de vue cognitif, la plus fondamentale.

4.2. *Diachronie rétrospective, innovation et continuité lexicale*

L'analyse tridimensionnelle de l'évolution lexicale que nous proposons avec la formule (25) présente un inconvénient dans la mesure où elle suggère une perspective prospective allant de l'antécédent historique à un successeur. Mais étant donné qu'une unité lexicale donnée peut être à la base de plusieurs innovations lexicales et qu'elle peut aussi bien disparaître, une telle perspective n'est pas univoque. L'analyse rétrospective par contre, qui parcourt le temps à reculons en examinant l'origine d'une unité lexicale, mène à exactement un antécédent (ou deux en cas de composition, v. 4.4.3.), donc à un résultat univoque. Ainsi, l'analyse rétrospective garantit l'univocité qui manque à l'approche prospective (cf. Gévaudan 2007, 42–45). Dans cette perspective, il est plus adéquat de renverser la représentation linéaire comme ceci:

(26) fr. *avion* AÉROPLANE
<Similarité métaphorique. Suffixation. Emprunt<
lt. *avis* OISEAU

Étant donné que toute étape d'un changement lexical est susceptible d'une analyse non seulement tridimensionnelle, mais également rétrospective, le schéma de la filiation présenté dans la Fig. 8 doit être généralisé de la manière suivante:

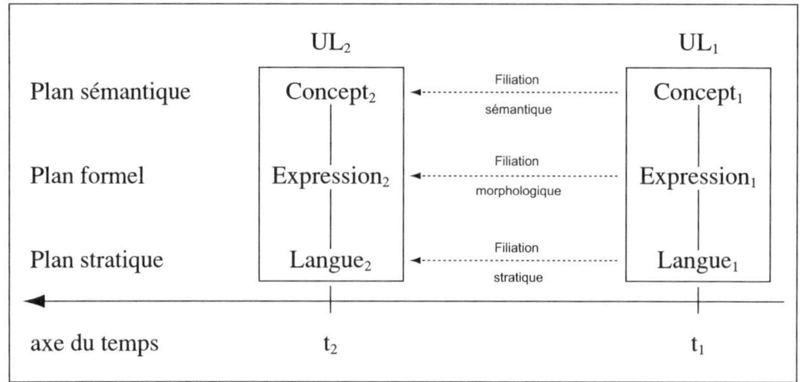

Fig. 9. Analyse d'une étape de filiation en trois dimensions

L'approche rétrospective permet non seulement d'analyser toutes sortes d'innovations lexicales, mais aussi de rendre compte des cas dans lesquels une unité lexicale reste inchangée dans la période examinée:

(27) fr. *pied* <Identité. Zéro. Stratum< lt. *pēs* PIED

Par rapport au latin, l'unité lexicale fr. *pied* est le résultat d'un usage continu de *pes* dans le sens d'origine. La différence des formes n'est que le résultat de l'évolution phonétique et ne concerne pas leur statut morphologique. On constate donc dans un tel cas une continuité sémantique ('Identité'), morphologique ('Zéro') et stratique ('Stratum')[11]. Somme toute, l'analyse rétrospective de la filiation recouvre la continuité et l'innovation lexicale, alors qu'elle ne prend pas en compte les cas de disparition.

11. Les dénominations des catégories de la continuité sémantique ('Identité'), morphologique ('Zéro') et stratique ('Stratum') résultent d'une convention adoptée dans le *DECOLAR*.

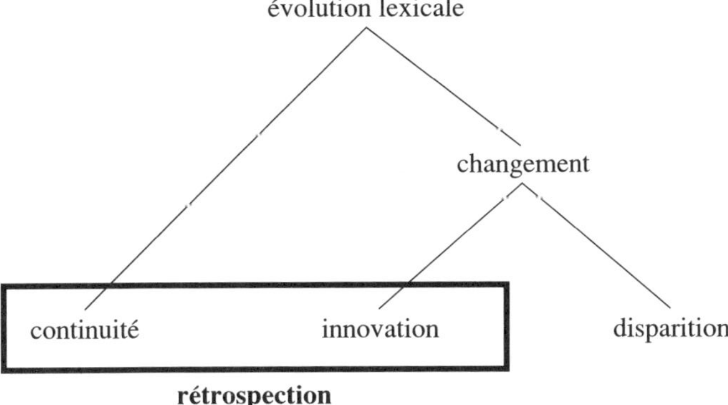

Fig. 10. Types d'évolution lexicale du point de vue rétrospectif

Les catégories «neutres» de la continuité sémantique ('Identité'), morphologique ('Zéro') et stratique ('Stratum') s'imposent également en raison de l'examen isolé des trois dimensions de la filiation (v. 4.1.): quand une innovation ne concerne qu'une de ces dimensions, ce qui arrive souvent, il est nécessaire de faire état de la continuité observée dans les autres dimensions. Par conséquent les catégories de la continuité lexicale sont fréquemment présentes dans l'innovation, comme le montrent les cas suivants:

(28) fr. *chef* PERSONNE QUI DIRIGE
<Similarité métaphorique. **Zéro**. **Stratum**<
afr. *chief* TÊTE

(29) fr. *capitale*
<**Identité**. Ellipse. **Stratum**<
fr. *ville capitale*

(30) fr. *tibia*
<**Identité**. **Zéro**. Emprunt<
lt. *tībia* TIBIA

L'approche de la théorie de la filiation lexicale, telle que nous l'avons présentée jusqu'ici, permet d'apporter une précision importante à propos du statut de l'ellipse. Dans l'œuvre classique d'Ullmann (1952, 289–292; 1957, 220, 238s.), celle-ci est considérée comme un type particulier de changement sémantique. Or, cette définition, apparemment peu contestée, est contraire à l'analyse de l'exemple (29). Cette analyse montre que l'ellipse est indéniablement une innovation morphologique, mais certainement pas une innovation sémantique. Comment expliquer cette contradiction? Une reconsidération de la définition d'Ullmann du changement sémantique peut apporter une réponse:

> Semantic change will occur whenever a new name becomes attached to a sense and/or a new sense to a name. (Ullmann 1957, 171)

Cette définition envisage un changement sémantique dès qu'apparaît une nouvelle relation entre un sens et une forme. La théorie de la filiation définit le changement sémantique au niveau du rapport conceptuel entre le successeur (UL_2) et l'antécédent (UL_1) d'une étape de filiation lexicale ($UL_2 \leftarrow UL_1$, cf. Fig. 9): il y a changement sémantique quand le concept C_2 (de UL_2) n'est pas identique à C_1 (de UL_1). En revanche, la définition de Ullmann correspond parfaitement à celle que donne la théorie de la filiation pour l'innovation lexicale, vu que chaque innovation lexicale instaure une nouvelle relation entre une forme et un concept (même dans un cas comme celui de l'exemple (30), où la relation entre le concept et la forme est nouvelle *en français*).

Étant donné que la théorie de la filiation est non seulement une théorie du changement lexical, mais également une théorie du changement sémantique, elle permet de faire la part des choses quand il s'agit de classer des phénomènes lexicologiques comme l'ellipse (4.4.4.) dont le statut n'est pas clair. Par ailleurs, cette théorie s'avère être parfaitement cognitive dans la mesure où elle analyse l'innovation sémantique en raison de la relation conceptuelle (C_2–C_1) entre successeur et antécédent (UL_2–UL_1).

4.3. *Catégories de la filiation sémantique*

Selon les notions fondamentales de la sémantique cognitive discutées dans la section 2, l'analyse de la filiation assigne à chaque étape d'une évolution lexicale une catégorie précise. Ces catégories caractérisent le type de relation donné entre le concept source (C_1) et le concept cible (C_2) de l'innovation respective (cf. Blank 1997, 146–344; 2000). Seront présentés dans cette section des exemples provenant du *DECOLAR* pour chaque catégorie de la filiation sémantique.

4.3.1. *Identité*

Si sur le plan sémantique, cette relation correspond, tout simplement, à l'absence totale de changement, son intérêt est pourtant indéniable par rapport à d'autres types de changement, comme nous l'avons vu dans la section précédente (4.2.).

(31) fr. *pureté* <**Identité**< fr. *pur*

Le mot *pureté* est issu d'une suffixation qui transpose le concept PUR d'un adjectif à un nom tout en maintenant le contenu conceptuel intact.

4.3.2. *Contiguïté*

Comme nous l'avons montré dans la section 2.1., la contiguïté, qui est le principe fondamental de la métonymie, concerne les relations à l'intérieur d'un scénario conceptuel (*frame*). Elle est omniprésente dans le changement lexical, que ce soit sous forme d'un changement purement sémantique (32) ou sous forme d'une innovation morphologique (33).

(32) it. *coscia* CUISSE **<Contiguïté<** lt. *coxa* HANCHE

(33) lt. *ventriculus* ESTOMAC **<Contiguïté<** lt. *venter* VENTRE

4.3.3. *Similarité métaphorique*

L'association par similarité comme fondement cognitif de la métaphore relie des concepts qui n'appartiennent pas au même scénario (cf. section 2.2.).

(34) a.esp. *carrillo* MÂCHOIRE
<Similarité métaphorique<
lt.v. **carrellu* CHARRETTE

4.3.4. *Superordination taxinomique*

La superordination taxinomique (qui implique une *extension de sens* ou *généralisation*) résulte de la désignation d'un concept d'un niveau d'abstraction supérieur par l'expression d'un concept qui appartient à un niveau d'abstraction inférieur (donc par un hyponyme). L'analyse sémantique suivante reprend l'exemple (14) de la section 2.3.:

(35) sd.log. *póddighe* DOIGT
<Superordination taxinomique<
lt. *pollex* POUCE

4.3.5. *Subordination taxinomique*

La subordination taxinomique (qui indique une *restriction de sens* ou *spécialisation*) est le contraire de la superordination taxinomique dans la mesure où elle résulte de la désignation d'un concept d'un niveau d'abstraction inférieur par l'expression d'un concept qui appartient à un niveau d'abstraction supérieur (donc par un hypéronyme):

(36) cat. *artell* JOINTURE DU DOIGT
<Subordination taxinomique<
lt. *articulus* JOINTURE

4.3.6. *Similarité cotaxinomique*

Quand le concept source et le concept cible se trouvent au même niveau d'abstraction d'une taxinomie donnée, c'est la relation de similarité qui entre en jeu[12]:

(37) occ. *bórni* AVEUGLE
<Similarité co-taxinomique<
occ. *bórni* BORGNE

12. Il faut donc distinguer la similarité métaphorique qui relie deux scénarios distants (v. supra 2.2.) et la similarité co-taxinomique.

Apparemment les concepts AVEUGLE et BORGNE ont été vus comme subordonnés au concept MALVOYANT.

4.4. *Catégorisation de la filiation morphologique et analyse morphosémantique*

La filiation morphologique se distingue fondamentalement de la filiation sémantique et de la filiation stratique par le fait d'être déterminée par les catégories des langues particulières dans lesquelles elle se manifeste. Alors qu'il est incontestable que la similarité métaphorique et la contiguïté ainsi que l'emprunt ou le calque (v. infra 4.5.2.) sont des procédés universels du changement lexical, la catégorisation de l'innovation morphologique dépend non seulement des procédés de formation de mot productifs d'une langue particulière donnée, mais aussi des valeurs grammaticales codifiées dans cette langue. Une catégorie comme le changement de genre (4.4.1.), typique des langues romanes (p.ex. it. *gambo* TIGE DE CHAMPIGNON ← it. *gamba* JAMBE), n'est pas concevable pour l'anglais où le genre n'apparaît pas dans le paradigme des noms. On pourrait énumérer bien d'autres facteurs conventionnels qui déterminent les procédés d'innovation morphologique dans les langues particulières. Néanmoins, on peut postuler, sur un plan plus abstrait, quatre types d'innovation morphologique qui sont indépendants de la typologie morphosyntaxique des langues particulières (cf. Gévaudan 2007, 116–120), à savoir

- le changement de catégorie grammaticale d'une forme lexicale
- l'expansion morphologique d'une forme lexicale[13]
- la combinaison de formes lexicales
- la réduction d'une forme lexicale

Dans ce qui suit, nous présentons pour chacune de ces classes générales un procédé pertinent dans les langues romanes. Pour chaque procédé seront donnés un ou deux exemples provenant du *DECOLAR* que nous présenterons dans la section 5. Nous procéderons ensuite à l'analyse morpho-sémantique de ces exemples, c'est-à-dire à une classification en deux dimensions en faisant abstraction de la filiation stratique.

4.4.1. *Changement de genre*

Étant donné que le genre représente un paradigme nominal des langues romanes (quoique simplifié par rapport au latin), le procédé du changement de genre est un type d'innovation assez fréquent (cf. Koch 1995, 157s.; 2000, 84, 87; 2001a, 232; 2001d, 1164-1166).

13. Théoriquement, la suffixation ne peut pas être un procédé dans une langue isolante. Toutes les innovations morphologiques d'une telle langue se rangent dans les trois autres classes.

(38) lad. *müs* VISAGE, N.m.
<Changement de genre<
lad. *müsa* BOUCHE, N.f.

Ce type d'innovation morphologique consiste à intégrer un radical (inchangé) dans un nouveau paradigme de genre (masculin en l'occurrence). L'analyse morpho-sémantique de ce cas donne le résultat suivant:

(39) lad. *müs* VISAGE, N.m.
<Contiguïté . Changement de genre<
lad. *müsa* BOUCHE, N.f.

4.4.2. *Suffixation*

Dans les langues romanes, la suffixation est le cas le plus typique d'expansion morphologique d'une forme lexicale.

(40) occ. *pelona* PAUPIÈRE **<Suffixation<** occ. *pel* PEAU

Sur le plan sémantique, la suffixation doit être analysée selon la relation sémantique entre l'antécédent et le successeur. L'analyse morpho-sémantique de ce cas mènera donc au résultat suivant:

(41) occ. *pelona* PAUPIÈRE **<Contiguïté . Suffixation<** occ. *pel* PEAU

4.4.3. *Composition*

La composition est un cas particulier de l'innovation morphologique dans la mesure où il engendre une unité lexicale ayant plusieurs antécédents. À la différence des cas que nous avons vus jusqu'ici, plusieurs relations diachroniques sont en jeu. C'est pourquoi on peut parler de *filiation multiple*. Pour la représentation linéaire de cette analyse il faut introduire un élément supplémentaire par rapport à la filiation simple. Voyons deux exemples typiques:

(42) frioul. *dêt dal anel* ANNULAIRE
<Composition syntaxique<
frioul. *dêt* DOIGT + frioul. *anel* ANNEAU

(43) fr. *bas-ventre*
<Composition morphologique<
fr. *ventre* + fr. *bas*

Dans le premier cas, dont la surface correspond aux règles syntaxiques de la langue frioulane, nous avons affaire à une *composition syntaxique* alors que le second cas représente une *composition morphologique*.

L'analyse sémantique qu'engendre la *filiation multiple* doit tenir compte des relations conceptuelles qu'entretient le composé avec chacun de ses antécédents. Par conséquent la composition est *une* innovation morphologique qui implique (au moins) *deux* relations sémantiques. C'est ce que symbolise la Fig. 11 ci-dessous:

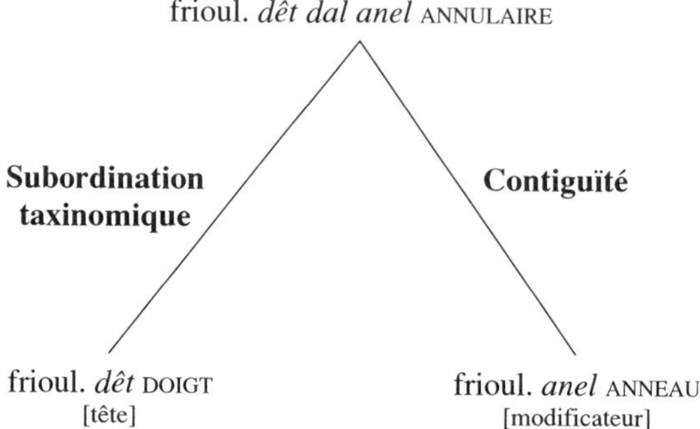

Fig. 11. Analyse morpho-sémantique de frioul. *dêt del anel* ANNULAIRE

Comme dans ce cas, une majorité des compositions lexicales reflète la structure sémantique en syntaxe ordinaire. Quand l'emploi des constituantes n'est pas tropique, le sens d'un syntagme nominal correspond à une subordination taxinomique du concept exprimé par la tête du syntagme. Cette subordination est déterminée par le modificateur dont le concept est relié au sens du syntagme entier par contiguïté. Par conséquent, la représentation linéaire de l'analyse morphosémantique de ce cas donne le résultat suivant:

(44) frioul. *dêt dal anel* ANNULAIRE
<Subordination Taxinomique+Contiguïté . Composition syntaxique<
frioul. *dêt* DOIGT + frioul. *anel* ANNEAU

À côté de la subordination taxinomique, la tête d'une composition peut également contribuer à la composition par contiguïté, comme dans l'exemple (45), ou par similarité métaphorique, comme dans l'exemple (46)[14]:

(45) fr. *bas-ventre*
<Contiguïté+Contiguïté . Composition morphologique<
fr. *ventre* + fr. *bas*

(46) sd. *pische de sa gamba* MOLLET
<Similarité métaphorique+Contiguïté . Composition syntaxique<
sd. *pische* POISSON + sd. *gamba*, *camba* JAMBE

4.4.4. *Ellipse*

On peut distinguer deux types d'ellipse. Le premier implique l'omission du modificateur (47), le second, celle de la tête (48).

14. Pour d'autres constellations, voir Gévaudan (1999; 2007, 136–140).

(47) esp. *nuez* POMME D'ADAM
<**Ellipse**<
esp. *nuez de la garganta* POMME D'ADAM

(48) pt. *indicador* INDEX
<**Ellipse**<
pt. *dedo indicador* INDEX

Comme la plupart des types de réduction lexicale (apocopes, aphérèses, acronymes), l'ellipse implique une identité sémantique.

(49) esp. *nuez* POMME D'ADAM
<**Identité . Ellipse**<
esp. *nuez de la garganta* POMME D'ADAM

(50) pt. *indicador* INDEX
<**Identité . Ellipse**<
pt. *dedo indicador* INDEX

4.5. *La dimension du stratum*

Après avoir discuté la filiation sémantique et morphologique, nous nous pencherons maintenant sur la troisième dimension que nous avons annoncée plus haut, celle de la stratification. Nous concevons la filiation stratique par rapport à la continuité historique du vocabulaire. Dans ce domaine sera considéré comme innovateur tout ce qui ne remplit pas la condition de continuité. Il s'agit évidemment de l'emprunt, mais aussi d'autres phénomènes que nous présenterons ici.

4.5.1. *Emprunt*

La catégorie stratique de l'emprunt peut nous servir de modèle pour l'analyse tridimensionnelle proprement dite de la filiation lexicale. En effet, comme nous l'avons montré, la classification du processus étudié est non seulement déterminée par une catégorie sémantique et une catégorie morphologique, mais également par une catégorie stratique. Le résultat de l'analyse se présente donc comme suit:

(51) fr. *torse* BUSTE <Identité . Continuité . **Emprunt**< it. *torso* BUSTE

Dans cet exemple, l'emprunt est le seul élément innovateur que l'on puisse constater. Mais, on s'en doutera, il peut aussi bien être accompagné d'une innovation sémantique, morphologique ou bien des deux:

(52) it. *nervo* NERF
<**Subordination taxinomique** . Continuité . **Emprunt**<
lt. *nervus* FILAMENT FIBREUX BLANCHÂTRE

(53) engd. *rapla* RIDE
<Identité . **Suffixation . Emprunt**<
it. *rappa* RIDE

(54) a.fr. *rachete* PAUME
<**Contiguïté . Suffixation . Emprunt**<
ar. *rāḥa* MAIN PLATE

4.5.2. *Calque*

Pour comprendre le phénomène du calque, il faut être conscient du fait qu'il ne s'agit pas d'un «emprunt sémantique» (all. «Lehnbedeutung», cf. la discussion critique dans Gévaudan 2007, 146–151), mais de l'imitation d'un paradigme lexical. La filiation

(55) fr. *bassin* ENCEINTE OSSEUSE DES HANCHES
← fr. *bassin* RÉCIPIENT

est un calque dans la mesure où l'innovation qui l'a déclenchée fait allusion au paradigme latin suivant:

(56) lt. *pelvis* ENCEINTE OSSEUSE DES HANCHES ↔ lt. *pelvis* RÉCIPIENT

Par conséquent, nous devons analyser ce cas de la manière suivante:

(57) fr. *bassin* ENCEINTE OSSEUSE DES HANCHES
<**Similarité métaphorique . Continuité . Calque**<
fr. *bassin* RÉCIPIENT
:: lt. *pelvis* ENCEINTE OSSEUSE etc. (↔ lt. *pelvis* RÉCIPIENT)

Il s'agit, là, de ce que l'on peut appeler la *filiation paradigmatique* (::), vu que l'usage innovateur qui est à la base de ce type de filiation se réfère non seulement à un antécédent morphosémantique (en l'occurrence fr. *bassin* RÉCIPIENT), mais également au paradigme lexical qu'il imite (Gévaudan 2007, 65–67, 149–151, 157–162).

4.5.3. *Étymologie populaire*

Le phénomène généralement connu sous le terme *d'étymologie populaire* présente une analogie structurale frappante avec le type de filiation paradigmatique (Gévaudan 2007, 158–162). Dans ce cas, il ne s'agit pas de l'imitation d'un paradigme, mais plutôt de la réinterprétation d'une unité lexicale opaque comme membre de la paradigme. Par conséquent, nous ne concevons pas l'unité opaque comme antécédent morpho-sémantique, mais retraçons l'interprétation des locuteurs de sorte que le mot opaque n'est considéré que comme antécédent indirect:

(58) esp. *pulgar* POUCE
<**Contiguïté . Suffixation . Étymologie populaire**<
esp. *pulga* PUCE
:: a.esp. *polgar* POUCE (← lt.t. *pollicāris* POUCE)

Le concept de la filiation paradigmatique représente un progrès considérable dans la mesure où le processus d'étymologie populaire n'est pas interprété comme évolution dégénérée, comme les études spécialisées ont l'habitude de le faire (Förstermann 1852; Ullmann 1957; Baldinger 1973, 28), mais comme un type d'innovation tout à fait régulier. Avec cette approche, même des cas assez complexes trouvent une explication satisfaisante:

(59) fr. *choucroute*
<Subordination taxinomique+Contiguïté . Composition morphologique . Étymologie populaire<
fr. *chou* + fr. *croûte* **::** all.ch. *surkrut* CHOUCROÛTE

L'analyse de l'étymologie populaire en termes de la filiation paradigmatique peut être considérée comme cognitive en ce qu'elle suit l'interprétation des locuteurs.

5. Le DECOLAR (Dictionnaire étymologique et cognitif des langues romanes)

Si nous avons considéré jusqu'ici des étapes isolées du changement, nous aborderons maintenant l'aspect consécutif de l'évolution lexical. On verra que le *DECOLAR* met à la disposition de l'usager une présentation séquentielle des faits diachroniques.

5.1. *Informations de départ*

Le *DECOLAR* retrace et analyse l'histoire des désignations des parties du corps dans les langues romanes selon les principes de la théorie de la filiation lexicale que nous venons de présenter (Gévaudan et al. 2003a; 2003b). Son application au domaine du corps humain a pour objectif principal de faire ressortir la répartition des types de procédé cognitif et de déceler les configurations saillantes de l'innovation sémantique (corrélation à travers les différentes dimensions de la filiation, itinéraires cognitifs, etc.; v. section 6.).

L'échantillon de langues du *DECOLAR* comprend:

- les six langues romanes nationales disposant d'une norme standard: **catalan**, **espagnol**, **français**, **italien**, **portugais**, **roumain**;
- Le **galicien** et l'**occitan** (languedocien) en tant que langues régionales;
- les trois idiomes rhéto-romans: l'**engadinois** (sous forme de la variété appelée *puter*), le **frioulan** et le **ladin** (sous forme de la variété de *mareo*);
- les deux principales variétés **sardes**: le **logoudorien** et le **campidanais**;
- l'**ancien français**, étant considéré comme langue romane de plein droit vu ses fortes divergences lexicales par rapport au français moderne;
- le **latin classique**.

Le *DECOLAR* rassemble les données fournies par les dictionnaires étymologiques et synchroniques les plus importants des différentes langues et idiomes. Soulignons qu'il ne s'agit pas de trouver des étymologies nouvelles, mais plutôt de décomposer les informations pertinentes et de les recomposer ensuite selon les critères du modèle de la filiation.

5.1.1. *Statistique: Le réseau du DECOLAR en chiffres*

Nombre des concepts recherchés:	env. 200
Nombre des langues examinées:	15
Nombre des unités lexicales lemmatiques:	env. 4500
Nombre total des concepts:	env. 1100
Nombre total des unités lexicales:	env. 6800
Nombre total des formes lexicales:	env. 4600
Nombre des relations diachroniques analysées:	env. 6900

5.1.2. *Traitement informatique*

Le matériau lexical rassemblé dans le *DECOLAR* est enregistré dans une banque de données (actuellement un serveur MySQL) sous forme atomisée, c'est-à-dire que les concepts, les unités lexicales, les langues, les relations diachroniques ainsi que les catégories de la filiation sont déposés de manière isolée (Gévaudan/Wiebel 2004). Les articles sont synthétisés à la demande par des programmes (actuellement en PHP) qui rassemblent les informations sur les nœuds et les relations et reconstituent les constellations synchroniques et diachroniques pour les envoyer dans le format HTML au navigateur duquel provient la demande.

5.2. *Entrées et articles*

Le *DECOLAR* présente deux niveaux de lemmatisation. La structure fondamentale des *entrées* est celle des concepts (qui correspondent aux parties du corps) et implique donc une démarche onomasiologique. Pour chaque concept, on peut trouver plusieurs dénominations dans les différentes langues. L'usage du dictionnaire dans sa forme la plus simple commence donc par la consultation d'un index onomasiologique. Étant donné que la présentation en ligne permet la recherche dynamique selon des critères variés, l'index de base peut être modifié: l'usager peut accéder aux articles par le choix d'un concept ou par un dispositif de recherche qui permet de faire des demandes spécifiques. Il peut notamment restreindre sa recherche à une langue particulière ou l'étendre à un groupe de concepts (par exemple les concepts présents dans le scénario JAMBE).

Au bout de sa recherche, l'usager accède au second plan de lemmatisation, c'est-à-dire à une liste d'unités lexicales pourvues d'une référence à un *article*. Les articles du *DECOLAR* retracent la filiation historique d'une unité lexicale en suivant, étape par étape, son évolution d'un point de vue rétrospectif. La documentation s'arrête dès que l'on sort du domaine anatomique ou que l'on se trouve face au latin, au grec ou à une autre langue non romane. Les articles présentent donc toute une séquence de filiations et, par ailleurs, une analyse de chaque étape de cette séquence selon l'inventaire des catégories sémantiques, morphologiques et stratiques décrites (de manière exemplaire) dans la section 4.

Les articles sont présentés selon deux modes, la version *séquentielle* et la version *ramifiée*. Comme nous allons le montrer ci-dessous, la configuration séquentielle des données se prête en premier lieu à des suites de filiation plutôt simples (5.2.1), alors que la présentation ramifiée des articles convient particulièrement à la présentation de filiations complexes qui impliquent des étapes alternatives ou plusieurs cas de filiation multiple ou paradigmatique (5.2.2).

La documentation, qui se trouve dans la version séquentielle des articles, liste les ouvrages et les dictionnaires que nous avons consultés pour vérifier l'attestation et l'histoire des unités lexicales impliquées dans la séquence de filiation présentée dans l'article[15].

5.2.1. *Présentation «séquentielle»*

La configuration séquentielle des données est basée sur une alternance d'unités lexicales (blocs blancs) et de triplets d'indications relationnelles (blocs gris), comme le montre la Fig. 12:

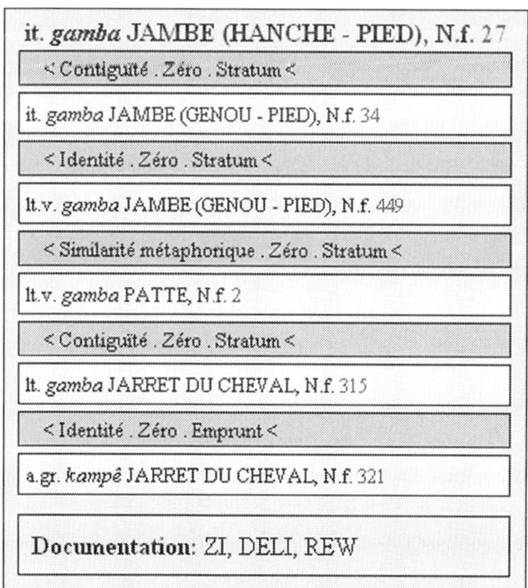

Fig. 12. Article du DECOLAR en mode «séquentiel»

15. Les ouvrages sont cités sous formes de sigles dont la signification est affichée lorsque l'on passe sur le sigle avec le curseur.

Cette forme de présentation des données suit parfaitement la logique des formules analytiques proposées dans la section 4.1. et exemplifiée par la suite. Dans le mode séquentiel du *DECOLAR*, la suite des étapes de l'évolution qui mène à une unité lexicale donnée — en l'occurrence it. *gamba* JAMBE (DU GENOU AU PIED) — est représentée par l'enchaînement d'une série de formules analytiques[16].

5.2.2. *Présentation «ramifiée»*

Dans le mode ramifié des articles du *DECOLAR*, les unités lexicales apparaissent sous forme de nœuds reliés par des flèches qui suivent le sens de la filiation et qui portent des indications relationnelles. Cette forme permet de présenter des séquences de filiations complexes de manière compréhensible. En effet, la représentation séquentielle se heurte à de sérieux problèmes dès qu'une séquence implique plusieurs bifurcations, comme c'est par exemple le cas du fr. *avant-bras*, dont la représentation séquentielle est reproduite dans la Fig. 13.

fr. ***avant-bras*** AVANT-BRAS, N.m. 1440

< Contiguïté + Contiguïté :: Identité . Composition morphologique . Calque <

fr. *bras* BRAS (ÉPAULE – MAIN), N.m. 1442

< Identité . Zéro . Stratum <

lt. *brac(c)hium* BRAS (ÉPAULE – MAIN), N.n. 1443

< Contiguïté :: Identité . Zéro . Calque <

lt. *brac(c)hium* AVANT-BRAS, N.n. 1444

< Identité . Changement de genre . Emprunt <

a.gr. *brachīōn* AVANT-BRAS, N.m. 1830

< Contiguïté . Zéro . Stratum <

a.gr. *brachīōn* BRAS (ÉPAULE – MAIN), N.m. 5072

a.gr. *brachīōn* BRAS (ÉPAULE – MAIN), N.m. 5072

— Unité lexicale déjà mentionée ci-contre —

fr. *avant* AVANT, Prép. 1446

lt.médic. *antebrachium* AVANT-BRAS, N.n. 2190

< Contiguïté + Contiguïté . Composition morphologique . Stratum <

lt. *brac(c)hium* BRAS (ÉPAULE – MAIN), N.n. 1443

— Unité lexicale déjà mentionée ci-contre —

lt. *ante* AVANT, Prép. 2999

Documentation: GR, DHLF s.v. *bras*, TLF

Fig. 13. Présentation séquentielle de fr. *avant-bras*

La représentation séquentielle est absolument appropriée pour analyser une étape de filiation ou une séquence simple qui ne présente qu'une ou deux bifurcations. Toutefois, l'enchaînement de ces formules, on le voit dans Fig. 13, ne se prête guère à donner une vue d'ensemble des séquences de filiation complexes.

En revanche la présentation des données dans le mode ramifié permet de faire état d'évolutions plus complexes, comme le montre la Fig. 14:

16. Les sigles de la documentation dénotent les dictionnaires consultés pour documenter le statut et la provenance de l'unité lexicale en question, à savoir le dictionnaire synchronique *Zingarelli* (ZI) ainsi que les dictionnaires diachroniques *Dizionario Etimologico della Lingua Italiana* (DELI) et *Romanisches Etymologisches Wörterbuch* (REW).

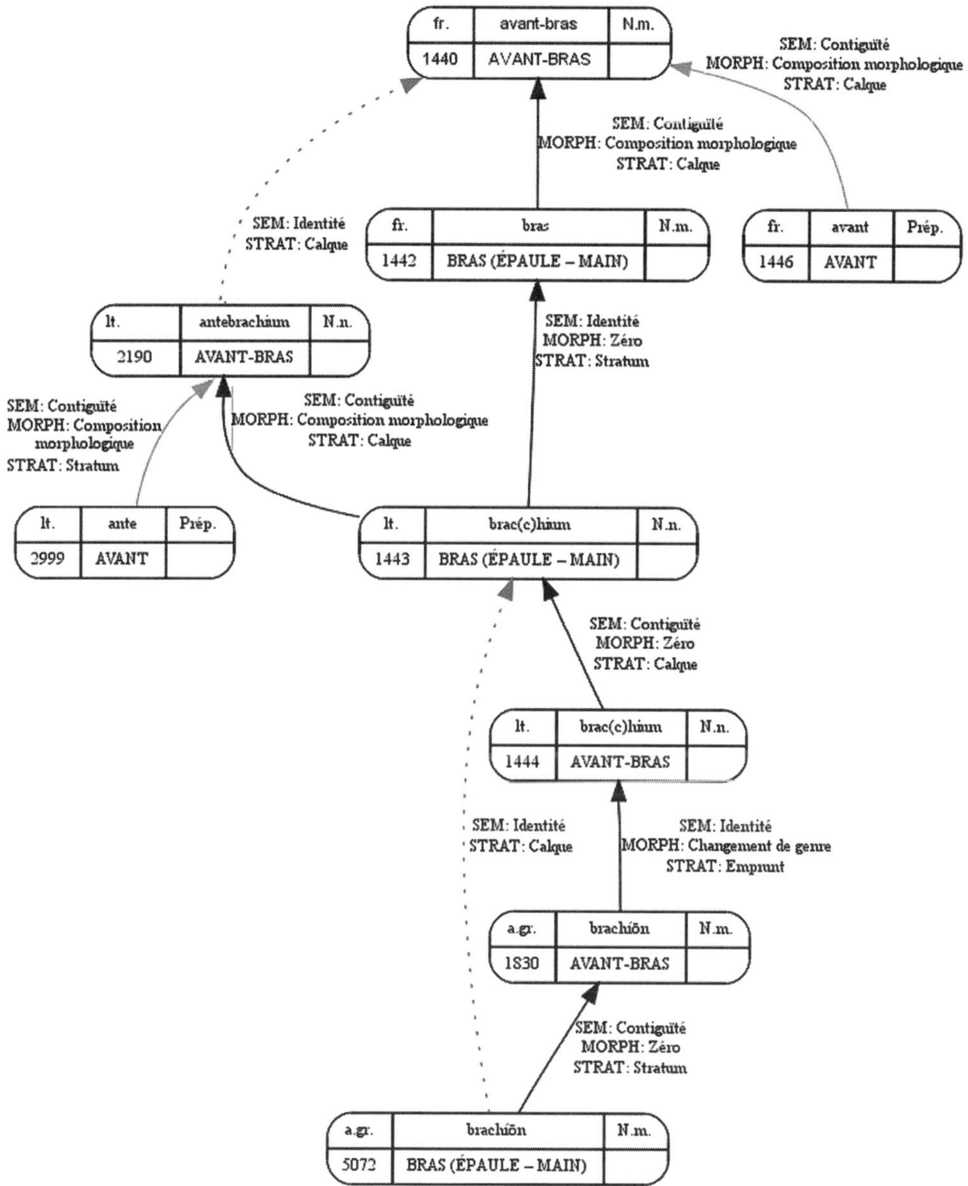

Fig. 14. Représentation ramifiée de la filiation de fr. *avant-bras*

L'unité lexicale fr. *avant-bras* est issue d'un calque du latin *antebrachium* formé sur la base du lt. *brac(c)hium* BRAS (DE L'ÉPAULE À LA MAIN) et du lt. *ante* AVANT. La flèche grise qui relie le fr. *avant* au fr. *avant-bras* (tout comme le lt. *ante* pour *antebrachium*) symbolise sa fonction de modificateur, alors que la flèche noire entre le fr. *bras* et le fr. *avant-bras* signale que le fr. *bras* est la tête du syntagme résultant. Pour sa part, la flèche pointillée marque l'imitation du lt. *antebrachium*. De cette manière, on peut donner un aperçu compréhensible de ce cas où il faut faire état de la combinaison de filiations multiples et paradigmatiques. La filiation de l'unité lexicale lt. *brac(c)hium* BRAS (DE L'ÉPAULE À LA MAIN), qui est représentée dans la partie inférieure de la Fig. 14, s'analyse de manière analogue.

6. Perspectives

Depuis plus de deux décennies, on discute la thèse de la 'main invisible' dans le changement langagier (cf. Keller 1990/1994; 2005; Stehl 2005). Cette idée a suscité des controverses, notamment dans le domaine du changement lexical, qui semble tout à fait imprévisible (cf. Baldinger 1989; 1993; 2005). Pour mettre les choses au point, il faut tout d'abord distinguer, par rapport au changement lexico-sémantique, la perspective sémasiologique et la perspective onomasiologique (cf. Koch 2000, 77-79; 2001c, 14-17; 2005c, 249-256; Blank 1999, 2003a; Gévaudan 2003, 2007).

Les exemples que nous avons cités jusqu'ici sont présentés dans une perspective sémasiologique: dans tous les cas, nous observons le passage d'une unité lexicale UL_1 à une unité lexicale UL_2, postérieure en diachronie (étant donné qu'à partir de l'exemple (26), nous avons choisi le mode de présentation rétrospectif, il serait plus exact de dire, pour les exemples (26)ss., qu'une unité lexicale UL_2 remonte à une unité lexicale UL_1, antérieure en diachronie). Comme nous l'avons montré dans la section 4.2., le processus lexical qui relie UL_2 à UL_1 peut se manifester sous des formes très différentes. Il peut correspondre à un simple *changement de sens* (lorsqu'il y a identité entre UL_2 et UL_1 dans la dimension formelle et non-'identité' dans la dimension sémantique: v. exemple (28) et les catégories sémantiques décrites dans la section 4.3). Il peut constituer un processus morphologique (dimension formelle: 4.4.) accompagné d'un processus cognitif (dimension sémantique). Finalement, il peut correspondre à un processus d'emprunt (dimension stratique: 4.5.), combiné ou non avec des processus déclenchés dans les deux autres dimensions. Soulignons donc que le 'changement de sens' ne correspond qu'à un type particulier des différents changements lexicaux que nous discernons dans une perspective sémasiologique.

Lorsque nous adoptons, par contre, une perspective onomasiologique, ce n'est plus la transformation sémantique ou/et formelle d'une unité UL_1 qui nous intéresse, mais la substitution de l'UL qui exprime un concept C donné, c.-à-d. le *changement de désignation*[17] par rapport à C. Ainsi, le contre-pied onomasiologique de notre exemple (34) serait le suivant:

17. Evidemment, la notion de '*changement* de désignation', au sens strict, ne s'applique qu'à des concepts qui bénéficient déjà d'une expression lexicale existante dans le système de la langue en question. Lorsque la création d'une nouvelle UL revient à introduire un concept nouveau dans la pensée d'une communauté linguistique, on ne saurait parler que d''innovation de désignation'.

(60) concept MÂCHOIRE : a.esp. *carrillo* ◀ a.esp. *mejilla*

Comme nous le montre le matériau présenté dans (34), le changement de désignation s'effectue — dans ce cas — par un changement de sens (métaphorique, en l'occurrence). Dans d'autres cas, le changement de désignation se réalise à travers des processus morphologiques et sémantiques à la fois. Voici, par exemple, le contre-pied onomasiologique de notre exemple (46):

(61) concept MOLLET : sd.log. *pische de sa gamba* ◀ lt. *sūra*

Les exemples (18)–(20) illustrent, dans un cas assez particulier, la concurrence entre trois procédés lexicaux différents qui ont été exploités dans une innovation de désignation concernant un seul et même concept C (BATEAU À VOILE, en l'occurrence)[18]. A tout cela s'ajoute évidemment la possibilité d'un changement de désignation par emprunt (combiné ou non avec des processus déclenchés dans les deux autres dimensions).

Cela dit, nous revenons à la question de la main invisible dans le changement lexico-sémantique. La modélisation tridimensionnelle, telle que nous la présentons dans la section 4., permet au lexicologue de décider exactement par rapport à laquelle des trois dimensions il veut poser le problème. Il est certainement légitime de s'interroger, au sein du lexique, sur la main invisible aussi bien dans le domaine de la morphologie que dans celui de l'emprunt. Or, dans la perspective de la sémantique cognitive, c'est surtout la dimension sémantique qui compte. Effectivement, la modélisation tridimensionnelle et, par là-même, la structure des données du *DECOLAR* (section 5.) constituent un outil idéal pour extraire de chaque changement particulier l'essence cognitive qui, indépendamment des relations formelles et stratiques, ressort de la relation sémantique entre l'antécédent et le successeur respectifs.

Quant à la théorie de la main invisible, on peut maintenant distinguer une hypothèse faible et une hypothèse forte (cf. Koch 2000, 75-77, 79-81; 2005c, 256). Pour soutenir l'hypothèse faible, il suffit d'étudier, dans une perspective sémasiologique, les relations sémantiques qui interviennent dans le changement lexical des langues du monde. On constatera — et le *DECOLAR* le confirme dans son domaine — que tous les changements lexico-sémantiques sont basés sur une des relations qui constituent la dimension sémantique (v. plus haut 4.3.). En d'autres termes: dès qu'il y a changement lexico-sémantique, on peut pronostiquer qu'une de ces relations entre en jeu. Mais c'est à ce point précis que s'arrête le pouvoir prospectif de l'hypothèse. On ne pourra jamais prédire *laquelle* des relations en question sera activée et quel sera le concept cible.

Les choses changent dès que l'on adopte la perspective onomasiologique. Selon l'hypothèse forte de la main invisible, il est tentant de supposer que les innovations et changements de désignation, pour un concept cible C donné,

18. Compte tenu de ce qui a été dit dans la note 17, il est douteux qu'on puisse parler de '*changement* de désignation' dans ce cas.

ne s'effectuent pas de manière chaotique, mais qu'elles suivent un nombre limité d'itinéraires (pas forcément le même itinéraire dans cent pour cent des cas). Bien sûr, cette hypothèse ne serait confirmée que si l'on trouvait des parallélismes polygénétiques dans différentes langues du monde.

La modélisation des données proposée par le *DECOLAR* constitue un premier pas dans cette direction. Effectivement, sa banque de données offre à l'usager la possibilité d'une recherche onomasiologique qui part d'un concept C donné. Une fois choisi ce concept, il trouvera, pour chaque langue romane, une ou plusieurs UL_2 qui expriment le concept cible C. Il pourra ensuite faire ressortir, dans une visée rétrospective (et sémasiologique) l'antécédent de chaque UL_1 et la relation sémantique qui relie UL_2 à UL_1, indépendamment des relations formelle et stratique. Si l'on répète cette procédure pour toutes les langues de l'échantillon, on parvient à établir une espèce de «profil cognitif et diachronique» des désignations du concept C dans les langues et idiomes romans contenus dans le *DECOLAR*.

Comme nous venons de le souligner, ce n'est, là, qu'un premier pas vers la vérification de l'hypothèse forte de la main invisible. Pour tirer des conclusions plus générales des données du *DECOLAR*, il faut les confronter à des données provenant de langues du monde entier. Voilà ce qui a été fait dans Koch (2008b), étude basée sur les données de 14 langues/idiomes romans (provenant du *DECOLAR*) ainsi que sur les données utilisées par Mihatsch (2005) et provenant de 24 langues du monde. Les concepts examinés sont SOURCIL, PAUPIÈRE, CIL et GLOBE OCULAIRE. A travers toutes ces langues, on observe un «va et viens» diachronique surtout entre les trois premiers concepts, qui semblent être très étroitement liés dans la conscience des hommes — à tel point qu'on constate souvent des confusions.

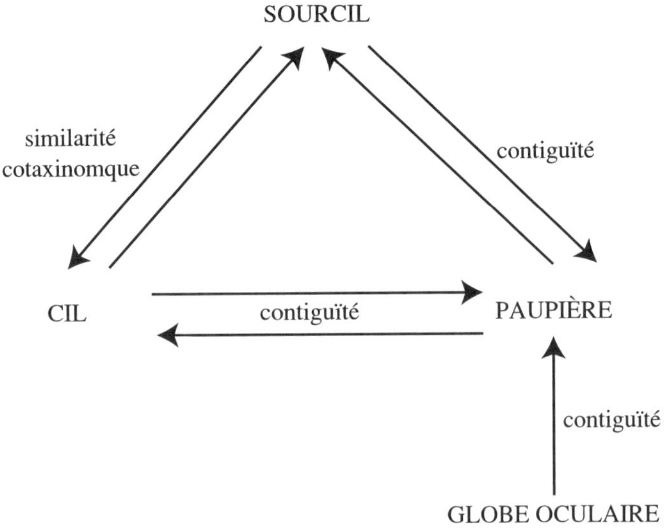

Fig. 15. Autour de l'ŒIL (cf. Koch 2008b, 123–125)

Les changements lexico-sémantiques sont basés soit sur la contiguïté (dans la plupart des relations), soit sur la similarité cotaxinomique (entre SOURCIL et CIL, où une interprétation en termes de contiguïté, qui serait également concevable, paraît moins probable).

C'est justement dans le domaine des parties du corps que linguistes et ethnolinguistes tentent de déceler, depuis un bon moment, des tendances sémantiques générales, voire universelles (cf. Brown 1976; Andersen 1978; Matisoff 1978; Wilkins 1996). Sur le plan théorique, les grandes lignes d'une typologie lexicale commencent à se dessiner (cf. Lehmann 1990; Haspelmath et al. 2001, II, 1142-1309, et plus particulièrement: Brown 2001; Koch 2001d; 2005d; Herslund/Baron 2005; Giannoulopoulou/Leuschner 2006; Koptjevskaja-Tamm et al. 2007; Koptjevskaja-Tamm 2008 et différentes contributions dans Vanhove 2008). Les résultats présentés auparavant ont toutes les chances d'encourager les sémanticiens à approfondir le projet d'une typologie lexico-sémantique du domaine conceptuel des parties du corps. Les stratégies de désignation qui se reflètent notamment dans les changements de désignation méritent le plus grand intérêt dans ce contexte.

C'est dans cet esprit que Reinhild Steinberg (2008) a étudié, sur la base de deux échantillons de langues (14 langues indo-européenes d'une part; 22 langues du monde entier d'autre part), les stratégies de désignation pour 26 concepts cible appartenant au domaine conceptuel de la TÊTE. Cette analyse s'est réalisée exactement selon les principes de la filiation lexicale et du *DECOLAR*, tels que nous les avons décrits dans les sections 4. et 5. Presqu'un tiers des concepts cible de Steinberg est dominé par un seul patron de désignation très répandu dans le monde; les autres sont caractérisés par un certain «pluralisme» de désignation, mais la plupart des patrons montre une diffusion considérable dans le monde. Les attestations polygénétiques indiquent l'existence de stratégies de désignation universelles pour un grand nombre de concepts. Toutefois, on reconnaît aussi des préférences dues aux affinités génétiques ou au voisinage aréal ainsi que l'influence exercée par les paramètres de la typologie grammaticale. Le grand avantage de l'approche de la filiation lexicale consiste à pouvoir décortiquer non seulement les concepts source et cible impliqués, mais aussi les relations cognitives sous-jacentes aux procédés lexicaux respectifs. Ainsi, on constate que les relations de contiguïté (de préférence partie-tout ou bien partie-partie) l'emportent sur toutes les autres, notamment dans les subdomaines ŒIL et MENTON-MÂCHOIRE-JOUE. Ce qui est beaucoup plus spectaculaire dans un domaine comme celui de la TÊTE, essentiellement structuré par le principe de la partonomie, c'est l'impact des stratégies d'inspiration taxinomique. Plus précisément: on se sert, comme point de départ, d'un élément conceptuel omniprésent dans le corps humain pour ensuite le spécifier par rapport au scénario SC de son subdomaine; comme p.ex. OS de SC, POIL de SC, PEAU de SC, OUVERTURE de SC, etc. Les solutions taxinomiques sont à peu près aussi nombreuses que les solutions métaphoriques qui s'avèrent particulièrement efficaces pour les concepts PUPILLE, GLOBE OCULAIRE, LOBE DE L'OREILLE, FRONT et CRÂNE.

7. Conclusion

La sémantique cognitive, on l'a vu, se prête parfaitement à la description des processus du changement lexico-sémantique. Les outils théoriques qui caractérisent cette approche révèlent la continuité conceptuelle et/ou perceptuelle qui existe entre les tropes innovateurs et les changements achevés. L'étude du changement sémantique mettra à profit notamment les acquis de la sémantique cognitive dans les domaines de la métonymie, de la métaphore et de la prototypicalité (comportant des applications variées). Or, le changement sémantique — qu'on le décrive en termes traditionnels ou cognitifs — reste cloisonné dans un coin des systématiques courantes de la lexicologie ('changement de sens'). Pour pleinement faire valoir les atouts de l'approche cognitive, il faut intégrer, au sein d'un modèle tridimensionnel, les catégories du changement sémantique, du changement morphologique et du changement stratique. La *théorie de la filiation lexicale*, qui correspond à un tel modèle, met effectivement en évidence l'impact des relations sémantico-cognitives non seulement dans le domaine du changement de sens, mais aussi dans ceux de la formation des mots, de l'emprunt (du calque, en l'occurrence), etc.

La banque de données du *DECOLAR*, en train d'être élaborée à l'université de Tübingen, est entièrement construite selon les critères de la théorie de la filiation. Axé sur les désignations des parties du corps humain dans les langues romanes, le *DECOLAR* permettra à son usager de poursuivre, de préférence dans une optique rétrospective, la séquence des différentes étapes du changement lexico-sémantique qui ont abouti à une unité lexicale particulière.

Les données diachroniques traitées selon le système du *DECOLAR* ouvrent la voie à une typologie lexicale qui prend en compte le changement lexico-sémantique. Le modèle tridimensionnel nous permet d'identifier, pour chaque étape de changement et à travers les différents processus formels et stratiques qui parcourent le lexique, les relations sémantico-cognitives qui relient chaque concept cible avec son concept source. Les attestations polygénétiques de certains patrons cognitifs invitent à vérifier l'hypothèse forte de la main invisible dans le domaine du changement lexico-sémantique.

Références bibliographiques

ANDERSEN, E. S., 1978. «Lexical universals of body-part terminology», in J.H. Greenberg (ed.), *Universals of human language*. Vol. 3: *Word Structure*, Stanford, Calif., Stanford Univ. Press, 335–368.

ARRIVÉ, M., GADET, F., GALMICHE, M., 1986. *La grammaire d'aujourd'hui. Guide alphabétique de linguistique française*, Paris, Flammarion.

BACRY, P., 1992. *Les figures de style et autres procédés stylistiques*, Paris, Belin.

BALDINGER, K., 1973. *Zum Einfluß der Sprache auf die Vorstellungen des Menschen. (Volksetymologie und semantische Parallelverschiebung)*, Heidelberg, Winter (Sitzungsberichte der Heidelberger Akademie der Wissenschaften, Philosophisch-Historische Klasse 1973, 2).

—, 1989. «Le problème du changement de sens: nouvelles perspectives», in: *ALFA (Universitas Dalhousiana, Halifax N.S., Canada)* 2, 3–25.

—, 1993. «Ist die unsichtbare Hand wirklich unsichtbar? Kritische Betrachtungen zum Bedeutungswandel», in J. Schmidt-Radefeld, A. Harder (eds.), *Sprachwandel und Sprachgeschichte. Festschrift für Helmut Lüdtke zum 65. Geburtstag*, Tübingen, Narr, 1–8.

—, 2005. «Bedeutungswandel in neuer Sicht — auch ohne unsichtbare Hand», in Stehl 2005, 43–47.

BARCELONA, A. (ed.) 2000. *Metaphor and Metonymy at the Crossroads. A Cognitive Perspective*, Berlin, New York, Mouton de Gruyter (Topics in English Linguistics 30).

BARSALOU, L. W., 1992. «Frames, concepts, and conceptual fields», in A. Lehrer (ed.), *Frames, Fields, and Contrasts. New Essays in Semantic and Lexical Organization*, Hillsdale, NJ, Erlbaum, 21–74.

BLANK, A., 1997. *Prinzipien des lexikalischen Bedeutungswandels am Beispiel der romanischen Sprachen*, Tübingen, Niemeyer (Beihefte zur Zeitschrift für romanische Philologie 285).

—, 1999. «Les principes d'association et la structure du lexique», in: *Studi italiani di linguistica teorica e applicata* 28, 199–223.

—, 2000. «Pour une approche cognitive du changement sémantique lexicale: aspect sémasiologique», in François 2000, 59–73.

—, 2001. *Einführung in die lexikalische Semantik für Romanisten*, Tübingen, Niemeyer (Romanistische Arbeitshefte 45).

—, 2003a. «Words and concepts in time: towards diachronic cognitive onomasiology», in R. Eckardt, K. von Heusinger, C. Schwarze (eds.), *Words in Time. Diachronic Semantics from Different Points of View*, Berlin, Mouton de Gruyter (Trends in Linguistics / Studies and Monographs 143), 37–65.

BLANK, A., 2003b. «Polysemy in the lexicon and in discourse», in B. Nerlich, Z. Todd, V. Herman, D.D. Clarke (eds.), *Polysemy. Flexible Patterns of Meaning in Mind and Language*, Berlin, Mouton de Gruyter (Trends in Linguistics / Studies and Monographs 142), 267–293.

BLANK, A., KOCH, P. (eds.) 1999. *Historical Semantics and Cognition*, Berlin, Mouton de Gruyter (Cognitive Linguistics Research 13).

BROWN, C. H., 1976. «General principles of human anatomical partonomy and speculations on the growth of partonomic nomenclature», in: *American Ethnologist* 3, 400–424.

—, 2001. «Lexical typology from an ethnological point of view», in Haspelmath et al. 2001, 1142–1309.

CIENKY, A., 2007. «Frames, Idealized Cognitive Models, and Domains», in Geeraerts / Cuyckens 2007, 170–187.

COSERIU, E., ³1978. *Sincronía, diacronía e historia*, Madrid, Gredos.

COSERIU, E., GECKELER, H., 1981. *Trends in Structural Semantics*, Tübingen, Narr (Tübinger Beiträge zur Linguistik 158).

CROFT, W., 1993. «The role of domains in the interpretation of metaphors and metonymies», in: *Cognitive Linguistics* 44, 335–370 [aussi dans: Geeraerts 2006a, 269-302].

—, 2000. *Explaining Language Change. An Evolutionary Approach*, Harlow, Longman.

CROFT, W., CRUSE, D. A., 2004. *Cognitive Linguistics*, Cambridge, Cambridge University Press.

DELBECQUE, N. (ed.) 2002. *Linguistique cognitive. Comprendre comment fonctionne le langage*, Bruxelles, De Boeck [u.a.].

DETGES, U., WALTEREIT, R., 2002. «Grammaticalization vs. reanalysis: a semantic-pragmatic account of functional change in grammar»«, in: *Zeitschrift für Sprachwissenschaft* 21, 151–195.

DIK, S., 1977. «Inductive generalisation in semantic change», in P. J. Hopper, W. P. Lehmann (eds.), *Studies in Descriptive and Historical Linguistics. Festschrift for Winfred P. Lehmann*, Amsterdam, Benjamins (Amsterdam Studies in the Theory and History of Linguistic Science 4; 4), 283–300.

DIRVEN, R., 1993. «Metonymy and metaphor. Different mental strategies of conceptualisation»«, in: *Leuvense Bijdragen* 82, 1–28.

DIRVEN, R., PÖRINGS, R. (eds.) 2002. *Metaphor and Metonymy in Comparison and Contrast*, Berlin, Mouton de Gruyter (Cognitive Linguistics Research 20).

DUBOIS, J. et al., 1970. *Rhétorique générale*, Paris, Larousse.

ECO, U., 1990. *I limiti dell'interpretazione*, Milano, Bompiani.

EVANS, V., GREEN, M., 2007. *Cognitive Linguistics. An Introduction*, Edinburgh, Edinburgh University Press.

FEYAERTS, K., 2000. «Refining the inheritance hypothesis. Interaction between metaphoric and metonymic hierarchies», in Barcelona 2000, 59–78.

FILLMORE, C. J., 1975. «An alternative to checklist theories of meaning», in: *Proceedings of the Annual Meeting of the Berkeley Linguistic Society* 1, 123–131.

—, 1985. «Frames and the semantics of understanding»«, in: *Quaderni di semantica* 6, 222–254.

—, 2006 [1982]. «Frame semantics», in Geeraerts 2006a, 373–400.

FÖRSTERMANN, E., 1852. «Ueber deutsche volksetymologie»«, in: *Zeitschrift für vergleichende Sprachforschung auf dem Gebiete des Deutschen, Griechischen und Lateinischen* 1, 1–25.

FRANÇOIS, J. (ed.) 2000. *Théories contemporaines du changement sémantique*, Louvain, Peeters (Mémoires de la Société de Linguistique de Paris N.S., 9).

FRANK, B., HAYE, T., TOPHINKE, D. (eds.) 1997. *Gattungen mittelalterlicher Schriftlichkeit*, Tübingen, Narr (ScriptOralia 99).

GEERAERTS, D., 1997. *Diachronic Prototype Semantics. A Contribution to Historical Lexicology*, Oxford, Clarendon Press.

GEERAERTS, D. (ed.) 2006a. *Cognitive Linguistics. Basic Readings*, Berlin, Mouton de Gruyter (Cognitive Linguistics Research 34).

—, 2006b. «A rough guide to Cognitive Linguistics», in Geeraerts 2006a, 1–28.

—, 2006c [1989]. «Prospects and problems of prototype theory», in Geeraerts 2006a, 141–165.

GEERAERTS, D., CUYCKENS, H. (eds.) 2007. *The Oxford Handbook of Cognitive Linguistics*, New York, NY, Oxford University Press.

GÉVAUDAN, P., 1999. «Semantische Relationen in nominalen und adjektivischen Kompositionen und Syntagmen», in: *PhiN. Philologie im Netz* 9, 11–34.

—, 2002. «Fondements sémiologiques du modèle de la filiation lexicale», in: *PhiN. Philologie im Netz* 22, 1–26.

—, 2003. «Lexikalische Filiation. Eine Synthese aus Onomasiologie und Semasiologie», in A. Blank, P. Koch (eds.), *Kognitive romanische Onomasiologie und Semasiologie*, Tübingen, Niemeyer (Linguistische Arbeiten 467), 189–211.

—, 2007. *Typologie des lexikalischen Wandels. Bedeutungswandel, Wortbildung und Entlehnung am Beispiel der romanischen Sprachen*, Tübingen, Stauffenburg (Stauffenburg-Linguistik 45).

—, 2008. «Tropen und Figuren», in U. Fix, A. Gardt, J. Knape (ed.), *Rhetorik und Stilistik. Ein internationales Handbuch historischer und systematischer Forschung*, Berlin, New York, de Gruyter (Handbücher zur Sprach- und Kommunikationswissenschaft 31.1), 728–742.

GÉVAUDAN, P., KOCH, P. NEU, A., 2003a. «Hundert Jahre nach Zauner: Die romanischen Namen der Körperteile im DECOLAR», in: *Romanistisches Jahrbuch* 54, 1–27.

—, 2003b. «Dictionnaire Etymologique, Onomasiologique et Cognitif des Langues Romanes», in T. Städtler, T. (ed.), *Wissenschaftliche Lexikographie im deutschsprachigen Raum*, Heidelberg, Winter, 195–207.

GÉVAUDAN, P., WIEBEL, D., 2004. «Dynamic lexicographic data modelling. A diachronic dictionary development report», in: *Proceedings of the LREC-conference, Lisbon 2004*.

GIANNOULOPOULOU, G., LEUSCHNER, T. (eds.) 2006. *The Lexicon: Typological and Contrastive Perpectives*, Berlin, Akademie-Verlag (= Numéro thématique de *Sprachtypologie und Universalienforschung* 59/3).

GIBBS, R. W., STEEN, G. J. (eds.) 1999. *Metaphor in Cognitive Linguistics. Selected Papers from the Fifth International Cognitive Linguistics Conference, Amsterdam, July 1997*, Amsterdam, Benjamins (Amsterdam Studies in the Theory and History of Linguistic Science 4; 175).

GRADY, J. E., 2007. «Metaphor», in Geeraerts / Cuyckens 2007, 188–213.

GREIMAS, A. J., 1966. *Sémantique structurale. Recherche de méthode*, Paris, Larousse.

HASPELMATH, M., KÖNIG, E., OESTERREICHER, W., RAIBLE, W. (eds.) 2001. *Language Typology and Language Universals/Sprachtypologie und sprachliche Universalien/La typologie des langues et les universaux linguistiques. An International Handbook/Ein internationales Handbuch/Manuel international*. 2 vol., Berlin New York, de Gruyter (Handbücher zur Sprach- und Kommunikationswissenschaft 20.1-2).

HERSLUND, M., BARON, I. (eds.) 2005. *Le génie de la langue française. Perspectives typologiques et contrastives*, Paris, Larousse (= Numéro thématique de *Langue française* 145).

KELLER, R., 1990. *Sprachwandel. Von der unsichtbaren Hand in der Sprache*, Tübingen, Francke (UTB 1567) [version anglaise: *On Language Change. The Invisible Hand of Language*, 1994, London, New York, Routledge].

—, 2005. «Sprachwandel als invisible-hand-Phänomen», in Stehl 2005, 27–42.

—, 1990. *La sémantique du prototype. Catégories et sens lexical*, Paris, Presses Univ. de France.

KLEIBER, G., TAMBA IRÈNE, 1990. «L'hyponymie revisitée: inclusion et hiérarchie», in: *Langages* 98, 7–32.

KOCH, P., 1994. «Gedanken zur Metapher — und zu ihrer Alltäglichkeit», in A. Sabban, C. Schmitt (eds.), *Sprachlicher Alltag. Linguistik — Rhetorik — Literaturwissenschaft. Festschrift für Wolf-Dieter Stempel, 7. Juli 1994*, Tübingen, Niemeyer, 201–225.

—, 1995. «Der Beitrag der Prototypentheorie zur Historischen Semantik. Eine kritische Bestandsaufnahme», in: *Romanistisches Jahrbuch* 46, 27–46.

—, 1997. «Diskurstraditionen: zu ihrem sprachtheoretischen Status und ihrer Dynamik», in Frank et al. 1997, 43–79.

—, 1999. «Frame and contiguity: On the cognitive bases of metonymy and certain types of word formation», in Panther / Radden 1999, 139–167.

—, 2000. «Pour une approche cognitive du changement sémantique lexical: aspect onomasiologique», in François 2000, 75–95.

—, 2001a. «Metonymy: unity in diversity»«, in: *Journal of Historical Pragmatics* 2, 201–244.

—, 2001b. «Onomasiologia cognitiva, geolinguistica e tipologia areale», in A. Zamboni, P. Del Puente, M.T. Vigolo (eds.), *La dialettologia oggi fra tradizione e nuove metodologie*, Pisa, ETS, 135–165.

—, 2001c. «Bedeutungswandel und Bezeichnungswandel. Von der kognitiven Semasiologie zur kognitiven Onomasiologie», in: *Zeitschrift für Literaturwissenschaft und Linguistik* 121, 7–36.

—, 2001d. «Lexical typology from a cognitive and linguistic point of view», in Haspelmath et al. 2001, 1142-1178.

—, 2002. «Diachronische Varietätenlinguistik: extern und intern», in A. Wesch, R. Kailuweit, B. Laca, W. Weidenbusch (eds.), *Sprachgeschichte als Varietätengeschichte. Beiträge zur diachronen Varietätenlinguistik des Spanischen und anderer romanischer Sprachen anläßlich des 60. Geburtstages von Jens Lüdtke*, Tübingen, Stauffenburg, 3–15.

—, 2004. «Metonymy between pragmatics, reference and diachrony», in: *metaphorik.de* 07, 6–54 [http://www.metaphorik.de].

—, 2005a. «Taxinomie et relations associatives», in A. Murguía (ed.), *Sens et références. Mélanges Georges Kleiber / Sinn und Referenz. Festschrift für Georges Kleiber*, Tübingen, Narr, 159–191.

—, 2005b. «Sprachwandel und Sprachvariation», in A. Schrott, H. Völker, H. (eds.), *Historische Pragmatik und historische Varietätenlinguistik in den romanischen Sprachen*, Göttingen, Universitätsverlag Göttingen, 229–254.

—, 2005c. «Ein Blick auf die unsichtbare Hand: Kognitive Universalien und historische romanische Lexikologie», in Stehl 2005, 245–275.

—, 2005d. «Aspects cognitifs d'une typologie lexicale synchronique. Les hiérarchies conceptuelles en français et dans d'autres langues», in Herslund / Baron 2005, 11–33.

—, 2008a. «Une «bonne à tout faire»: l'omniprésence de la métonymie dans le changement linguistique», in B. Fagard, S. Prevost, B. Combettes, O. Bertrand (eds.), *Evolutions en français. Etudes de linguistique diachronique*, Bern, Lang (Sciences pour la communication 86), 171–196.

—, 2008b. «Cognitive onomasiology and lexical change: around the eye», in Vanhove 2008, 107–137.

Koch, P., Winter-Froemel, E., 2009. «Synekdoche», in G. Ueding, G. (ed.), sous presse. *Historisches Wörterbuch der Rhetorik*, Tübingen, Niemeyer, 356-366.

Koptjevskaja-Tamm, M., 2008. «Approaching lexical typology», in Vanhove 2008, 3–52.

Koptjevskaja-Tamm, M., Vanhove, M., Koch, P., 2007. «Typological approaches to lexical semantics»«, in: *Linguistic Typology* 1, 159–185.

Kövecses, Z., Csábi, S., 2002. *Metaphor. A Practical Introduction*, Oxford, Oxford University Press.

Lakoff, G., 1987. *Women, Fire, and Dangerous Things. What Categories Reveal about the Mind*, Chicago, Univ. of Chicago Press.

—, 2006 [1993]. «A contemporary theory of metaphor», in Geeraerts 2006, 185–238.

LAKOFF, G., JOHNSON, M., 1980. *Metaphors We Live By*, Chicago, Univ. of Chicago Press.

LANGACKER, R. W., 1999. «Losing control: grammaticization, subjectification, and transparency», in Blank / Koch 1999, 147–175.

LAUSBERG, H., [2]1973. *Handbuch der literarischen Rhetorik*, München, Hueber.

LEHMANN, A., MARTIN-BERTHET, F., [3]2008. *Introduction à la lexicologie. Sémantique et morphologie*, Paris, Colin.

LEHMANN, C., 1990. «Towards lexical typology», in W. Croft, K. Denning, S. Kemmer (eds.), *Studies in Typology and Diachrony. Papers presented to Joseph H. Greenberg on his 75th birthday*, Amsterdam, Benjamins (Typological Studies in Language 20), 161–185.

LEWANDOWSKA-TOMASZCZYK, B., 2007. «Polysemy, prototypes, and radial categories», in Geeraerts / Cuyckens 2007, 139–169.

LIEBERT, W.-A., 1992. *Metaphernbereiche der deutschen Alltagssprache. Kognitive Linguistik und die Perspektiven einer Kognitiven Lexikographie*, Frankfurt am Main, Lang (Europäische Hochschulschriften 1; 1355).

LIPKA, L., 1994. «Wortbildung, Metapher und Metonymie — Prozesse, Resultate und ihre Beschreibung», in Staib, B. (ed.), *Wortbildungslehre*, Münster, Lit (Münstersches Logbuch zur Linguistik 5), 1–15.

—, [3]2002. *English Lexicology. Lexical Structure, Word Semantics & Word-formation*, Tübingen, Narr.

MARCHELLO-NIZIA, C., 2006. *Grammaticalisation et changement linguistique*, Bruxelles, De Boeck.

MATISOFF, J. A., 1978. *Variational Semantics in Tibeto-Burman. The "Organic" Approach to Linguistic Comparison*, Philadelphia, Institute for the study of human issues (Occasional papers of the Wolfenden Society on Tibeto-Burman Linguistics 6).

MIHATSCH, W., 2005. «Experimental data vs. diachronic typological data. Two types of evidence for linguistic relativity», in S. Kepser, M. Reis (eds.), *Linguistic Evidence. Empirical, Theoretical and Computational Perspectives*, Berlin, Mouton de Gruyter (Studies in Generative Grammar 85), 371–392.

MORTARA GARAVELLI, B., [5]1991. *Manuale di retorica*, Milano, Bompiani.

NERLICH, B., CLARKE, D. D., 1999. «Synecdoche as a cognitive and communicative strategie», in Blank / Koch 1999, 197–213.

NUNBERG, G., 1995. «Transfers of meaning», in: *Journal of Semantics* 17, 109–132.

OESTERREICHER, W., 1997. «Zur Fundierung von Diskurstraditionen», in Frank et al. 1997, 19–41.

ORTONY, A. (ed.) [2]1994. *Metaphor and Thought*, Cambridge, Cambridge University Press.

PANTHER, K.-U., RADDEN, G. (eds.) 1999. *Metonymy in Language and Thought*, Amsterdam, Benjamins (Human Cognitive Processing 4).

PANTHER, K.-U., THORNBURG, L. L. (eds.) 2003. *Metonymy and Pragmatic Inferencing*, Amsterdam, Benjamins (Pragmatics and Beyond 113).

PAPAFRAGOU, A., 1996. «On metonymy»«, in: *Lingua* 99, 169–195.

PRUVOST, J., SABLAYROLLES, J.-F., 2003. *Les néologismes*, Paris, Presses Univ. de France (Que sais-je? 3674).

RADDEN, G., KÖVECSES, Z., 1999. «Towards a theory of metonymy», in Panther / Radden 1999, 17–59.

RADDEN, G., THORNBURG, L. L., 2007. «Metonymy», in Geeraerts / Cuyckens 2007, 236–263.

RE = REY, A. (ed.) 1994. *Le Robert éléctronique*, Paris, Dictionnaires Le Robert.

REBOUL, O., [2]1994. *Introduction à la rhétorique. Théorie et pratique*, Paris, Presses universitaires de France.

ROSCH, E., 1973. «On the internal structure of perceptual and semantic categories», in T.E. Moore (ed.), *Cognitive Development and the Acquisition of Language*, New York, Academic Press, 111–144.

SABLAYROLLES, J.-F., 2000. *La néologie en français contemporain. Examen du concept et analyse de productions néologiques récentes*, Paris, Champion (Lexica 4).

SCHLIEBEN-LANGE, B., 1983. *Traditionen des Sprechens. Elemente einer pragmatischen Sprachgeschichtsschreibung*, Stuttgart, Kohlhammer.

—, 1990. «Normen des Sprechens, der Sprache und der Texte», in W. Bahner, J. Schildt, D. Viehweger (eds.), *Proceedings of the Fourteenth International Congress of Linguists*, Berlin, Akademie-Verlag, 114–124.

STEHL, T. (ed.) 2005. *Unsichtbare Hand und Sprecherwahl. Typologie und Prozesse des Sprachwandels in der Romania*, Tübingen, Narr (Tübinger Beiträge zur Linguistik 471).

STEINBERG, R., 2008. *Lexikalische Polygenese im Konzeptbereich KOPF*, Thèse de doctorat à soutenir.

TAYLOR, J. R., [2]1995. *Linguistic Categorization. Prototypes in Linguistic Theory*, Oxford, Oxford University Press.

TLFI = *Trésor de la Langue Française Informatisé*, Nancy, ATILF.

TOURATIER, C., 2000. *La sémantique*, Paris, Colin.

TRAUGOTT, E. C., 1999. «The rhetoric of counter-expectation in semantic change: a study in subjectification», in Blank / Koch 1999, 177–196.

TRAUGOTT, E. C., DASHER, R. B., 2002. *Regularity in Semantic Change*, Cambridge, Cambridge University Press (Cambridge Studies in Linguistics 97).

ULLMANN, S., 1952. *Précis de sémantique française*, Berne, Francke (Bibliotheca Romanica 1; 9).

—, 1957. *The principles of semantics*, Glasgow (Glasgow University Publications 84).

VANHOVE, M. (ed.) 2008. *From Polysemy to Semantic Change. Towards a Typology of Lexical Semantic Associations*, Philadelphia, Benjamins (Studies in Language / Companion Series 106).

WALTEREIT, R., 1998. *Metonymie und Grammatik. Kontiguitätsphänomene in der französischen Satzsemantik*, Tübingen, Niemeyer (Linguistische Arbeiten 385).

WILHELM, R., 2001. «Diskurstraditionen», in Haspelmath et al. 2001, 467–477.

—, 2005. «Diskurstraditionen», in: *La lingua italiana* 1, 157–161 [article écrit en italien].

WILKINS, D. P., 1996. «Natural tendencies of semantic change and the search for cognates», in M. Durie, M. Ross (eds.), *The Comparative Method Reviewed. Regularity and Irregularity in Language Change*, New York, Oxford Univ. Press, 264–304.

WINTER-FROEMEL, E., 2008. «Towards a comprehensive view of language change: Three recent evolutionary approaches», in U. Detges, R. Waltereit (eds.) 2008. *The Paradox of Grammatical Change. Perspectives from Romance*, Amsterdam, Benjamins (Amsterdam Studies in the Theory and History of Linguistic Science 4; 293), 215–250.

ZWANENBURG, W., 1990. «Formation des mots», in G. Holtus, M. Metzeltin, C. Schmitt (eds.), *Lexikon der romanistischen Linguistik*. Vol. V,1: *Französisch. Le français*, Tübingen, Niemeyer, 72–77.

Paul GÉVAUDAN & Peter KOCH
Université de Tübingen
Romanisches Seminar
Wilhelmstraße 50
D-72074 Tübingen
paul.gevaudan@uni-tuebingen.de
peter.koch@uni-tuebingen.de

LA SÉMANTIQUE COGNITIVE FACE À L'IDIOMATICITÉ

Abstract

How can we explain the strong attraction that idiomatic expressions exert on cognitive semanticists? The main reason is that these expressions allow to perspectivize our experience by projecting concrete representations onto abstract contents. This inherently cognitive function is supplemented with other functions like textual organisation. While the descriptive and explanatory models developed by cognitive linguists arguably have not added much to earlier models of idiomaticity, fundamentally new insights have been gained from the closely related field of quantitative psycholinguistic research. Further scientific progress is to be expected from the thriving field of corpus linguistics, which has new perspectives to offer to researchers from all kinds of linguistic schools and traditions.

1. L'engouement pour les expressions idiomatiques

Comme on le sait, la sémantique cognitive (et *a fortiori* la linguistique du même nom) ne constitue pas un corps de doctrines complet et rigide, érigé en système et défendu par une école avec une forte identité, mais un regroupement cohérent de points de vue sur les fonctions primordiales de la langue. Le propre de ces fonctions est de permettre, par-delà l'information à l'état brut sur les faits et les choses, une « perspectivisation » de la réalité conformément au besoin éprouvé par le locuteur d'imposer une certaine schématisation à son expérience du monde (cf. Geeraerts / Cuyckens 2007a:5). Ce programme scientifique n'est-il pas aussi celui d'une longue tradition de notre discipline qui remonte jusqu'à Wilhelm von Humboldt (cf. Dirven e. a. 2007) ? Certes, mais quelques spécificités méthodologiques, en particulier l'affinité avec des modèles d'origine psychologique et les nombreux points de passage entre psycholinguistique et sémantique cognitive assurent à cette dernière un statut autonome et un profil caractéristique parmi les théories du langage.

Quant aux positions de la sémantique cognitive vis-à-vis de l'idiomaticité, nous relèverons tout d'abord les nombreuses déclarations de représentants de cette théorie insistant sur l'importance fondamentale des expressions idiomatiques dans la langue et sur le rôle charnière que doit occuper leur analyse dans les études cognitivistes. Nous nous proposerons ensuite de montrer que la sémantique cognitive ne manque en effet pas d'atouts dans ce domaine, mais qu'il convient de les mettre en balance avec les apports de recherches venant d'autres horizons, par exemple de modèles structuralistes, sémiotiques ou « traditionnels » (ci-dessous 2.). Pour parvenir à un premier bilan, encore très provisoire, de la recherche actuelle (ci-dessous 3.), l'on tentera donc de départager les acquis des uns et des autres, ce qui pourra parfois paraître difficile. Car toutes les publications revendiquant le label — par trop à la mode — de « linguistique cognitive » ne correspondent pas forcément aux critères communément acceptés, alors que d'autres contributions n'affichant aucune allégeance méthodologique relèvent largement des options fondamentales de la sémantique cognitive.

Quelles que soient, dans certains cas limites, les difficultés à déterminer correctement les mouvances dans lesquelles se situent des contributions passées en revue, il convient de ne pas perdre de vue ce qui constitue à nos yeux le phénomène central de notre thématique et le point de départ idéal pour exposer sa dimension : l'engouement de nombreux protagonistes de la linguistique cognitive pour la composante idiomatique du langage, enthousiasme qui leur fait, à l'occasion, oublier qu'avant eux, le terrain n'était peut-être pas totalement en friche. Citons à titre d'exemple cette profession de foi de l'un des spécialistes de l'approche cognitiviste de l'idiomaticité (Gibbs 2007:721) :

> « Contrary to the traditional view that ignores these possible links, Cognitive Linguistics adopts the significant methodological premise of seeking correspondances between mind and language [...]. The study of idioms turns out to be an ideal place to understand the rich, flexible nature of natural language and human thought. »

Les raisons profondes de l'attention portée à ce problème résident dans la conviction que les expressions idiomatiques sont un condensé de ce qui intéresse les cognitivistes avant toute chose : l'aspect « constructiviste » du langage, capable de modeler notre expérience du monde (cf. Gibbs 2007:719). Comme Nunberg e. a. l'ont montré dans un article devenu célèbre, la composante métaphorique caractérisant la plupart du temps les expressions idiomatiques fait en sorte que les situations abstraites auxquelles le locuteur veut référer soient présentées en termes de situations concrètes, souvent de type spatial — conformément à ce que les auteurs considèrent comme l'une de nos tendances cognitives prédominantes[1]. Dans cette perspective, c'est donc à travers l'idiomaticité que notre manière d'appréhender la réalité et de la façonner mentalement se manifeste avec plus d'évidence que par le langage « normal ». La théorie de la phraséologie se trouve ainsi promue au rang d'un observatoire privilégié des stratégies cognitives inhérentes à la pensée et à la langue. D'observatoire, les recherches sur l'idiomaticité sont par ailleurs devenues la motivation principale pour le développement d'un modèle linguistique, la « grammaire de construction », caractérisée dans au moins une

1. « The tendency of the metaphors that underlie these idioms [par ex. *change horses in midstream*] to map from concrete to abstract situations has a well documented cognitive grounding. » (Nunberg e. a. 1994:530) ; cf. Gibbs 2006:704.

de ses variantes par la conception d'une syntaxe marquée par sa composante sémantique et surtout idiomatique.

Devant cet arrière-plan de l'intérêt intense porté aux expressions idiomatiques par la linguistique cognitive, l'on peut discerner les grands thèmes autour desquels se regroupe la recherche dans le cadre d'une telle approche (ci-dessous 1.1-1.5).

1.1. *Analyse compositionnelle vs analyse non-compositionnelle*

Dès les premières phases de la linguistique cognitive, ses partisans se sont emparés d'une problématique traditionnelle, parfois présentée sous deux angles différents : les expressions idiomatiques sont-elles essentiellement opaques (sémantiquement inaccessibles à qui n'en connaît pas le sens figuré) ou transparentes ? Sont-elles non-compositionnelles ou compositionnelles (construites de telle façon que, une fois leur sens connu, le locuteur peut évaluer l'apport de chaque composante au sens figuré complet ; cf. Nunberg e. a. 1994:498[2]) ? C'est la nature même de l'idiomaticité, *i. e.* sa différence spécifique à l'égard du langage « normal » ou « régulier » qui se trouve ainsi remise en cause. Pour faire court, retenons d'une part un large accord sur l'existence de toute une gamme d'expressions situées entre les deux pôles définis ci-dessus, de l'autre une tendance générale des cognitivistes, plus prononcée que chez la majorité de leurs prédécesseurs, à insister sur la dimension (partiellement) compositionnelle des locutions. Si une expression comme *to kick the bucket* ('casser sa pipe') ne saurait admettre une transformation quelconque (sauf la conjugaison du verbe), ce qui plaide en faveur d'une lecture totalement non-compositionnelle et opaque, d'autres sont susceptibles de diverses modifications : rajout d'une épithète ou d'une quantification, topicalisation d'un complément, passivation[3], etc. Les changements peuvent aller jusqu'à la substitution soit du verbe, soit du complément d'objet par un mot appartenant au même paradigme sémantique, non sans entraîner une variation d'ordre sémantique ; cf. *step / tread on someone's toes*, *add fuel to the flames / fire / conflagration* (ibidem 504) — autant d'arguments en faveur de la thèse centrale de Nunberg e. a. (1994:511) selon laquelle le rapport entre forme et contenu est loin d'être arbitraire pour de très nombreuses expressions, dont les composantes syntagmatiques peuvent être systématiquement corrélées à certaines parties du sens de l'ensemble. Mais

2. Selon ces mêmes auteurs, l'idiomaticité va toujours de pair avec la *conventionality*, notion qui implique un certain degré de figement et / ou une plus-value sémantique par rapport à la lecture littérale (ibidem 492, 498 ; cf. Evans / Green 2006:755, qui utilisent *conventional* malheureusement dans deux sens différents ; cf. ibidem 289). Il nous semble que ce concept nécessite encore un travail de clarification, qui devrait profiter des récentes recherches en linguistique française sur le figement.

3. *Pat spilled the beans* ('a vendu la mèche') → *The beans were spilled by Pat* (ibidem 510 ; cf. *La mèche a été vendue par X*, phrase quelque peu étrange, mais relativement bien attestée sur *Google.fr*, consulté le 18 / 2 / 2009).

comme le fait remarquer Gibbs (2006:707) à propos de *spill the beans*, locution qui jouit décidément d'une grande popularité auprès des linguistes (cf. Croft / Cruse 2006:252), cette relation n'est pas forcément de la même qualité pour les différents segments d'une expression : alors que l'analogie entre *to spill* 'répandre' et le sens figuré 'révéler' s'impose sans grande difficulté, la voie conduisant de *beans* 'haricots' au sens métaphorique de 'secret' paraît bien moins évidente. Les deux relations entre sens littéral et sens figuré que renferme l'expression sont donc asymétriques, surtout que *spill* semble de plus en plus passer pour un verbe qui renferme le sens de 'divulguer' parmi ses acceptions premières — bel exemple d'une sorte de rétroaction de l'idiomatique sur la littéralité ressentie. Ce dernier phénomène nous prouve aussi, s'il en était encore besoin, combien la question de la compositionalité dépend du savoir (ou de l'imaginaire) linguistique de l'évaluateur, donc de facteurs subjectifs. Toutefois, malgré toutes les lances que certains cognitivistes, surtout ceux opposés à la vision chomskyenne du problème, aiment à rompre en faveur d'une compositionalité, ne fût-elle que très partielle, il faut convenir que de nombreuses expressions idiomatiques résistent farouchement à toute tentative d'explication sémantique (métaphorique, métonymique, etc.) et / ou étymologique. Les excellents dictionnaires dont nous disposons dans ce domaine pour le français (cf. par exemple Rey / Chantreau 1979:766, *pot aux roses* ; cf. Guiraud 1961:58) sont là pour nous le montrer dans une grande partie de leurs entrées.

Mis à part le problème passablement théorique (et parfois guère décidable) de la compositionalité des expressions, celui de leur efficacité communicative, nullement entamée par leur opacité, est également digne d'intérêt. Ne citons à titre d'exemple que la tournure *reprendre du poil de la bête*, que le spécialiste parvient à expliquer sans difficulté, mais dont la motivation reste obscure pour le commun des mortels.

Que peut-on distinguer de spécifiquement « cognitif » dans les approches décrites ci-dessus ? Retenons surtout l'hypothèse selon laquelle le sémantique conditionne le syntaxique en la matière ; ainsi, le caractère plus ou moins analysable d'une locution (fait sémantique) détermine le comportement syntaxique de celle-ci. En effet, une expression dont le locuteur parvient à attribuer les segments à certains contenus figurés se prête en principe plus facilement à des transformations formelles (passivation, etc.) qu'une expression restant totalement opaque (cf. Gibbs 2006:708s). Pour reprendre l'exemple classique cité à maintes reprises dans ce domaine : l'impossibilité de **Sa pipe a été cassée par Luc* (à la différence de ?*La mèche a été vendue par Luc*) s'explique par l'opacité de la locution. Précisons toutefois qu'à notre connaissance, l'hypothèse d'une corrélation entre ces deux principaux paramètres du figement, « analysabilité sémantique » et « transformabilité syntaxique », n'a jamais été testée systématiquement à grande échelle.

1.2. *Idiomaticité, savoir encyclopédique et scénarios*

On sait que les notions de *scénario* ou de *frame* (rendue le plus souvent en français par *cadre*), reflets d'un schématisme appartenant au savoir encyclopédique mais étroitement relié à nos compétences sémantiques, ont toujours joué un rôle important en linguistique cognitive. Certains spécialistes de l'idiomaticité s'en sont emparés, tel Dobrovol'skij (2007) dans un article qui se réclame explicitement d'une approche cognitiviste. Le concept de *frame* est utile pour caractériser les expressions qui évoquent, dans leur sens littéral, un type de situation censé être connu dans la communauté linguistique (situation source), et dont le sens figuré fait penser à une situation analogue, en général plus abstraite (situation cible). Les attributs (*slots*, places pour les composantes stéréotypées du contexte) du scénario concernant la situation source correspondent, selon des principes semblables à ceux de l'allégorie, à ceux de la situation cible. Choisissons l'exemple de *jeter l'éponge*[4] 'abandonner la lutte ; renoncer à la compétition', qui constitue selon Rey / Chantreau (1979:381) une « métaphore de la boxe ». Certes, mais une métaphore d'un type spécial où le principe de substitution ne porte pas sur deux mots ou deux concepts d'objets, mais sur deux associations d'objets ou de faits correspondant à deux situations. Ainsi, le schéma de la situation source comporte les attributs (objets, faits) 'compétition sportive', 'adversaires', 'défaite *vs* victoire', 'admettre sa défaite', autant de données auxquelles il est facile de trouver des pendants dans la situation cible ('défi', 'situation conflictuelle', 'abandonner tout espoir', etc.). On voit facilement qu'il s'agit en fait d'expressions figées dérivables de ce que Lakoff / Johnson (1980) qualifiaient de « métaphores conceptuelles » (« une situation conflictuelle est (comme) un match de boxe »). Dans ce contexte, Dobrovol'skij (2007:793) attire l'attention sur un phénomène contrastif intéressant : une situation source apparemment identique (ou presque) peut conduire, sur le plan du sens figuré, à des situations cibles sensiblement différentes selon les langues. C'est le cas des expressions *mettre la puce à l'oreille*, *einen Floh ins Ohr setzen* et *to send someone away with a flea in his / her ear* qui, loin d'avoir le même sens idiomatique[5], peuvent représenter de redoutables faux amis. Toutefois, contrairement à ce que l'auteur affirme, il n'existe pas de *frame* dans le cas de ces expressions : si l'on peut à la rigueur imaginer la réalité de l'acte concret consistant à mettre à quelqu'un une puce à l'oreille, les données de cette situation ne correspondent à aucun savoir *stéréotypé*, condition nécessaire à la présence d'un scénario. Rien n'empêche évidemment

4. Cf. *to throw the towel / sponge* dans Dobrovol'skij (2007:791)

5. Cet écart sémantique entre les trois expressions (qui possèdent toutefois un dénominateur commun) est lié à des degrés d'analysabilité et de tranformabilité différents : *mettre la puce à l'oreille* semble totalement figé, alors que l'on imagine sans grande difficulté *der Floh, den er ihm ins Ohr gesetzt hat.*

le locuteur moderne de se forger, à sa guise, le savoir fictif qu'il lui faut pour motiver le sens de *mettre la puce à l'oreille*.

Mais une telle construction n'a en principe rien à voir avec l'explication historique de la tournure (que Dobrovol'skij ne tente pas), dans laquelle *puce* renvoie, par métonymie, à des démangeaisons, alors qu'*oreille* pouvait avoir la signification métaphorique de 'sexe féminin' (cf. Rey / Chantreau 1979:787). En ce sens-là, l'image de la situation en question prenait éventuellement au XVIIe siècle, dans des conditions d'hygiène très différentes des nôtres, des allures de scénario. Mais à cette situation source, inaccessible au locuteur moderne, correspondait un sens figuré très différent de la valeur actuelle de l'expression. Son explication par un scénario quelconque paraîtrait donc de nos jours inadéquate.

Des scénarios, il faut également distinguer[6] la connaissance, indispensable à la bonne compréhension de nombreuses expressions, de systèmes sémioculturels appartenant au patrimoine de notre civilisation et ancrés dans notre mémoire collective. Il s'agit, pour la plupart, d'idées ou de représentations symboliques faisant partie du savoir encyclopédique d'une époque révolue, comme le symbolisme des nombres dans la cosmogonie antique, qui nous fait toujours parler du *septième ciel* ou encore l'ancienne physiologie des humeurs qui nous a légué une expression, toujours vivante, comme *se faire de la bile*.

1.3. *Fonctions textuelles, expressivité et densité sémantique*

Comme l'ont observé les cognitivistes à l'instar de chercheurs venant d'autres horizons, les expressions idiomatiques sont susceptibles de contribuer de façon efficace à la structuration de divers types de textes (conversations à bâton rompu, récits oraux, narrations écrites, argumentations, etc.). Cette approche de l'idiomaticité a été développée d'abord par la linguistique soviétique[7] des années 1980. Bien qu'il semble qu'elle n'ait pas encore dépassé le stade un peu impressionniste des observations recueillies au hasard des lectures, elle mérite toute notre attention par les perspectives qu'elle donne sur les fonctions textuelles d'unités que la recherche a trop longtemps analysées du seul point de vue de leur structure interne. Gibbs fournit deux types d'exemples de la capacité organisatrice des idiomatismes : d'une part, grâce à leur force expressive, ils peuvent représenter des charnières dans l'articulation du discours, résumer par exemple des développements antérieurs et préparer ainsi un changement thématique. De l'autre, sur la base des scénarios concrets qu'ils évoquent, ils peuvent structurer par analogie la manière de traiter d'un sujet abstrait, la situation source préfigurant la

6. Comme le fait en l'occurrence Dobrovol'skij 2007:794s.

7. Cf. le bilan des recherches sur ce problème dans Sabban 2007. Les germanistes soviétiques utilisaient le terme excellemment choisi de « textbildende Potenzen » pour caractériser cette capacité des phraséologismes.

présentation de la situation cible. Exemple : au début d'un article analysant la politique économique, le journaliste fait remarquer qu'une certaine mesure prise par le gouvernement équivaut à mettre la charrue devant les bœufs, pour détailler ensuite les données de cette analogie (cf. Gibbs 2007:703). Voilà une autre illustration, affirme l'auteur, de la tendance de la pensée humaine à conceptualiser les aspects abstraits du réel conformément à des schémas concrets — idée phare des courants dominants de la sémantique cognitive.

D'autres analyses vont plus loin dans la tentative d'expliquer le potentiel sémantique des expressions idiomatiques qui les rend aptes à assumer des rôles dans la structuration du discours. Ainsi, Häcki Buhofer (2007:845, 851), qui s'inspire d'expériences psycholinguistiques, voit le principe actif des phraséologismes dans ce que nous voudrions appeler leur « densité sémantique » (cf. ci-dessous 2.) : à côté de leur sens figuré et du sens littéral souvent encore accessible, ils peuvent évoquer, par certains de leurs constituants, des images supplémentaires dont la nature varie avec le contexte et les interprétations individuelles et subjectives. Cette densité ou plus-value informative peut être de nature telle qu'il devient impossible de transmettre leur sens par de simples paraphrases, comme le précisent Denhière / Verstigel 1997:119. Ces deux psycholinguistes rendent compte de nombreuses recherches expérimentales, basées la plupart du temps sur des épreuves d'amorçage associatif et de décision lexicale[8], dont ils concluent que le traitement cognitif des phraséologismes prévoit en principe « une activation en parallèle des acceptions littérale et figurée » (1997:146). Cette hypothèse est susceptible d'expliquer selon des critères psycholinguistiques la « densité sémantique » de ce type de locutions.

Sur la base des caractéristiques que nous venons d'exposer, les phraséologismes parviennent à stimuler l'attention et à créer de bonnes conditions pour la compréhension et la rétention mémorielle des informations qui leur sont associées dans le texte.

1.4. *Enracinement*

Dans la section précédente, il était question de certains avantages communicatifs que possèdent les expressions idiomatiques sur le langage non idiomatique. Un autre atout des phraséologismes, mais qui ne concerne que

8. Tâche dans laquelle un sujet doit décider, après présentation d'un mot ou syntagme « amorce », si une certaine chaîne de lettres forme un mot de la langue. Le temps de décision décroît avec l'intensité de l'affinité sémantique entre l'amorce et la cible (le mot faisant l'objet de la décision). Le test sert entre autres à déterminer les sens donnés par les locuteurs aux deux segments mis en relation. Le principe de cette technique peut aussi être utilisé pour mesurer la cohérence entre deux phrases ou deux expressions successives (Ober / Shenaut 2006:412 sur *semantic priming*). Un autre moyen d'analyse quantitative est l'interprétation des mouvements des yeux observables au cours de la lecture de phrases contenant des expressions idiomatiques.

les structures les plus fréquentes, est mis en relief par la notion d'enracinement (*entrenchment*[9] en anglais). Cet avantage consiste dans le fait que les tournures usuelles, caractérisées par une haute cooccurrence des mots qui les composent, sont bien « enracinées » dans notre mémoire et que leur activation, rapide et quasiment automatique, demande peu d'efforts cognitifs ; leur compréhension ne requiert pas de traitement linguistique, puisque leur sens figuré semble directement accessible (cf. Denhière / Verstigel 1997:134-137[10]). Elles correspondent donc à une routine mentale qui peut nous faciliter la conceptualisation des situations auxquelles nous devons faire face. L'avantage est d'autant plus appréciable que la facilité d'obtention du sens de l'unité idiomatique est à mettre en relation avec la valeur informative relativement élevée de celle-ci (cf. ci-dessus) — relation qui fait apparaître une bonne économie du langage, car le locuteur acquiert une information de valeur à peu de frais cognitifs. On peut imaginer que le principe d'enracinement et ses effets positifs ne portent pas seulement sur les expressions idiomatiques prises isolément, mais aussi sur la valeur métaphorique de leur mot central. Celui-ci peut réapparaître en effet dans d'autres locutions tout en gardant, grâce à son appartenance à la fois aux domaines du sens littéral et du sens figuré, le même type de conceptualisation d'une situation ; cf. la valeur de *brèche* dans les expressions *battre en brèche*, *être encore sur la brèche*, *monter sur la brèche*, etc.

Ces observations sur l'intérêt de la notion d''enracinement' en matière d'idiomaticité suscitent plusieurs questions. Quant au bilan concernant les avantages cognitifs des expressions bien « enracinées », l'on peut se demander si le profit final n'est pas payé préalablement par un apprentissage particulièrement difficile. Car en l'absence de valeurs référentielles clairement identifiables pour les mots utilisés dans la locution, l'apprentissage doit se faire par l'interprétation d'un très grand nombre de contextes entendus. Ce constat nous amène à une deuxième interrogation, qui part de nombreux entretiens avec des étudiants francophones : vu les conditions parfois précaires de leur apprentissage, les expressions idiomatiques ne sont-elles pas exposées beaucoup plus que les syntagmes entièrement compositionnels à de mauvaises interprétations ? En demandant à nos jeunes étudiants le sens exact d'une expression aussi anodine que *travail de bénédictin* — ou le sens tout court de *casser sa pipe*, on peut aller au-devant de surprises[11] ; sans parler du cas des très nombreuses locutions dont le sens paraît peu clair ou instable au dire des lexicographes (exemples : *C'est pain bénit* ; *la réponse*

9. Cf. Evans / Green 2006:114, Schmid 2007:118s.

10. Ces auteurs ne recourent cependant pas à la notion d'*entrenchment* / 'enracinement'. Sur la notion d''accessibilité', cf. Le Ny 2005:146

11. C'est l'occasion de rappeler les soucis du baron de Charlus, figure d'*À la recherche du temps perdu*, qui s'inquiétait du sens d'expressions tout de même un plus recherchées (et décidément moins « enracinées », quelle que soit l'appartenance sociolinguistique des locuteurs), à l'instar de *brûler les planches*.

du berger à la bergère)[12]. Face à ce problème fondamental de la bonne interprétation des syntagmes en question, les avantages, sans doute réservés aux plus communs ou saillants d'entre eux (mais lesquels précisément ?), risquent de passer au second plan.

La notion d''expression idiomatique' englobe en effet une infinité de situations différentes sous l'angle de la compréhensibilité et des valeurs informatives et textuelles de ces unités. Avant de tirer des conclusions de tests psycholinguistiques, il convient donc de déterminer les degrés d'enracinement des combinaisons de mots, idiomatiques ou non, que l'on compte comparer entre elles et soumettre aux analyses quantitatives.

1.5. *Vers les grammaires de construction*

Comme le rappellent Croft / Cruse (2006:225) et Evans / Green (2006:662), l'analyse des expressions idiomatiques se trouve à l'origine du développement des grammaires de construction dans les années 1980. Très schématiquement, le rapport entre le phénomène linguistique en question et la création de cette famille de grammaires peut se résumer ainsi : puisque la grammaire générative semblait se révéler incapable de traiter de façon satisfaisante des structures aussi idiosyncrasiques que l'idiomaticité et que cette incapacité s'expliquait aux yeux de certains linguistes par sa structure modulaire et le caractère fortement déductif de ses règles, la recherche d'un autre système d'explication s'imposait pour rendre justice à un fait linguistique important. La solution consistait à concevoir un modèle qui récuse tout hiatus entre lexique et syntaxe et attribue à tous les segments du discours, du mot à la phrase, le statut d'unités douées d'une forme et d'un sens, appelées « constructions ». Les différentes espèces de celles-ci, qu'il faut imaginer comme des segments d'un continuum, ne se distinguent que par leur degré de complexité et par leur caractère plutôt concret (défini lexicalement) ou abstrait (défini par des schémas syntaxiques ; cf. Croft 2007:468-471). L'intérêt de cette vision du langage est de mettre l'accent autant sur la dimension syntaxique du mot que sur la dimension sémantique des schémas syntaxiques (types de « constructions » au sens traditionnel du terme) et d'accorder une place aux expressions idiomatiques (combinaisons idiosyncrasiques de données lexicales et / ou syntaxiques) dans le savoir grammatical des locuteurs[13].

C'est donc encore une fois le défi lancé par l'idiomaticité, plutôt marginale ou ressentie comme un corps étranger à la langue « régulière » dans des approches antérieures, qui se retrouve au centre de l'intérêt : représentative des fonctions cognitives du langage pour les uns (ci-dessus 1.), motivation pour la conception de nouveaux modèles linguistiques pour les autres.

12. Cf. http: / / www.rfi.fr / lffr / articles / 086 / article_1443.asp, site de Radio France Internationale consulté le 20 / 2 / 2009.

13. Cf. François 2008:75.

Ajoutons que cognitivistes et partisans de certaines grammaires de construction se rejoignent sur de nombreux points importants[14].

Bref, d'empêcheur de tourner en rond, le problème des expressions idiomatiques est devenu instaurateur d'un nouveau paradigme — conformément à un cheminement historique clairement décrit par T. S. Kuhn, théoricien des changements de paradigme.

2. D'autres approches de l'idiomaticité

Le titre de ce chapitre reflète un certain embarras — le lecteur s'en sera bien rendu compte. Mais parler d'approches « non cognitives » aurait pu paraître inadéquat, voire injuste aux yeux de ceux pour qui la dénomination de « linguistique cognitive », au lieu de référer à un programme de recherche relativement bien défini[15] et lié à diverses écoles, constitue surtout un terme valorisant générique. Par ailleurs, il existe certainement de bonnes raisons d'affirmer que la linguistique est par définition cognitive (cf. Lazard 2007), ne serait-ce qu'au sens peu spécifique de 'préoccupée par les rapports entre la pensée et la langue'. Admettons donc le bien-fondé de nombreuses positions intermédiaires entre ce dernier point de vue et les doctrines des chercheurs qui se réclament aujourd'hui de la 'sémantique cognitive'.

Par l'appellation « autres approches », nous voudrions regrouper ici des travaux antérieurs ou parallèles à la 'sémantique cognitive' au sens indiqué et mettre en relief plus particulièrement l'intérêt de certaines recherches d'inspiration structuraliste en lexicologie française, représentées entre autres par P. Guiraud et A. Rey.

Dans un modeste volume de la collection *Que sais-je ?* (*Les locutions françaises*), Guiraud discute au chapitre V (« Accidents linguistiques ») des tentatives d'expliquer historiquement la genèse et les ramifications sémantiques de quelques expressions idiomatiques. Il propose ainsi de dériver *tailler une bavette* 'bavarder' d'un mot dialectal *bavette* 'bavardage', confondu ultérieurement avec son homonyme *bavette* 'serviette de bébé', ce qui aurait entraîné le recours à l'image construite à l'aide de *tailler*. Intervient alors dans l'histoire de la locution une pseudo-motivation, savante (en l'occurrence, celle de M. Rat) ou populaire, qui rattache l'image à la représentation de « femmes bavardant sur le pas de leur porte en taillant une bavette pour leur enfant » (1961:76). Rey et Chantreau (1979:72) avancent une dérivation étymologique totalement différente : *bavette* viendrait de la famille de *bave* 'salive', alors que *tailler* signifiait en ancien français 'parler avec éloquence'.

14. Cf. Evans / Green (2006:660) à propos de la *Construction Grammar* de Kay / Fillmore et de la grammaire cognitive de Langacker : « Firstly, both approaches agree that idiomatic expressions should have central rather than peripheral status in a model of grammar. »

15. Cf. Geeraerts, D. / Cuyckens, H. 2007a:4s ; nous faisons abstraction ici de la « linguistique cognitive » au sens de Chomsky.

Et les deux lexicographes de conclure : « *Tailler une bavette* est donc 'débiter de la salive', et la forme de l'expression est renforcée par le sens concret 'tailler, couper des bavoirs d'enfant' ». Pour notre argumentation, il semble presque indifférent de savoir lequel des auteurs cités a raison d'un point de vue étymologique. L'important est ailleurs : les diverses ébauches d'explications partagent la conviction que, dans la genèse de la locution actuelle, des malentendus, des étymologies populaires et quelques associations de mots et de choses, en partie d'origine métonymique, s'entrecroisent. De cet entrelacs d'idées hétérogènes, le locuteur moderne ne saurait retenir et activer que quelques-unes, de façon plus ou moins inconsciente, s'il en éprouve le désir. D'autres associations, privées de motivations résultant de l'histoire, peuvent par contre se greffer sur l'ensemble. Ce petit exemple est typique d'une grande partie des expressions analysées par Guiraud et Rey / Chantreau ; par les objets nommés, par les images suggérées, celles-ci fournissent au locuteur l'étoffe sémantique dont sont tissées ses associations, et en fin de compte son interprétation du sens figuré. C'est ce mélange entre transparence et opacité, combiné au mouvement général du concret vers l'abstrait, qui caractérise le plus souvent les locutions. On ne saurait mieux le formuler que P. Guiraud (1961:9) :

> « Ainsi, en face du signe arbitraire ou motivé, la plupart des locutions constituent une troisième catégorie de signes bâtards et incomplètement ou faussement motivés : elles ne sont point arbitraires puisque l'image signifiante tend à s'actualiser ; elles ne sont point motivées puisque cette image ne supporte pas le sens dans la conscience des sujets parlants ou le supporte à contre-temps. »

Nous retrouvons ici l'essentiel des idées développées par les tenants de la sémantique cognitive sur la (non-)compositionalité et l'opacité plus ou moins grande des locutions (ci-dessus 1.1) ainsi que sur leur plus-value[16] expressive ou informative (1.3 ; cf. Martin 1997:297). Il est vrai qu'à l'époque de Guiraud, les chercheurs ne disposaient pas encore d'outils permettant de mesurer avec précision les temps de réaction dans les tests d'amorçage associatif, mais les résultats des analyses, souvent obtenus par introspection et recensement des lectures ou des associations faites par d'autres, n'en sont pas moins pertinents pour autant. Dans ce domaine, l'idée centrale des chercheurs « non cognitivistes » est la caractérisation de l'image comme génératrice d'une indétermination toute fonctionnelle qui sert à accroître la densité sémantique[17]. C'est ce qu'expriment Rey / Chantreau (1979:X) en

16. À comparer au « contenu de représentation accessoire » que comportent selon Guiraud (1961:9) les images dans les expressions idiomatiques. Comme Guiraud, Rey (1977:200) insiste sur la qualité de la locution en tant que « le lieu de rencontre de l'arbitraire et du motivé ».

17. Cf. ci-dessus 1.3 ; on retrouve deux ou trois décennies plus tard des idées semblables chez les psycholinguistes américains ; cf. dans Gibbs / Colston 2006:846s la section sur « indeterminacy of figurative meaning and processing », où l'on explique le rapport causal entre les aspects indéterminés du langage figuré et son caractère sémantiquement dense (« pregnant with meaning »). Les auteurs ajoutent une observation empirique extrêmement intéressante : d'une

des termes proches de ceux de Guiraud : « Ce flottement, cette incertitude sémantique donne au monde des expressions figurées un caractère, non pas unique — puisque de simples mots entraînent ce type d'effet — mais particulièrement riche. » Concluons qu'en dernière instance, le « principe d'incertitude » (le terme ne se trouve pas chez les auteurs cités) est constitutif des effets sémantiques particuliers produits par les expressions idiomatiques prototypiques. En mécanique quantique, ce principe (la « Unschärferelation » du physicien Heisenberg) stipule que la dynamique des particules n'est ni prévisible ni déterminée. On peut en dire autant, du moins en synchronie, du sens figuré des locutions totalement opaques, soumises à une « incertitude » complète. Pour les autres, il y a prévisibilité et détermination partielles ou complètes en raison de leur motivation partielle ou complète. Mais quelle que soit l'ampleur de la motivation, dans l'esprit de Guiraud et Rey, le propre de l'incertitude transportée par les images est surtout la génération d'associations multiples. Nous voyons donc dans quelle mesure certaines idées-clés de la sémantique cognitive ont été anticipées par des linguistes qui devaient leurs modèles de pensée essentiellement au structuralisme des années 1950 et 1960 et qui savaient allier une vision d'ensemble du problème des expressions idiomatiques à la capacité d'une mise en perspective historique de leur formation.

3. Bref bilan comparé

Notre comparaison entre les apports de la sémantique cognitive et ceux provenant d'« autres approches » au problème de l'idiomaticité court le risque de paraître lacunaire ou peu équilibrée. Car elle s'appuie essentiellement d'une part sur de grands manuels internationaux récemment publiés (Traxler / Gernsbacher 2006, Geeraerts / Cuyckens 2007, Burger 2007), de l'autre sur deux ouvrages plus anciens et plus modestes, représentatifs des traditions de la recherche française en la matière (Guiraud 1961, Rey / Chantreau 1979). La démarche ne saurait se justifier que sous l'angle d'une interrogation bien pragmatique, faisant abstraction des aires culturelles et linguistiques dans lesquelles les matériaux furent rassemblés et les thèses formulées : où localiser les progrès qu'apporte le modèle plus récent, celui de la « sémantique cognitive », par rapport aux travaux antérieurs, d'inspiration structuraliste ? Quels sont les phénomènes mieux observés et plus pertinemment expliqués par les uns et les autres ?

Reconnaissons d'abord certaines avancées en terminologie, révélatrices de différenciations notionnelles plus fines et de prises de conscience plus

expression idiomatique figurée, l'auditeur tend à tirer davantage de conclusions implicites sur les tenants et les aboutissants de la situation que des paraphrases sans éléments figurés ; c'est que l'expression idiomatique, qui est d'une grande « rentabilité » communicative (González-Rey 2002:150), fait appel à l'imagination.

claires de problèmes qui n'avaient pas été appréciés à leur juste valeur. Nous pensons aux concepts de 'cadre' (*frame*), aux différenciations proposées par Nunberg e. a. (1994:498) entre *conventionality*, *opacity* et *compositionality*[18], à l'idée d'« enracinement » (*entrenchment*) ou à la nouvelle vision du vieux terme de « construction » dans les grammaires du même nom. Ce n'est pas que les faits ou les concepts visés par ces termes aient été inconnus auparavant, mais l'existence ou la nouvelle définition du terme peut améliorer la finesse de l'analyse. Cependant, pour équilibrer ce pan du bilan, il conviendrait d'insister sur les progrès terminologiques réalisés, par exemple en linguistique française, par des courants méthodologiques non affiliés au cognitivisme — progrès dont on trouve peu de traces dans les écrits qui affichent leur obédience cognitive ; cf. les travaux de Hausmann sur la collocation et les termes apparentés ou les nombreuses recherches françaises sur le figement (cf. Mejri 1997). Bref, les acquis terminologiques des divers camps méritent l'intérêt de la communauté scientifique entière, sans qu'il y ait un avantage clair de l'un sur l'autre.

Le bilan comparé se présente différemment quand on passe en revue les divers domaines de la recherche cognitive présentés ci-dessus. Car en ce qui concerne le fond du problème, *i. e.* la théorisation synchronique et diachronique du phénomène de l'idiomaticité et son explication, nous n'apercevons guère de progrès réels de la linguistique cognitive par rapport aux recherches antérieures dans les thématiques présentés en 1.1, 1.2 et 1.3. Quant au secteur-clé qu'est celui de la plus-value expressive et informative des expressions idiomatiques, tout se passe comme si les travaux cognitifs recensés ici réinventaient la roue ou du moins ne savaient pas exploiter l'acuité des observations propre à certains ouvrages « traditionnels » (cf. 2.).

En revanche, pour tout ce qui relève des études empiriques, surtout quantitatives, tels les tests psycholinguistiques (p. ex. l'amorçage associatif ; cf. Le Ny 2005:242), la supériorité des méthodes modernes, pratiquées souvent par des chercheurs travaillant aussi en linguistique cognitive, ne fait pas de doute.

En ce qui concerne enfin l'essor de la problématique de l'idiomaticité au sein des grammaires de construction, nous sommes confrontés à un phénomène nouveau pour lequel n'existe aucune comparabilité avec d'autres approches.

Notre bilan comparé est donc fortement contrasté selon les domaines : dans certains d'entre eux, la sémantique cognitive ne semble avoir apporté rien de fondamentalement nouveau — et pèche parfois par l'ignorance des recherches antérieures. Dans d'autres, proches de la psycholinguistique, les nouvelles voies paraissent très prometteuses, grâce surtout à la remarquable extension du champ des études empiriques et quantitatives.

18. On pourrait ajouter à cette série la distinction (cf. Fillmore e. a. 1988:505) entre « substantive idioms » (caractérisés par leur substance lexicale) et « formal idioms » (schémas syntaxiques) ; cf. ci-dessus 1.5.

4. Perspectives

Comment imaginer le futur des études sur l'idiomaticité en linguistique française ? Les desiderata de la recherche résultent des éléments du bilan présenté ci-dessus et prennent en compte les nouveaux moyens techniques, en particulier informatiques dont dispose notre discipline. Vu les apports précieux des différentes théories, il nous paraît hautement souhaitable de parvenir à une synthèse entre problématiques traditionnelles et modernes.

Le cheminement historique et la pluralité des lectures possibles des locutions, donc l'usage réel à certaines époques, ont toujours joué un rôle important dans les études traditionnelles et structuralistes (parfois « cognitives » avant la lettre). Quel meilleur moyen d'investigation sur ces questions pourrait-on imaginer que les banques de données telles que *Frantext* ? Depuis quelques années, la voie est donc largement ouverte aux études historiques sur les contextes, les situations, les univers du discours et les registres stylistiques dans lesquels évoluaient les locutions.

Ensuite, quant aux valeurs des locutions dans la langue de nos jours, les tests d'association, éventuellement sous la forme présentée plus haut en 1.4, devraient non seulement nous permettre de nous faire une idée plus précise de leurs interprétations par différentes catégories de locuteurs, mais aussi d'explorer leur « densité sémantique » (cf. 1.3) et leur capacité à suggérer des inférences aux interlocuteurs (cf. 2.).

Enfin, il serait souhaitable d'enquêter de façon approfondie sur les fonctions textuelles des locutions (cf. 1.3). Le réseau Internet nous fournit à cet égard des matériaux fantastiques, qui doivent toutefois être soumis à divers filtrages. Qui veut connaître, par exemple, les traits plus ou moins stéréotypés caractérisant les contextes gauches et droits de la locution *vendre la mèche* trouvera des milliers d'exemples sur *Google.fr* — alors que l'année 2002 du journal *Le Monde* (plus de 25 millions de mots) n'en contient que 4 occurrences.

Ce dernier exemple nous amène à soulever une question concernant le rapport entre la structure de la signification (compositionnelle, opaque, etc. ?) et l'usage de la locution, question qui a affleuré plus haut (1.2 et 1.4) : dans quelle mesure la stéréotypie du voisinage d'une locution (facteur de prévisibilité du sens de celle-ci sur fond de surdétermination[19] contextuelle ou situationnelle) parvient-elle à contrebalancer, le cas échéant, le caractère peu motivé de la locution (facteur d'imprévisibilité du sens) ? Le problème

19. Nous résumons par ce terme l'hypothèse, exposée plus haut, que de nombreuses expressions idiomatiques tendent à évoluer dans un environnement stéréotypé, parfois façonné par des scénarios ; dans la perspective de la linguistique du texte, l'expression idiomatique serait donc tendanciellement un stéréotype (cf. Schapira 1999) entouré d'éléments souvent relativement stéréotypés. Si cette hypothèse s'avérait adéquate, elle expliquerait l'étonnante capacité de certaines locutions, prises isolément, à évoquer toute une situation (cf. note 17) ; cette évocation correspondrait alors à la restitution, opérée par l'auditeur, des situations thématisées habituellement dans le voisinage de l'expression idiomatique.

ne manque pas d'intérêt dans la perspective de l'apprentissage des expressions idiomatiques en langue maternelle ou étrangère. S'il paraît soluble de nos jours, c'est grâce

- d'une part, aux possibilités ouvertes par l'existence de grands corpus lemmatisés, permettant de faire des calculs sur l'usage stéréotypé des mots et des locutions[20],
- d'autre part, à la valeur explicative des concepts retenus ci-dessus : « principe d'incertitude », « densité sémantique » et « surdétermination contextuelle ».

Selon l'hypothèse défendue ici, ces trois notions, interprétées cognitivement ou non, illustrent trois aspects fondamentaux et interdépendants de l'idiomaticité.

Références

BLUMENTHAL, P., 2006. *Wortprofil im Französischen*, Tübingen, Niemeyer.

BURGER, H. e. a. (éds.), 2007. *Phraseologie / Phraseology. Ein internationales Handbuch der zeitgenössischen Forschung*, Berlin, de Gruyter.

CROFT, W., 2001. *Radical Construction Grammar*, Oxford, OUP.

—, 2007. « Construction Grammar », in Geeraerts / Cuyckens, 463-508.

CROFT, W. / CRUSE D. A., 2004. *Cognitive Linguistics*, Cambridge, CUP.

DENHIÈRE, G. / VERSTIGEL, J.-C., 1997. « Le traitement cognitif des expressions idiomatiques. Activités automatiques et délibérées », in P. Fiala e. a. (s. l. d.), *La locution : entre lexique, syntaxe et pragmatique*, Paris, Klincksieck, 119-148.

DIRVEN, R. / WOLF, H.-G. / POLZENHAGEN, F., 2007. « Cognitive Linguistics and Cultural studies », in Geeraerts / Cuyckens, 1175-1202.

DOBROVOL'SKIJ, D., 2007. « Cognitive approaches to idiom analysis », in Burger, Art. 68.

EVANS, V. / GREEN, M., 2006. *Cognitive Linguistics. An Introduction*, Edinburgh, Edinburgh University Press.

FILLMORE, Ch. J. / KAY, P. / O'CONNOR, M. C., 1988. « Regularity and Idiomaticity in Grammatical Constructions : the Case of *let alone* », *Language* 64, 501-538.

FRANÇOIS, J., 2006. Compte rendu de Croft / Cruse 2004, in *Bulletin de la Société de Linguistique de Paris*, CI, 64-79.

GASKELL, M. G. (éd.), 2007. *The Oxford Handbook of Psycholinguistics*, Oxford, OUP.

GEERAERTS, D., 2008. « La réception de la linguistique cognitive dans la linguistique du français » [cf. http://www.linguistiquefrancaise.org].

GEERAERTS, D. / CUYCKENS, H. (éds), 2007. *The Oxford Handbook of Cognitive Linguistics*, Oxford, OUP.

GEERAERTS, D. / CUYCKENS, H., 2007a. « Introducing Cognitive Linguistics », in Geeraerts / Cuyckens, 3-24.

GIBBS, R. W., 2007. « Idioms and Formulaic Language », in Geeraerts / Cuyckens, 697-725.

20. Cf. Blumenthal (2006:283ss).

GONZÁLEZ REY, I., 2002. *La phraséologie du français*, Toulouse, PUM.
GROSS, G., 1996. *Les expressions figées en français*, Paris, Ophrys.
GUIRAUD, P., 1961. *Les locutions françaises*, Paris, PUF.
HÄCKI BUHOFER, A., 2007. « Psycholinguistic aspects of phraseology : European traditions », in Burger, Art. 70.
HAUSMANN, F. J., 2007. *Collocations, phraséologie, lexicographie. Études 1977-2007 et Bibliographie*, Aachen, Shaker.
LAKOFF, G. / JOHNSON, M., 1980. *Metaphors We Live By*, Chicago, The University of Chicago Press.
LAZARD, G., 2007. « La linguistique cognitive n'existe pas », in *Bulletin de la Société de Linguistique de Paris* CII, 3-16.
LE NY, J.-F., 2005. *Comment l'esprit produit du sens*, Paris, Jacob.
MARTIN, R., 1997. « Sur les facteurs du figement lexical », in M. Martins-Baltar (s. l. d.), *La locution entre langue et usage*, Paris : ENS, 290-305.
MEJRI, S., 1997. *Le figement lexical. Descriptions linguistiques et structuration sémantique*, Tunis, Publications de la Faculté des Lettres de la Manouba.
NUNBERG, G. / SAG, I. A. / WASOW, T., 1994. « Idioms », in *Language* 70, 491-538.
OBER, B. A. / SHENAUT, G. K., 2006. « Semantic Memory », in Traxler / Gernsbacher, 403-453.
RAT, M., 1957. *Dictionnaire des locutions françaises*, Paris, Larousse.
REY, A., 1977. *Le lexique : images et modèles*, Paris, Colin.
REY, A. / CHANTREAU, S., 1979. *Dictionnaire des expressions et locutions*, Paris, Robert.
SABBAN, A., 2007. « Textbildende Potenzen von Phrasemen », in Burger, Art. 18.
SCHAPIRA, Ch., 1999. *Les stéréotypes en français : proverbes et autres formules*, Paris, Ophrys.
SCHMID, H.-J., 2007. « Entrenchment, Salience, and Basic Levels », in Geeraerts / Cuyckens, 117-138.
SHILLCOCK, R., 2007. « Eye movements and visual word recognition », in Gaskell, 71-87.
TRAXLER, M. J. / GERNSBACHER, M. A. (éds), [2]2006. *Handbook of Psycholinguistics*, Amsterdam e. a., Elsevier.

Peter BLUMENTHAL
Romanisches Seminar, Universität Köln
peter.blumenthal@uni-koeln.de

POLYSÉMIE ET COGNITION

Abstract

Our contribution aims at investigating the semantic theories postulating that polysemy is an original categorization phenomenon gathering in one single category a multiplicity of referential categories. In the first section we introduce the broad outline of such a view and the assumptions underlying it. In the second section we assess the relevance of the arguments supposed to support this view. Finally, our investigation shows that this view is unfounded: the best way to apprehend polysemy is to view it as a multiplicity of categories that cannot be unified.

Introduction

Tout le monde aujourd'hui est d'accord pour reconnaître l'importance du phénomène polysémique dans la structuration du lexique. Ce n'est en effet plus la polysémie qui passe pour être exceptionnelle, mais bien les cas de monosémie. Il en résulte qu'elle se trouve placée au cœur même des affaires du sens: il n'est pas de conception du sens ou de modèle sémantique qui ne soit amené à lui réserver un sort central. Soit pour la légitimer, en explicitant les conditions auxquelles elle doit satisfaire et en décrivant les différentes facettes de son fonctionnement. Soit pour la nier[1], en promouvant un sens supérieur «monosémisant» ou, au contraire, en la faisant proliférer, de telle sorte qu'elle perd toute pertinence lexicale et devient simplement un phénomène discursif, lié au contexte, de lectures de circonstance et non de sens du lexème[2].

Nous n'entrerons pas directement dans ce débat[3], mais aborderons la question de la polysémie sous l'angle cognitif de la catégorisation: s'agit-il ou non d'un moyen de catégorisation du monde, de classification du réel, d'appréhension de la réalité? L'interrogation peut sembler de prime abord incongrue, parce qu'on ne voit pas immédiatement en quoi ni comment la polysémie pourrait être considérée comme un phénomène de catégorisation.

1. Voir ici notre présentation dans Kleiber (2008 a).
2. C'est ainsi que Kayser (1987) assigne à *livre* l'interprétation 'objet' (manuscrit, disquette) dans l'énoncé *Jean écrit un livre*, celle d'idées contenues dans ce livre lorsqu'il se combine a *influencer quelqu'un* (cf. *Ce livre a fortement influencé les Révolutionnaires de 1789*), celle de la commercialisation dans *Ce livre a été un fiasco pour l'éditeur*, etc. Voir à ce propos le débat que nous avons eu avec Kayser autour de 1990 (Kleiber, 1990 a).
3. Que nous avons déjà longuement instruit ailleurs (Kleiber, 1999, 2000, 2002, 2004, 2005 et 2008 a).

La vue courante est qu'un polysème rassemble des catégories différentes, mais il est plus difficile de concevoir qu'il puisse lui-même constituer une catégorie. L'avènement du courant cognitiviste et la percée des sémantiques aréférentielles et adénominatives ont pourtant ouvert la voie à des conceptions de la polysémie qui y voient principalement un instrument de catégorisation, une modalité d'accès originale aux choses et objets du monde.

Notre objectif sera d'examiner les tenants et les aboutissants d'une telle conception, que l'on retrouve peu ou prou, explicitement, dans la version étendue de la sémantique du prototype (voir essentiellement chez Lakoff, 1987) ou chez Honeste[4] (voir bibliographie), ou, de façon implicite et nettement moins catégorique[5], dans les approches sémantiques non objectives ou «non chosistes», qui, comme, par exemple, la sémantique indexicale initiée par Cadiot (voir bibliographie), refusent la pluralité sémantique postulée par les approches standard de la polysémie, comme un des deux traits définitoires du phénomène[6].

Nous essaierons de dégager, dans une première partie, d'une manière synthétique, qui, par ses aspects forcément réducteurs, pourra paraître aux yeux de certains par trop cavalière, les grandes lignes d'une telle conception et les hypothèses qui la sous-tendent. Nous entamerons ensuite, dans la seconde partie, une discussion sur le bien fondé des traits et des hypothèses mis en avant dans la première. Notre conclusion sera que la dimension non référentielle et non dénominative que suppose toute approche catégorielle de la polysémie ne se révèle finalement pas pertinente et que le phénomène polysémique repose crucialement, non sur l'*artefact* d'un «amont» sémantique subsumateur, catégoriel ou non, mais bien sur une irréductible pluralité de sens non unifiables.

1. Traits et hypothèses

1.1. *Omniprésence du phénomène polysémique*

A la base des différentes conceptions «unifiantes» de la polysémie se trouvent deux idées dont la conjonction pousse à dépasser les vues classiques que l'on peut avoir du fait polysémique. Il y a, en premier lieu, l'idée

4. Dont nous avons analysé en détails la théorie des *schémas conceptuels intégrés* dans Kleiber (2008 b).

5. Moins catégorique (dans les deux sens du terme!), parce que les promoteurs d'une telle sémantique ne vont pas jusqu'à parler de catégorie pour la polysémie. Cadiot et Nemo (1997 a: 144) insistent sur le fait que, dans leur conception, «le sens des mots n'est pas un problème de catégorisation». Il reste que, comme nous le verrons, ils partagent la plupart des hypothèses qu'entraîne l'adoption de la polysémie catégorielle.

6. Rappelons ces deux traits, «consensuels» au moins comme point de départ provisoire. La polysémie nécessite:
-i- que l'on reconnaisse qu'une forme lexicale (un mot pour aller vite) présente plusieurs sens
-ii- que ces sens soient reliés d'une manière ou d'une autre entre eux.

que l'omniprésence de la polysémie dans les langues naturelles n'est pas due au hasard et que sa raison d'être est sans doute d'ordre cognitif: si les langues naturelles recourent aussi fréquemment à la polysémie, c'est qu'elle doit refléter leur façon de se représenter, d'appréhender le monde. En deuxième lieu, joue, sur un plan sémiotique, l'unicité formelle que représente le mot. Cette unicité indiquerait de façon iconique que les différents types de choses auquel renvoie un mot polysémique ont à faire ensemble, sont en somme également «unis».

La conjonction de ces deux idées ouvre la voie aux approches non dégroupantes de la polysémie et invite, tout particulièrement, à y voir un moyen soit de catégoriser autrement le monde, soit de fournir un mode d'accès ou principe commun pour l'identification des objets regroupés par le polysème. Dans le premier cas, elle apparaît comme le «résultat de notre mode d'organisation du monde» (Honeste 2000, 25), comme «un mode de catégorisation linguistique particulier [...] qui nous informe, non pas sur le monde, mais sur la façon dont nous le réorganisons» (Honeste 2000, 25). Elle constitue la «norme de catégorisation dans le lexique» (Honeste 2000, 26) et non plus l'exception. Et, du coup, parce qu'elle «reflète *un mode de catégorisation propre au lexique courant*, et, au-delà, qu'elle constitue *l'expression linguistique de nos modes de représentation du monde*[7] [...elle] devient un phénomène particulièrement intéressant à analyser, au titre d'observatoire privilégié, sinon unique, de nos modes de représentation et des processus cognitifs qui les sous-tendent» (Honeste 2000, 27). Dans le second cas, qui ne va pas jusqu'à la catégorisation, elle procure une fonction indexicale commune, donc monosémisante, qui indique «un accès à des caractéristiques ancrées dans la relation du sujet à des objets de discours» (Cadiot et Nemo, 1997 c: 139). Dans la version catégorielle, un mot comme *loup* aura comme membres de la catégorie qu'il constitue: un animal canidé sauvage, un poisson de la Méditerranée, un masque, un filet de pêche, un homme ambitieux et sans scrupules, un misanthrope solitaire, etc. (Honeste, 2000: 25). Dans la version indexicale, un mot comme *pépin* qui permet de renvoyer aussi bien à une graine dans un fruit qu'à une difficulté aura comme rapport ou accès commun la propriété d'être difficile ou désagréable à avaler (Cadiot et Nemo, 1997 a: 131). Dans les deux cas, soulignons-le, les polysèmes ont la particularité de rassembler, par un principe commun, la référence à des objets très divers, normalement disjoints.

1.2. *Ressemblance de famille*

Les versions non catégorielles justifient le rassemblement opéré par un invariant sémantique (des *propriétés extrinsèques* chez Cadiot et Nemo, 1997 a, une *forme schématique* chez Franckel et Paillard, 1997 ou Victorri, 1997, les *praxèmes* de la praxématique chez Siblot, 1990, 1995 a et b, 1997).

7. C'est l'auteur qui souligne.

Elles n'ont donc guère besoin de justifier plus avant le rassemblement opéré: les différents types de référents rassemblés par un polysème possèdent tous l'invariant postulé, qui sert ainsi de ligateur monosémique justifiant l'unité lexicale[8].

Il en va différemment avec les versions catégorielles, la question posée, étant celle du type de catégories dont il s'agit. Une première réponse, choisie par la version étendue ou *version polysémique* de la sémantique du prototype (Kleiber, 1990 b), est apportée par la solution wittgensteinienne des catégories de type *ressemblance de famille* qui permet d'avoir une catégorie dont les membres «peuvent être reliés les uns aux autres sans qu'ils aient une propriété en commun qui définisse la catégorie» (Lakoff, 1987: 12). Autrement dit, on peut concevoir des catégories rassemblant des entités, ou types d'entités, reliées entre elles de telle sorte que la première que l'on appréhende peut ne plus rien avoir à faire directement avec la dernière (sur le modèle par exemple d'une organisation AB BC CD DE où chaque membre a un moins une propriété en commun avec un autre membre de la catégorie). En termes de types de référents, cela signifie qu'une catégorie peut regrouper des types de référents différents sans correspondre elle-même à un type de référent unificateur. Le mot *souris*, par exemple, ne renvoie pas à un type de référents unique et les référents souris-'animal', souris-'jeune fille/ jeune femme' et souris-'ordinateur' qu'il réunit sont unis entre eux uniquement par une relation d'air de famille, puisque, si souris-'animal' se trouve relié aussi bien à souris-'ordinateur' qu'à souris-'jeune fille/jeune femme', il n'y a apparemment aucun trait commun par contre entre souris-'ordinateur' et souris-'jeune fille/jeune femme'.

Le point faible de la conception des catégories «air de famille» est qu'elle ne permet nullement de justifier les limites de la catégorie cognitive ainsi construite. Si elle explique les enchaînements opérés entre les membres de la catégorie, elle ne fournit aucun indication sur ce qui installe des frontières à la catégorie (Kleiber, 1990 b et 2004): il serait en effet possible *a priori* de réunir dans une seule catégorie tous les types de référents possibles en imaginant un enchaînement deux par deux qui de proche en proche s'étendrait à l'ensemble de ces référents et qui donc aboutirait à un polysème unique!

Ce défaut n'est évité que si l'on bride la trop grande puissance du modèle «ressemblance de famille» en postulant un mode de catégorisation transversale, qui ne peut plus être seulement local (deux par deux), comme il peut l'être dans la catégorisation à la Wittgenstein, et qui, étant donné l'hétérogénéité des référents rassemblés, ne peut plus non plus être objectif. Il faut donc d'une part une catégorisation qui traverse en somme toute la catégorie et qui, de l'autre, s'appuie sur des propriétés subjectives seules capables de

8. Il s'agit donc en quelque sorte et jusqu'à un certain point d'une catégorie, l'invariant constituant la condition nécessaire et suffisante qui se trouve satisfaite par les différents emplois ou «sens» rassemblés.

surmonter l'hétérogénéité objective des différents types de référents rassemblés. Un tel modèle, est-il besoin de le souligner?, rejoint d'une certaine manière, les conceptions polysémiques non catégorielles à invariant monosémique.

Honeste (2000, 2003 et 2005) opte résolument pour un tel modèle: elle défend l'idée d'une catégorisation en quelque sorte «horizontale» et, d'autre part, intègre, dans une perspective phénoménologique, les *schémas conceptuels intégrés* comme ciment en quelque sorte unificateur de la catégorie. Une telle caractérisation a pour effet, comme prévu, de la rapprocher, *via* la notion centrale d'*expérience*, des théories non catégorielles du sens, mentionnées *supra*, théories plutôt dirigées vers l'abandon de la polysémie au profit de sens non objectifs susceptibles de recouvrir tous les types de référents rassemblés.

1.3. *Catégorisation «horizontale»*

Que faut-il entendre par catégorisation transversale? L'hypothèse de M.-L. Honeste, est de postuler qu'à côté de la catégorisation verticale, du type hyponymie / hyperonymie, le phénomène de polysémie représente un mode de catégorisation transversal, horizontal[9] en quelque sorte, qui traverse les frontières des domaines cognitifs pour réunir des entités appartenant à des domaines différents. Il s'agit donc d'un type de catégorisation qui ne répond pas à la dimension des taxinomies habituelles, mais qui présente la particularité de constituer des catégories transdomaniales, dépassant les frontières de l'abstrait et du concret, de l'espace, du temps et des notions, qui met en réseau des entités que le système de classification classique présente comme incompatibles. «Ce système de catégorisation, précise-t-elle (Honeste, 2000: 26), est [...] le mode d'organisation le plus 'linguistique' du lexique, constituant des réseaux transversaux dans le système lexical, qui coupent les champs génériques fondés sur des taxonomies naturelles». Le célèbre[10] exemple du mot *canard* lui permet d'illustrer la catégorisation en jeu: «Ainsi, si on considère que le mot *canard* désigne *en propre* une certaine espèce animale, on ne tiendra compte alors que de la classification verticale qu'il génère au titre d'hyperonyme, incluant les hyponymes *colvert*, *sarcelle*, *eider*, etc. Or, ce qui caractérise le lexique, c'est qu'il est constitué aussi, et d'abord, d'autres types de relations, dont la polysémie, comme on l'a vu, est une des manifestations les plus récurrentes. Ainsi si l'on reprend l'exemple de *canard*, on constate qu'il génère un autre mode de catégorisation: *journal*, *fausse note* ou *sucre trempé dans le café ou l'alcool*, etc. [...] Ce second mode de catégorisation est très différent du premier: transversal

9. C'est nous qui utilisons ce terme.

10. Il a servi d'illustration-vedette dans le modèle sémantique proposé par Katz et Fodor (1966-1967) avec leurs fameux *markers* et *distinguishers*. Voir aussi l'analyse qu'en a faite Picoche (1977).

et non hiérarchisé, fondé non pas sur des traits définitoires, mais sur l'établissement de similitudes à partir de caractéristiques de notre expérience subjective.» (Honeste, 2000: 27)

Avec ce nouveau mode de catégorisation donné comme la caractéristique principale de la structuration de la sémantique lexicale, on évite un des principaux reproches adressés aux classiques approches dénotatives du sens, celui de concevoir le lexique comme une nomenclature, puisqu'à l'évidence la catégorisation des objets du monde à l'aune de la classification polysémique aboutit à un lexique qui «est tout sauf une nomenclature des objets du monde» (Honeste, 2000: 26). On quitte aussi, on le voit, le champ tracé au cordeau de l'objectif pour gagner les terres moins géométriques du subjectif.

1.4. *Une catégorisation subjective*

L'incompatibilité objective que représente l'hétérogénéité des référents rassemblés par un polysème se trouve battue en brèche, parce que l'essentiel de la catégorisation opérée par le lexique, la catégorisation polysémique donc, s'opère sur le mode subjectif et non objectif. La jonction est opérée ici avec tous les courants, pro- ou antipolysémiques, qui revendiquent un rapport au monde fondamentalement subjectif, non référentiel, où le point de vue et l'expérience du percepteur construisent l'objet. Pour Honeste (2000: 26), «le lexique décrit la façon dont nous traitons conceptuellement nos expériences. Il est donc une représentation de notre rapport subjectif au monde». Cadiot et Nemo (1997 a) assignent aux mots une fonction *indexicale* «d'indiquer des accès» (1997 a: 144: «loin de procéder par abstraction à partir d'une *Gestalt* commune hypothétique, ou par relâchement à partir d'un prototype, l'emploi d'un mot a pour fonction d'indiquer comment l'objet doit être pris et/ou perçu». Leur hypothèse est que «le mot (notamment le nom) renvoie directement aux types de relations 1° que le locuteur entretient avec les référents variés que tel mot lui permet de construire, 2° que ces référents entretiennent avec leur environnement» (1997 a: 127).

L'élément déterminant dans la constitution polysémique est donc l'expérience. Elle sert de pivot catégoriel et explique la formation de catégories (ou de mots polysémiques) qui s'érigent au-dessus de l'hétérogénéité des catégories référentielles classiques. L'idée est que ce qui est commun et qui est donc visé par l'expression linguistique polysémique utilisée est l'expérience qui se retrouve identique à travers les domaines cognitifs donnés comme incompatibles par une perspective obstinément et taxinomiquement référentialiste. On aura reconnu l'influence des thèses phénoménologiques, en particulier celle de Merleau-Ponty, dont se réclament la plupart des promoteurs d'un tel sens expérienciel ou indexical, comme le rôle majeur joué ici par l'approche cognitiviste des métaphores de Lakoff et Johnson (1985). A la base de ces théories, fort diverses dans l'exploitation qu'elles en font en aval, l'idée qu'il y a des perceptions, des expériences qui traversent les champs des classifications objectives ou référentielles classiques, qui correspondent à des appréhensions, à des rapports avec les choses qui se retrouvent de domaine en domaine, de notion à notion et qui ne sont donc pas des objets, des choses du monde, mais des manières de sentir, d'être en indexicalité avec les différentes classes de choses. Et qui, non seulement expliquent pourquoi un même terme peut être appliqué à des champs ou domaines différents, mais qui permettent même d'aller jusqu'à dire que le véritable sens de ce terme correspond à l'expérience fédératrice, transversale et qu'il n'y a pas donc pas lieu de parler de transfert ou de dérivation sémantique.

L'exemple du mouvement vertical (haut et bas) avancé par Merleau-Ponty (1945) est bien souvent mobilisé pour défendre une telle thèse expériencielle ou indexicale du sens. Dans sa thèse sur les verbes d'expérience visuelle, Farge (2004) s'appuie explicitement sur le passage suivant de Merleau-Ponty pour défendre la thèse d'un sens phénoménologique, transcatégoriel, et non objectif ou catégoriel: «Le mouvement vers le haut comme direction dans l'espace physique et celui du désir vers son but sont symboliques parce qu'ils expriment tous deux la même structure essentielle de notre être comme être situé en rapport avec son milieu, dont nous avons vu qu'elle donne seule un sens aux directions du haut et du bas dans le monde physique. Quand on parle d'un moral élevé ou bas, on n'étend pas au psychique une relation qui n'aurait de sens plein que dans le monde physique, on utilise 'une direction de signification qui, pour ainsi dire, traverse les différentes sphères régionales et reçoit dans chacune une signification particulière (spatiale, auditive, spirituelle, psychique, etc.)'.» (Merleau-Ponty 1945: 329)[11]. Qu'est-ce à dire? Que *haut*, par exemple, n'a pas à être décrit comme ayant un sens concret[12], lorsqu'il s'applique à *montagne* (*haute montagne*) et un autre sens, abstrait, celui-là, lorsqu'il porte sur une opinion (*haute opinion*), mais qu'il s'agit d'une seule expérience phénoménologique, qui est commune à différents domaines, ainsi que le défend Honeste dans son article de 2005[13].

11. Le morceau entre guillemets est une citation que Merleau-Ponty reprend à L. Binswanger, *Traum und Existenz.*

12. C'est la raison pour laquelle Farge renonce à parler de verbes de *perception visuelle* au profit des verbes d'*expérience visuelle.*

13. «Les mots dits de l'espace, comme l'adjectif *haut*, sont donc capables de rendre compte d'autre chose que de l'espace, et leur application à des domaines aussi divers que la montagne, les salaires ou l'opinion crée l'illusion d'une polysémie. Cette propriété du lexique est en effet traditionnellement analysée en termes de polysémie: l'hypothèse classique est que les mots désignant l'espace sont employés métaphoriquement dans d'autres domaines que celui d'origine. Cette hypothèse relève d'une approche référentialiste, où l'on considère que le mot désigne directement un référent du monde à travers son sens propre et qu'il ne devient apte à désigner d'autres réalités qu'ensuite, par figures ou au prix de déformations de son signifié. Or, de notre point de vue, cette approche ne rend pas du tout compte des processus réellement mis en œuvre lorsqu'un même mot s'applique à divers domaines d'expérience et surtout ne permet pas de justifier le phénomène. L'hypothèse défendue ici est que le lexique, loin d'être purement référentiel, est la manifestation et le résultat d'une approche cognitive complexe des expériences du monde et qu'il en véhicule des représentations aptes à structurer de nombreux domaines d'expérience.» (Honeste, 2005:99).

Il s'ensuit que le lexique ne catégorise pas comme le fait un catalogue, mais selon une perspective expériencielle du monde qui conduit à construire des représentations mentales de ces expériences, qui ont l'avantage de brider la trop grande puissance des simples catégories de type *air de famille* en fournissant les limites qui, comme nous l'avons vu ci-dessus, manquent à ces catégories. Et, avec ces représentations mentales ou accès communs fondés sur l'expérience et destinés à s'appliquer à différents domaines cognitifs, on dispose, du même coup, d'une explication cognitive, phénoménologique, des polysèmes, c'est-à-dire de la réunion, en une seule catégorie ou sous un seul mot, de types de référents hétérogènes, réputés incompatibles dans une vision étroitement référentialiste des choses.

1.5. *Promotion des traits dits «secondaires»*

Les traits qui constituent ces représentations expériencielles ou accès communs ne peuvent être que subjectifs également: ce ne sont pas les traits définitionnels, descriptifs, dénotatifs (ou encore vériconditionnels) des lexicographes; ils se placent plutôt du côté des traits afférents, connotatifs, stéréotypiques. Mais, comme ils sont les responsables de la catégorisation polysémique, ces traits, considérés comme non vitaux dans les définitions lexicales classiques, voient leur statut changer radicalement: ils deviennent les traits essentiels et détrônent les traits inhérents ou définitoires standard, jugés non pertinents, car trop référentiels, trop descriptifs ou encore trop dénominatifs. Les *propriétés extrinsèques* de Cadiot et Nemo (1997 a), c'est-à-dire ces «représentations qui émergent seulement du rapport entretenu par le sujet avec les objets en cause» (1997 a: 144), l'emportent ainsi sur les *propriétés intrinsèques* ou propriétés objectives, extensionnelles ou référentielles des objets, à savoir donc les sèmes, les *distinguishers*, les conditions nécessaires et suffisantes, etc.

La plupart des sémantiques aréférentielles partagent un tel point de vue et privilégient ces traits non objectifs, non descriptifs, non catégoriels. On ne citera ici que l'analyse du mot *fleuve* faite par Noailly (1996) qui débouche sur un résultat qu'elle juge surprenant, à savoir que finalement les sèmes afférents 'abondance' et 'durée continue et orientée' sont plus importants, car plus permanents, que les traits définitionnels du type 'cours d'eau qui se jette dans la mer'. Elle constate en effet que le sens «propre» de 'cours d'eau qui se jette dans la mer', ne vaut que pour les emplois «géographiques» stricts, alors que les traits stéréotypiques «traversent tous les emplois du mot» (Noailly, 1996: 36), puisqu'ils existent aussi bien dans les emplois «propres» que dans les emplois métaphoriques où ils fonctionnent comme contenu principal.

La prépondérance des traits explicateurs des relations internes d'un polysème a pour conséquence méthodologique, promue dans la plupart des approches du paradigme aréférentiel, de recourir de façon prioritaire aux expressions figées, aux collocations et aux emplois «non propres» pour découvrir le «véritable» signifié d'un mot. L'idée est que l'on en apprend plus sur le sens d'une expression en analysant ses emplois non standard qu'en s'arc-boutant sur ses emplois jugés réguliers, canoniques. Elle a aussi pour conséquence d'orienter vers une conception non référentielle, non catégorielle du sens, en donnant à penser que ces traits subjectifs, extrinsèques ou afférents constituent *in fine* le vrai contenu sémantique de l'expression. C'est la réflexion à laquelle aboutit Noailly (1996: 37) en conclusion de son analyse de *fleuve*: «on finirait même par penser, à la fin de cette enquête, que le sens le plus stable du mot *fleuve* serait celui qui rassemble les deux traits, d'abondance et de durée continue et orientée, indépendamment de la désignation du cours d'eau.». Chez Cadiot et Nemo, le doute n'est plus de mise: «Le sens, selon eux (1997 a: 129), se calcule [...] à partir des seules propriétés extrinsèques».

Pour le sens en général, de telles conceptions amènent les conséquences suivantes:

i. Le sens d'un mot n'est plus conçu comme un sens dénotatif ou référentiel ou vériconditionnel, ou encore catégoriel (dans le sens des objets du monde), mais il correspond à un schéma abstrait ou une instruction d'accès qui représente notre expérience multimodale ou multidomaniale[14] des choses.
ii. La fonction ou vocation d'un mot n'est plus, en premier lieu celle de dénommer.
iii. Les oppositions sens propre / sens figuré, sens abstrait / sens concret et sens premier / sens dérivés sont caduques.
iv. Les traits essentiels ne sont plus les traits catégoriels, référentiels, descriptifs, mais les traits (stéréo)typiques, afférents, jugés secondaires ou périphériques dans les conceptions classiques du sens lexical.

2. En écho-écot: l'irréductibilité des faits polysémiques

Une telle conception «unifiante» de la polysémie a un côté spectaculaire qui n'est pas pour peu dans l'écho favorable qu'elle trouve dans un grand nombre de recherches sémantiques actuelles. Mais est-elle vraiment pertinente? Nous voudrions montrer dans cette seconde partie[15], premièrement, que l'assimilation de la polysémie à une catégorie, même cognitive, n'est absolument pas justifiée, et, deuxièmement, que l'hypothèse d'un sens non dénominatif, non catégoriel, non descriptif et la promotion des traits subjectifs, «phénoménologiques», expérienciels, afférents, extrinsèques, stéréotypiques, etc., comme

14. Avec comme corollaire la mise sur la touche de l'opposition *abstrait* / *concret*, jugée non pertinente linguistiquement.

15. Nous reprenons ici et prolongeons la discussion entamée dans Kleiber (1990 b, 2002 et 2008 b).

formant le véritable sens des unités lexicales polysémiques ne se révèlent guère appropriées.

2.1. *Quelques arguments contre une unifiabilité catégorielle et/ou sémantique des polysèmes*

La vision d'une polysémie correspondant à une catégorie cognitive se trouve battue en brèche, premièrement, par l'impossibilité d'unifier psychologiquement en une seule catégorie les différents types de référents hétérogènes rassemblés par un polysème. Il est intuitivement difficile de faire correspondre à *souris* une seule catégorie dont seraient membres la souris-'animal', la souris-'ordinateur' et la souris-'jeune fille mignonne'. Ou l'on pense à la première, ou à la seconde, ou à la troisième, mais il n'est pas possible de s'imaginer une catégorie qui correspondrait aux trois simultanément. Cette non-unifiabilité «attentionnelle» est à nos yeux un indice assez fort pour ne pas voir dans un polyséme une authentique catégorie *mentale*.

Le deuxième argument qui va dans ce sens est l'action de catégorisation elle-même. Catégoriser, c'est placer une occurrence dans une catégorie. L'occurrence peut être de deux types, elle peut représenter elle-même une catégorie — on a affaire alors à l'inclusion (cf. *un moineau est un oiseau*) — soit représenter une occurrence spécifique, un *token* — c'est alors l'appartenance (cf. *Tweety est un oiseau*). Le point décisif est qu'une catégorie doit toujours pouvoir servir à rassembler des *tokens*, c'est-à-dire des occurrences spécifiques, puisque la réalité ne nous présente que des *tokens*. Or, si l'on considère sous cet angle, les polysèmes, on constate qu'ils ne peuvent servir à catégoriser des occurrences spécifiques. On peut certes dire qu'ils rassemblent des catégories, puisque ce sont des catégories de référents différents qui renvoient au même mot[16], mais ils ne sauraient servir à catégoriser directement une occurrence spécifique, c'est-à-dire qu'on ne peut la considérer comme membre de la catégorie que représente le polyséme. Une occurrence spécifique est nécessairement classée ou catégorisée dans une des sous-catégories de référents qui correspondent au polysème et ne peut pas être appréhendée comme membre du polysème lui-même. Devant, par exemple, une occurrence spécifique de *souris*-'animal', un locuteur ne

16. Mais, il faut le souligner, qui ne peuvent évidemment donner lieu à la *Be-Hierarchy* («Hierachie-être») (Bever et Rosenbaum, 1971) caractéristique de la structuration lexicale inclusive, puisqu'il n'y a qu'un lexème en jeu. Le résultat ne pourrait être qu'un énoncé du type *un a est un a* (cf. *une souris est une souris*), où le premier *a* renverrait à une des sous-catégories rassemblées (par exemple *souris*-'animal') par le deuxième *a*, qui correspondrait, lui, à la catégorie polysémique tout entière (*souris* dans tous ses sens ou catégories). Une telle interprétation n'est cependant pas de mise, un énoncé comme *une souris est une souris* ne pouvant s'interpréter sur un mode inclusif ou hypo-/hyperonymiue. On tient là, sans doute, une des raisons pour lesquelles Cadiot et Nemo (1997 a) refusent, comme mentionné en note ci-dessus, de parler de catégorisation pour le sens des mots et donc pour la polysémie, même s'ils promeuvent une approche unitaire ou monosémisante des faits polysémiques.

pourra pas la reconnaître comme étant une occurrence de la catégorie cognitive que constituerait le terme polysémique *souris*, mais il la catégorisera au niveau des sous-catégories rassemblées du polysème, en l'occurrence ici comme un exemplaire ou un membre de la catégorie des *souris*-'animal'. Il n'en va pas ainsi avec les termes hyperonymiques, qui peuvent, eux, servir à classer ou catégoriser directement des occurrences spécifiques, sans passer par une des sous-catégories ou hyponymes qu'ils subsument. Notre locuteur pourra ainsi catégoriser directement une occurrence spécifique de moineau comme étant un oiseau. Ce fait, outre qu'il confirme la primauté «psychologique» des catégories référentielles formant un polysème, prouve que l'on ne peut, ni d'une manière ni d'une autre, assimiler la polysèmie à une catégorisation du réel: si les polysèmes ne sont pas des catégories, c'est tout simplement parce qu'à leur niveau ils ne permettent pas de classer ou de catégoriser les *tokens*. Une telle catégorisation s'effectue toujours au niveau des sens ou des catégories hétérogènes qui constituent le polysème.

Notre troisième argument ne fait que prolonger le deuxième. L'érection d'un polysème en véritable catégorie ou sa réduction à un monosème a pour conséquence de dégrader en quelque sorte les catégories référentielles ou sens qui le composent, de les faire passer pour des faits secondaires, non décisifs. Les emplois de *fleuve* pour 'fleuve' ne seraient ainsi plus que des accidents, pour Noailly (1996: 37): «la facilité avec laquelle ce nom se prête à de telles interprétations attributives semblerait confirmer l'hypothèse selon laquelle les emplois où il renvoie à un objet du monde extérieur (emplois 'propres') ne seraient que des accidents, des avatars d'une structure sémique en même temps plus abstraite et plus complexe, structure qui est inspirée sans aucun doute par l'objet concret 'fleuve', mais qui construit à partir de là un concept largement autonome». Ce rabaissement des catégories ou sens d'un polysème à un niveau qui n'est que secondaire par rapport à la catégorie supérieure ou sens unifiant sensé correspondre au polysème ne s'accorde toutefois pas avec le processus de reconnaissance du fait polysémique. Sans la reconnaissance préalable des catégories ainsi dégradées, il n'y aurait absolument pas reconnaissance de la polysémie (ou, de façon plus générale, du sens multiple). La meilleure preuve de cette primauté cognitive des différentes catégories ou sens polysémtiques réside dans la possibilité de pouvoir accéder à une de ces catégories ou sens, c'est-à-dire dans la possibilité de comprendre et de pouvoir utiliser le mot dans la catégorie ou sens voulu, sans forcément connaître le lien qui le rattache aux autres catégories ou sens du mot. Nous en avons fait l'expérience récemment avec le mot *maraude* utilisé abondamment aujourd'hui pour désigner la ronde qu'effectuent les personnes d'organismes humanitaires pour distribuer couvertures, repas aux SDF ou pour les inviter à rejoindre une structure d'accueil pour la nuit. Nous avons tout à fait compris de quoi il s'agissait, mais nous avons été incapable de rattacher cette catégorie à une autre appelée *maraude*. La consultation du Petit Robert nous a mis sur la voie: c'est le lien avec *taxi en maraude* (= taxi qui circule à vide, lentement à la recherche de clients) qui nous a apporté une réponse. L'important ici est de voir que ce qui est cognitivement primordial pour le fonctionnement sémantique de *maraude* dans le sens en question, ce n'est pas le lien avec une catégorie supérieure ou un sens coiffant unifiant, mais bien la reconnaissance de la catégorie pour laquelle le mot est employé. Le fait qu'elle puisse se faire sans autre connaissance préalable prouve bien que les catégories ou sens qui forment un polysème ne sont pas secondaires, comme il est dit. Qu'on le veuille ou non, il faut reconnaître à ces catégories constitutives de la réunion polysémique une primauté cognitive dont les privent injustement les approches catégorielles et unifiantes de la polysémie.

Un quatrième argument est apporté par la difficulté, bien connue, de séparer les cas de polysémie de ceux d'homonymie. Si la polysémie est réellement une affaire de catégorie cognitive, c'est au locuteur qu'il revient et non seulement au sémanticien de «ressentir» ce qui fait que les référents ou sens d'un polysème se trouvent reliés ensemble. Or, les jugements sur la jonction ou disjonction des sens ou types de référents exprimés par une forme ne coïncident pas toujours, selon que l'on est du côté du spécialiste ou de celui du locuteur *lambda*. Même s'il existe des situations où les deux se rejoignent dans leur jugement, comme, par exemple, sur *boîte*, où le lien qui existe entre *boîte*-'récipient de matière rigide (carton, bois)' et *boîte*-'entreprise ou lycée' reste transparent pour les deux, dans beaucoup de cas par contre, on constate une divergence de position assez nette. On peut reciter ici notre exemple de *maraude* qui illustre bien cet état de faits. Mais il en va ainsi aussi pour l'exemple de *loup*: personnellement, je ne sais pas quel lien justifie l'intégration dans la polysémie de *loup* de *loup*-'filet de pêche' et, pour ce qui est de *loup*-'poisson', je croyais faussement que c'était un élément de forme, alors que le Petit Robert m'a appris qu'il s'agissait de la voracité. Il me semble difficile dans ces conditions de maintenir l'idée de catégorie *mentale* à propos de la polysémie.

S'agit-il pour autant d'une véritable catégorie sémantique? Ou, en termes moins forts, d'une réelle «unité» sémantique? Dans certains cas au moins, comme celui de *souris*, il faut reconnaître que la tâche unificatrice pour trouver un seul schéma ou un seul mode d'accès expliquant les trois «sens» ou type de référents dénommés *souris* apparaît plus que difficile. Si l'on comprend fort bien ce qui relie *souris*-'animal' à *souris*-'ordinateur' et *souris*-'animal'à *souris*-'fille', il nous semble beaucoup plus difficile de postuler un principe indexical ou un schéma expérienciel qui soit commun aux trois et qui permettrait ainsi de relier *souris*-'ordinateur' à *souris*-'fille'. Si nous reprenons l'exemple-fétiche de Honeste, à savoir *loup*, on peut se demander quel est le schéma conceptuel intégré qui permet transversalement d'unifier les différents types de référents rassemblés par le mot *loup*. Nulle réponse claire n'est donnée qui préciserait quel est ce schéma ou quels sont ces traits expérienciels organisateurs de la polysémie en un seul réseau. Peut-on raisonnablement penser que *loup* soit le signe d'un seul mode d'accès ou d'une seule expérience ou encore d'un seul schéma conceptuel qui se retrouve transdomanialement dans *loup*-'canidé', *loup*-'poisson', *loup*-'masque', *loup*-'filet de pêche', *loup*-'maillot de marin', auxquels on ajoutera *loup*-'malfaçon dans un ouvrage de construction, de couture'[17], en métallurgie, *loup*-'agglomération de matière mal fondue se formant dans un minerai en fusion', et en typographie, *loup*-'lacune dans une copie'? On nous objectera sans doute qu'il n'y a pas un seul rapport ou accès ou schéma, mais deux ou trois ou encore quatre, qui organisent la structure de l'ensemble des référents rassemblés. Mais, ce faisant, il faut bien le voir, on en revient à une catégorie de type wittgensteinienne, à la ressemblance de famille qui ne justifie que les enchaînement locaux, mais non les limites mêmes de la catégorie. Et d'un point de vue sémantique, le résultat n'est nullement éloigné des analyses polysémiques classiques qui expliquent les différents types de liens qu'il peut y avoir entre les différents sens.

En fait, on ne peut unifier linguistiquement les véritables faits de polysémie. Cette non-unifiabilité, qui est la manifestation linguistique de la non-unifiabilité psychologique, s'exprime de différentes manières, syntagmatiques et paradigmatiques (Kleiber, 1999 et 2008 a), dont nous ne rappellerons ici que le *critère des sens antagonistes* (Cruse, 1986) ou *critère de cooccurrence compatible* (Mel'Cuk, Clas et Polguère, 1995), qui établit qu'en cas de sens multiple la cooccurrence discursive des différentes lectures ou interprétations se révèle impossible: les différents sens ne sont pas compatibles, unifiables. L'idée qu'il traduit est que, si deux lectures d'une même unité lexicale sont vraiment deux lectures autonomes, non unifiables, elles ne sont pas non plus compatibles lorsqu'on les met ensemble au niveau syntagmatique. Il revêt plusieurs formes. La coordination de constituants qui activent les différentes interprétations est souvent utilisée. C'est ainsi que si l'on reprend le cas de *boîte*-'récipient de matière rigide (carton, bois)' et *boîte*-'entreprise', la coordination de deux prédicats qui activent chacun une des deux lectures aboutit à un zeugme, qui révèle bien leur incompatibilité:

? Cette boîte emploie 150 personnes et est en carton rigide

La contrainte d'identité (Cruse, 1986) est une autre forme connue de ce test syntagmatique. Elle exige qu'en cas d'anaphore du type *aussi*, *tout comme, ainsi fait X...?* l'on ne puisse avoir une interprétation croisée, l'antécédent et l'anaphore ne pouvant être de lecture différente. L'énoncé:

Marie porte un vison, Berthe aussi

ne connaît que des interprétations d'identité. S'il s'agit du *vison*-'fourrure' pour Marie, il en va également ainsi pour Berthe et si c'est le *vison*-'animal', Berthe portera aussi l'animal. Se trouvent exclues par contre les interprétations où l'une porterait l'animal et l'autre une fourrure de cet animal (Kleiber, 1999: ch. IV).

17. D'où vient d'ailleurs *louper*!

La cause nous semble entendue: unifier, catégoriellement ou sémantiquement seulement, les différences catégories ou sens d'un polysème est une opération qui n'est ni cognitivement ni linguistiquement pertinente. Ce n'est pas parce que le polysème repose sur des liens établis entre les différentes catégories ou différents sens qui le constituent qu'il est lui-même une catégorie ou un seul sens qui renvoie directement à ces liens et non plus premièrement aux différentes catégories elles-mêmes.

2.2. *La question dénominative*

Quel crédit accorder à l'option adénominative qu'entraînent les conceptions unifiantes, catégorielles ou non, de la polysémie? Une telle prise de position bute sur plusieurs obstacles, exposés longuement ailleurs (Kleiber, 1999, 2000, 2001, 2003 a, b et c et 2008 b), dont nous n'en rappellerons que deux ici.

Le premier argument s'exprime au niveau du sens en général et concerne toute sémantique aréférentielle. Si le sens des mots, qu'ils soient polysémiques ou non, est non dénominatif ou non référentiel, alors il n'est théoriquement plus possible d'atteindre l'interprétation «référentielle» ou «descriptive» ou encore «vériconditionnelle» voulue. Autrement dit, il n'est plus possible d'expliquer ce que l'on comprend effectivement. Tout simplement, parce que, si dans une combinaison *abcd* tous les quatre constituants ont un sens adénominatif ou aréférentiel, on ne voit pas comment pourrait se faire la descente référentielle nécessaire vers l'interprétation descriptive véhiculée. Reprenons l'exemple de *haut*: si le mot auquel il s'applique en tant qu'adjectif (*X haut*) est du même niveau non référentiel ou adénominatif que lui, il n'est plus guère possible d'obtenir une valeur référentielle, domaniale précise pour *haut*, et, inversement, on ne peut pas non plus savoir quelle est la valeur référentielle de *X* étant donné que ce n'est pas *haut* qui peut la lui procurer. Partant, l'ensemble reste sans ... interprétation. Bizarre, non?

Le second argument est que, pour parler des choses du monde, nous ne disposerions quasiment plus de moyens langagiers pour en parler directement. L'accès aux «objets» de la réalité, qui correspondent aux différents sens ou catégories rassemblées par un polysème, ne se fait en effet plus directement, mais passe par le sens unifiant ou la catégorie supérieure que représente un polysème. Une telle situation est pour le moins paradoxale, puisque, d'un côté, on aurait des mots pour des «choses» dont on ne veut pas parler (à savoir le sens supérieur ou la catégorie du polysème[18]) et, de l'autre, on entend parler de «choses» pour lesquelles il n'y a pas d'expression directe. L'exemple du mot *maraude*, évoqué ci-dessus, prouve que l'on peut avoir accès directement à la chose «mondaine» dont on entend parler sans recourir à ou passer par une catégorie ou un sens supérieur unifiant les

18. Sauf évidemment, métalinguistiquement, par le sémanticien qui entend promouvoir une telle catégorie ou un tel sens!

différents emplois de *maraude/marauder*. On a donc tout intérêt à considérer que *maraude* est bien une dénomination pour la tournée «humanitaire» effectuée auprès des gens qui logent dans la rue.

Reste alors à expliquer pourquoi la polysémie est omniprésente dans le lexique. Les partisans d'une conception catégorielle ou d'un sens expérienciel unifiant y voient un principe d'économie cognitive: l'économie cognitive réalisée réside dans le fait qu'une seule catégorie mentale ou un seul sens expérienciel, celle ou celui associé au polysème, s'applique à différents types de référents, à savoir ceux qui forment les différents emplois du polysème, et se révèle ainsi valide dans différents domaines cognitifs à la fois (temps, espace, notions). Une autre explication est possible de la fréquence du phénomène polysémique, qui évite les impasses auxquelles mène celle-là. Si la polysémie est constitutive même du fonctionnement sémantique langagier, c'est qu'elle présente un triple avantage. Premièrement, il s'agit d'une économie dénominative: le même mot peut servir à dénommer plusieurs catégories, à partir des liens établis classiquement entre les différentes catégories d'un polysème. En deuxième lieu, elle offre une plus-value cognitive, dans la mesure où elle permet de dénommer des réalités d'un champ nouveau à l'aide des connaissances acquises d'un domaine familier. Nommer un objet «nouveau» (ou objet d'un domaine nouveau) à l'aide d'une dénomination déjà existante, attribuée à un objet différent est cognitivement très rentable, en ce qu'une telle opération s'avère jusqu'à un certain point transparente, comparée à l'opacité de l'attribution à cette nouvelle réalité d'un mot nouveau. C'est, d'une certaine manière, comme l'ont montré de nombreux travaux sur l'utilité scientifique de la métaphore, faire connaître du nouveau à l'aide du déjà connu. En troisième lieu, la polysémie est un vecteur d'expressivité, parce que le fait qu'un mot se trouve employé pour des entités différentes sur la base d'un lien (encore) perçu[19] de similarité ou de contiguïté focalise ce lien et a donc pour conséquence de présenter une ou plusieurs de ces entités, celles qui sont considérées comme secondaires ou dérivées pour aller vite, d'une manière qui n'est plus seulement symbolique, mais encore iconique, donc expressive. C'est ce qui explique selon nous l'expressivité du terme *canard* pour désigner le «couac» musical, alors qu'il n'y a, bien entendu, rien de semblable chez *canard*-'animal'.

2.3. *Subjectif vs objectif*

Il n'y aurait que du «subjectif», des points de vue sur les choses, une appréhension non objective, non fixiste, non nomenclaturiste de la réalité dans le phénomène de la polysémie. Les traits en jeu ne seraient pas intrinsèques, mais extrinsèques, pas objectifs, mais subjectifs et s'appliqueraient au sens en général. Nous avons répondu à plusieurs reprises déjà (1997, 1999 et 2008 b) à cette question cruciale de l'objectivité ou subjectivité de

19. Voir ci-dessus le problème que pose ce point.

la nature du sens. Pour nous, il s'agit d'un faux-débat, dans la mesure où toute réalité étant conceptualisée, «perçue» par un percepteur (*lambda* ou spécialiste), elle est d'une certaine manière subjective. Du coup, comme nous l'écrivions en 1999 (Kleiber, 1999: 20), «aucun réel de vraiment réel n'étant accessible, on peut admettre assez sereinement que ce que nous croyons être le monde réel n'est que le monde tel que nous le percevons ou tel que nous croyons qu'il est». Et, du coup aussi, sous cet angle-là, les traits «objectifs» sont tout aussi subjectifs que les «subjectifs» et vice versa. Le trait «objectif» 'poisson' longtemps attribué aux baleines en est une bonne illustration, puisque son abandon au profit de 'mammifère' montre bien que ce n'était pas un trait intrinsèque, en soi, indépendant du sujet percevant, mais qu'il était bien le fruit d'une expérienciation, d'un point de vue dépendant des connaissances que les hommes pouvaient avoir sur cet animal à ce moment-là.

Le point important est la pertinence linguistique des traits ou attributs et celle-ci ne se jauge qu'à la stabilité intersubjective acquise (Larsson, 1997) qui leur confère ce statut d'objectivité tant décrié et qui se manifeste dans des phénomènes linguistiques et des comportements langagiers garants, selon leur degré de robustesse, de leur réelle pertinence linguistique. C'est ainsi qu'il paraît difficile de renoncer au trait 'cours d'eau' pour *fleuve*, sous prétexte qu'il resterait platement objectif et référentiel et qu'il ne se retrouve pas dans toutes les acceptions du polysème. Sa pertinence linguistique est absolument flagrante. Comment expliquer autrement la hiérarchie-*être* à laquelle il donne lieu (*Un fleuve est un cours d'eau*), les anaphores référentielles infidèles (*un fleuve —> ce cours d'eau…*) ou encore associatives (*fleuve —> les rives / l'embouchure / le lit*, etc.), qui présentent des régularités et des contraintes qui obligent à y voir des phénomènes linguistiques, c'est-à-dire des phénomènes dont la prégnance intersubjective donnée comme acquise trouve une traduction directe, incontournable, au niveau du langage.

2.4. *Quid des traits essentiels?*

Nous avons vu que les partisans d'un sens aréférentiel, adénominatif, inversent l'importance accordée aux traits catégoriels, inhérents, descriptifs et aux traits (stéréo)typiques, secondaires, non catégoriels, etc.: les seconds prennent la place des premiers en passant de la périphérie au cœur même du sens lexical. La raison invoquée tient à deux faits: ce sont eux qui assurent l'enchaînement ou le rassemblement en cas de polysémie et ce sont eux qui sont «plus permanents que les sèmes inhérents» (Noailly, 1996: 36). Mais il n'y a rien d'étonnant à cela: il ne peut en aller autrement. Les traits catégoriels, inhérents, descriptifs servent à définir chacune des catégories référentielles constitutives du polysème et ne sauraient donc servir de nodosités unifiant les différentes catégories. L'enchaînement ne peut être assuré que par des traits qui se retrouvent au moins dans deux catégories et qui, comme tels, ne peuvent plus distinguer les catégories qu'elles enchaînent. Ceux qui distinguent une catégorie des autres catégories du polysème ne peuvent évidemment sortir de cette catégorie et servir de lien intercatégoriel, sous peine de perdre leur caractère discriminateur. Il s'ensuit aussi que par avance ces traits inhérents, descriptifs catégoriels sont forcément moins «permanents» pour reprendre le terme de Noailly, que les traits enchaîneurs transversaux.

On ne peut pour autant les considérer comme moins importants que les traits ligateurs «extrinsèques» qui expliquent la formation d'un polysème. Si ceux-là sont effectivement indispensables pour justifier l'établissement polysémique, les traits catégoriels, descriptifs restent sémantiquement primordiaux pour rendre compte des emplois catégoriels effectués. A chaque emploi d'un mot polysémique, c'est une des catégories du polysème qui se trouve activée et ce sont donc bien les traits catégoriels, définitionnels, ceux qui stabilisent les différentes catégories d'un polysème, qui se trouvent sollicités de façon prédominante et qui s'avèrent donc décisifs dans l'usage effectif du terme polysémique, les traits typiques ne faisant que les accompagner, de façon typique, certes, mais «afférente» seulement. Faut-il le souligner? Ce n'est pas parce que la polysémie repose sur des liens établis entre des catégories (ou des sens) que les liens sont plus importants que les catégories (ou les sens) eux-mêmes.

On avancera sans doute une dernière objection contre notre position: la transversalité, c'est-à-dire le caractère multidomanial de ces traits, ne constitue-t-elle pas une preuve forte en faveur de la centralité ou primauté de ces traits typiques unificateurs de la polysémie? Nous nous contenterons, premièrement, de rappeler ici[20], que toutes les polysémies ne se prêtent pas aisément à un seul type d'unification. Nous avons mentionné ci-dessus le cas de *souris* pour lequel il est difficile de trouver un schéma unificateur unique. En deuxième lieu, on notera que l'option de la transversalité domaniale s'avère surtout pertinent pour des termes référentiellement non autonomes ou syncatégorématiques (Kleiber, 1981) comme *haut*, par exemple, dont l'existence d'occurrences nécessite celle d'une autre occurrence. Comme nous l'avons montré dans Kleiber (2005), il est beaucoup plus facile de déterminer un phénomène de polysémie pour les expressions autonomes ou catégorématiques que pour les expressions syncatégorématiques. Le fait que l'existence des occurrences des substantifs *catégorématiques* ne dépend pas de celles d'autres occurrences autorise une délimitation référentielle non subordonnée à la prise en compte d'une autre catégorie référentielle et permet du coup de mieux juger quand on passe d'une catégorie référentielle à une autre. Si l'on est, par contre, confronté aux concepts ou catégories non autonomes ou syncatégorématique*s*, la reconnaissance d'une variation référentielle n'est plus aussi commode et également du coup le passage à une éventuelle différence sémantique. La raison en est la prise en compte des

20. Voir Kleiber (2008 b) pour une argumentation détaillée.

actants ou arguments impliqués par ces entités dans la représentation de la chose dénotée par le terme prédicatif. Cette nécessaire participation actancielle pose, en cas de variation du type référentiel des arguments, le problème de la variation concomitante ou du maintien de la catégorie référentielle du prédicat. Il n'est en effet pas toujours facile de trancher, lorsqu'on passe d'un type d'argument à un autre, si le verbe, l'adjectif, l'adverbe ou encore la préposition examinés renvoient toujours à *la même chose*. Et c'est là, on le voit, que la thèse de la transversalité expériencielle, issue de la phénoménologie, trouve un terrain particulièrement favorable: les différents domaines d'application étant les arguments des prédicats incriminés, il est *a priori* permis de penser que le contenu du prédicat ne change pas avec la variation des arguments, ou, autrement dit, si on passe d'une montagne *haute* à un *haut* salaire, seul l'argument change et non la «hauteur». En va-t-il toujours ainsi?

Un examen linguistique montre vite que l'argument phénoménologique ne tient plus la route lorsqu'il sort de son cadre philosophique, tout simplement parce qu'il n'y a pas prédictibilité, mais seulement motivation (Kleiber, 1999, Martin, 2001 et 2005). Pourquoi à côté de *montagne haute, haute opinion, haut salaire*, n'a-t-on pas un *homme haut* ou un *chiffre haut*, mais *homme grand*, *chiffre élevé*, si *haut* représente une «expérience» identique à travers les domaines auxquels elle s'applique? Et si nous reprenons l'exemple *boîte* de Cadiot (1993), on s'aperçoit que, si l'analyse indexicale unifiante proposée explique bien pourquoi *boîte* peut aussi bien servir pour un récipient en carton que pour une entreprise, un collège ou lycée ou encore un établissement de loisirs nocturne, elle n'arrive pas à expliquer pourquoi une voiture ou un camion n'est pas une boîte, mais une caisse ou un bahut. Inversement, on aura du mal à expliquer pourquoi un récipient en carton, un lycée ou un collège, une entreprise ou encore un établissement de loisirs nocturnes ne peut être une caisse, alors que, si on prend le camion et le lycée ou collège, les deux peuvent être … des bahuts.

Conclusion

Nous conclurons de façon claire: qu'on le veuille ou non, la polysémie ne peut être conçue comme un phénomène cognitif de catégorisation du monde. Elle ne se laisse pas réduire non plus à un seul sens qui représenterait un principe d'accès expérienciel multidomanial menant aux différents types de référents qui la constituent. La non-unifiabilité psychologique et linguistique qui la caractérise conduit à rejeter les principales conséquences qui en ont été tirées pour la conception du sens lexical en général. On peut maintenir pour une bonne partie du lexique un sens qui est catégoriel, descriptif ou vériconditionnel. Il convient également de ne pas déclasser, pour cette partie du lexique, la fonction dénominative à un rang inférieur, car il est faux de postuler qu'un mot désigne d'abord notre expérience du monde, notre approche des choses et non directement les choses elles-mêmes. Il s'ensuit tout logiquement que la dégradation des traits sémantiques catégoriels ou descriptifs ou encore inhérents et la promotion des traits afférents ou propriétés extrinsèques qui «nouent» les emplois d'un polysème s'avèrent inappropriées, de même que l'élimination des oppositions sens propre / sens figuré, sens abstrait / sens concret et sens premier / sens dérivés.

Bibliographie

BEVER, T.G. et ROSENBAUM, P.S., 1971. «Some lexical structures and their empirical validity», in D.D. Steinberg, L.A. Jakobovits (eds.), *Semantics*, Londres et New-York, Cambridge University Press, 586-599.

CADIOT, P., 1991. « *A la hache* ou *avec la hache*? Représentation mentale, expérience située et donation du référent», *Langue française*, 91, 7-23.

—, 1992. «Extensions et glissements polysémiques ... d'une langue à l'autre», in M. Longuet (éd.), *Atti della fiera internazionale della traduzione*, Forli, Ateneo, 31-57.

—, 1993. «Représentations d'objets et sémantique lexicale: qu'est-ce qu'une boîte?», *Journal of French Linguistic Studies*, 4, 1-23.

—, 1999. «Principe de conformité et génération analogique en sémantique nominale», *Verbum*, XXXI, 383-407.

CADIOT, P., et NEMO, F., 1997 a. «Propriétés extrinsèques en sémantique lexicale», *French Language Studies*, 7, 127-146.

—, 1997 b. « Pour une sémiogenèse du nom, *Langue française* », 113, 24-34.

—, 1997 c. «Analytique des doubles caractérisations», *Sémiotiques*, 13, 123-145.

CADIOT, P., et VISETTI, Y.-M., 2001. *Pour une théorie des formes sémantiques. Motifs, profiles, themes*, Paris, PUF.

CRUSE, D.A., 1986. *Lexical Semantics*, Cambridge, Cambridge University Press.

FARGE, S., 2004. *Le lexique des verbes d'expérience visuelle en allemand*, Thèse de Doctorat, Montpellier, Université Paul Valéry-Montpellier III.

FRANCKEL, J.J. et PAILLARD, D., 1997. «Représentation formelle des mots du discours: le cas de *d'ailleurs*», *Revue de sémantique et de pragmatique*, 1, 51-64.

HONESTE, M.-L., 1999. «La catégorisation dans les langues», *Faits de langue*, 14, 27-36.

—, 2000. *Approche cognitive de la sémantique lexicale*, Synthèse pour l'HDR, Saint-Etienne, Université Jean Monnet.

—, 2003. «Polysémie et référence, in S. Rémi-Giraud, et L. Panier. (éds.), *La polysémie ou l'empire des sens. Lexique, discours, représentation* », Lyon, Presses Universitaires de Lyon, 149-155.

—, 2005. « L'expression linguistique des représentations de l'expérience », in O. Soutet (éd.), *La polysémie*, Paris, Presses de l'Université Paris-Sorbonne, 99-109.

KATZ, J.J. et FODOR, J.A., 1966-1967. «Structure d'une théorie sémantique », *Cahiers de lexicologie*, t. 9, 39-72 (1966) et t. 10, 47-66 (1967).

KAYSER, D., 1987. «Une sémantique qui n'a pas de sens», *Langages*, 87, 33-45.

KLEIBER, G., 1981. *Problèmes de référence. Descriptions définies et noms propres*, Paris, Klincksieck.

—, 1990 a, «Sur la définition sémantique d'un mot: les sens uniques conduisent-ils à une impasse?», in J. Chaurand (éd.), *La définition*, Paris, Larousse, 125-148.

—, 1990 b. *La sémantique du prototype*, Paris, PUF.
—, 1997. «Sens, référence et existence: que faire de l'extra-linguistique?», *Langages*, 127, 9-37.
—, 1999. *Problèmes de sémantique. La polysémie en questions*, Villeneuve d'Ascq, Presses du Septentrion.
—, 2000. «A l'*ECOLE* de la polysémie», in P.A. Buvet, M. Colas-Matthieu et D. Lepesant (éds.), *Lexique, Syntaxe et Sémantique*, Mélanges offerts à Gaston Gross à l'occasion de son 60e anniversaire, Numéro Hors Série, *BULAG* (Centre Tesnière, Besançon), 391-408.
—, 2001. «Remarques sur la dénomination», *Cahiers de Praxématique*, 36, 21-41.
—, 2002. «De la polysémie en général à la polysémie prototypique en particulier», *Cahiers de lexicologie*, 80, 1, 89-103.
—, 2003 a. «Sémantique lexicale: traits catégoriels ou traits non catégoriels?», in J.-L. Aroui (éd.), *Le sens et la mesure. De la pragmatique à la métrique. Hommages à Benoît de Cornulier*, Paris, Honoré Champion, 99-122.
—, 2003 b. «Sur la sémantique de la dénomination», *Verbum*, t. XXV, n° 1, 97-106.
—, 2003 c. «Item lexical, mots construits et polylexicalité vus sous l'angle de la dénomination», *Syntaxe & Sémantique*, 5, 31-46.
—, 2004. «Polysémie et catégories», *Verbum*, XXVI: 1, 100-117.
—, 2005. «Quand y a-t-il sens multiple? Le critère référentiel en question», in O. Soutet (éd.), *La polysémie*, Paris, Presses de l'Université Paris-Sorbonne, 51-73.
—, 2008 a. «Petit essai pour montrer que la polysémie n'est pas un … sens interdit», in J. Durand *et al.* (eds.), *Actes du 1er Congrès mondial de linguistique française, CMLF8'*.
—, 2008 b. «Du sens aux choses en passant par la polysémie catégorielle», in P. Frath (éd.), *Dénomination, phraséologie et référence*, Stuttgart, Franz Steiner Verlag, 17-44.
LAKOFF, G., 1987. *Women, Fire and dangerous Things*, Chicago, The University of Chicago Press.
LAKOFF, G. et JOHNSON, M., 1985. *Les métaphores dans la vie quotidienne*, Paris, Editions de Minuit, (trad. Française de *Conceptual Metaphors in Everyday Language*, Chicago, The University of Chicago, 1980).
LARSSON, B., 1997. *Le* bon *sens* commun. *Remarques sur la (re)cognition intersubjective dans l'épistémologie et l'ontologie du sens*, Lund, Lund University Press.
MARTIN, R., 2001. *Sémantique et automate*, Paris, PUF.
—, 2005. «Traitement automatique de la polysémie et éloge du dictionnaire», in O. Soutet (éd.), *La polysémie*, Paris, Presses de l'Université Paris-Sorbonne, 167-173.
MEL'CUK, I., CLAS, A. et POLGUERE, A., 1995. *Introduction à la lexicologie explicative et combinatoire*, Louvain-la-Neuve, Duculot.
MERLEAU-PONTY, M., 1945. *La phénoménologie de la perception*, Paris, Gallimard.
NOAILLY, M., 1996. «Dans le sens du fleuve, syntaxe et polysémie», in K. Fall, J.-M. Léard et P. Siblot (éds.), *Polysémie et construction du sens*, Montpellier, *Praxiling*, Université Paul Valéry, Montpellier III, 25-39
PICOCHE, J., 1977. *Précis de lexicologie française*, Paris, Nathan.
SIBLOT, P., 1990. «Une linguistique qui n'a plus peur du réel», *Cahiers de praxématique*, 15, 57-76.

—, 1995 a. «*Comme son nom l'indique...». Nomination et production de sens*, Tome I: *De la signifiance nominale: le praxème en théorie*, Thèse d'Etat, Montpellier, Université de Montpellier III.
—., 1995 b. «Noms et images de marque: de la construction du sens dans les noms propres», in M. Noailly (éd.), *Nom propre et nomination*, Paris, Klincksieck, 147-160.
—, 1997. «Nomination et production de sens: le praxème», *Langages*, 127, 38-55.
VICTORRI, B., 1997. «La polysémie: un artefact de la linguistique?»; *Revue de sémantique et de pragmatique*, 2, 41-62.

Georges KLEIBER
Université de Strasbourg &
EA 1339-LILPA/*Scolia*
kleiber@umb.u-strasbg.fr

LA RÉCEPTION DE LA LINGUISTIQUE COGNITIVE DANS LA LINGUISTIQUE DU FRANÇAIS[1]

Abstract

This contribution devoted to the place of cognitive linguistics in French linguistics addresses what may be considered as "research in cognitive linguistics". The assessment criterion is the detailed investigation of "ten typically cognitivist topics" through the *Bibliography of Cognitive Linguistics* as well as the bibliography of *Linguistics and Language Behavior Abstracts*. The result of this quantitative investigation is that the impact of cognitive linguistics on French linguistics is less substantial than on German or Spanish linguistics.

1. L'essor de la linguistique cognitive

La linguistique cognitive fait recette. En partant de la position relativement marginale qu'elle occupait initialement dans le paysage linguistique, elle est devenue un des courants majeurs de la linguistique contemporaine. Une recherche dans les *Linguistics and Language Behavior Abstracts* sur les termes *cognitive linguistics* et *cognitive grammar*, en comparaison avec *generative grammar* et *generative linguistics*, suggère que la popularité de la linguistique cognitive surpasse celle du générativisme: pour la période de cinq ans entre 2002 et 2007, la bibliographie inclut environ 300 références contenant les termes *generative grammar* ou *generative linguistics*, tandis qu'il y en a plus de 900 pour les termes *cognitive linguistics* et *cognitive grammar*. Pour la période de cinq ans entre 1988 et 1991, par contre, la bibliographie mentionne plus de 300 références pour la linguistique générative, et moins de 100 pour la linguistique cognitive.

La seconde moitié des années 90 en particulier marque le début de l'institutionalisation internationale de la linguistique cognitive. En témoignent les branches nationales de l'International Cognitive Linguistics Association qui naissent dès le milieu des années 90: l'association espagnole en 1998, la finlandaise, la polonaise et la slaviste en 2001, la russe en 2004, l'allemande, la koréenne, la japonaise et l'association française AfLiCo en 2005, et enfin les associations britannique et chinoise en 2006.

1. Cet article a fait l'objet d'une première édition électronique comme contribution à la Table-ronde de la section de Sémantique du 1er *Congrès Mondial de Linguistique Française* (Paris, 9-12 juillet 2008) et est téléchargeable en version.pdf sur le site du congrès: http://www.linguistiquefrancaise.org/articles/cmlf/pdf/2008/01/cmlf08310.pdf

En outre, ces dix dernières années, une multitude d'introductions à la linguistique cognitive et d'ouvrages de référence a été publiée: Ungerer et Schmid en 1996, Dirven et Verspoor en 1998, Violi en 2001, Delbecque en 2002, Croft et Cruse en 2004, Evans et Green en 2006, la collection d'articles *Basic Readings*, rassemblée par Geeraerts en 2006 et le volume accompagnant sous la rédaction de Kristiansen, Achard, Dirven et Ruiz de Mendoza, puis en 2007 un autre recueil d'articles, rédigé par Evans, Bergen et Zinken, et l'ample *Handbook of Cognitive Linguistics*, dirigé par Geeraerts et Cuyckens.

Etant donné cet essor de la linguistique cognitive, quelle est la contribution de l'étude linguistique du français dans ce développement? Partant de la polysémie de la notion 'linguistique française', faisons d'abord la distinction entre la linguistique du français et la linguistique en France. C'est la première qui nous intéresse ici: comment l'étude linguistique du français a-t-elle reçu et incorporé l'épanouissement international de la linguistique cognitive, ou bien, en renversant la perspective, quelle est la contribution de l'étude du français à la linguistique cognitive? Nous nous proposons d'examiner la question en deux temps.

D'abord, une étude quantitative de l'apport de la linguistique française (dorénavant, nous entendrons par 'linguistique française' uniquement 'linguistique du français') à la linguistique cognitive nous permettra de comparer la réception de cette dernière en France, en Allemagne et en Espagne et de déterminer si oui ou non, la position de la linguistique française dans l'ensemble des études cognitivistes est comparable à celle qu'occupent les recherches cognitivistes dans deux traditions de recherche qui, culturellement et historiquement, sont comparables à la linguistique française — c'est-à-dire, des traditions de recherche en linguistique qui, par l'existence de théories et de méthodologies propres, ne se confondent pas entièrement avec la linguistique internationale de la seconde moitié du vingtième siècle.

Ensuite, une analyse qualitative des thématiques abordées par les études de linguistique française d'orientation cognitive nous permettra de déterminer s'il existe des préférences 'locales' dans la réception de la linguistique cognitive. Est-ce qu'il y a des thèmes qui ont reçu plus ou moins d'attention en linguistique française que dans la linguistique cognitive en général? Est-ce que le champ d'application de la linguistique française d'orientation cognitive est semblable à celui de la linguistique cognitive internationale?

La base de données dont nous disposons pour mener notre recherche à bon terme consiste surtout en la *Bibliography of Cognitive Linguistics* (CogBib) rédigée par René Dirven et publiée comme annexe électronique de la revue *Cognitive Linguistics*. La version que nous employons est la dernière qui soit disponible en avril 2008, c'est-à-dire, la version qui recouvre une période jusqu'à la fin de l'année 2006 et qui contient 8987 références bibliographiques. Cette bibliographie n'est certainement pas exhaustive, mais elle nous semble assez détaillée et assez représentative pour entamer une analyse telle que nous l'envisageons. Comme matériaux supplémentaires, nous aurons recours aux *Linguistics and Language Behavior Abstracts*.

2. L'analyse quantitative

Constatons d'abord que la linguistique française est moins populaire en linguistique cognitive que les autres traditions linguistiques que nous nous proposons de comparer. Le Tableau 1 donne trois séries de chiffres tirées de la *Bibliography of Cognitive Linguistics*. La série MOTS CLÉS montre le nombre de références qui portent le mot clé *French*, *German* ou *Spanish* dans le champ Keywords de la base de données (tout en écartant des mots clés trompeurs comme *Germanic*). La série TITRE présente le nombre de références qui contiennent le mot *français*, *deutsch* ou *español* dans le titre de la publication (y compris des formes déclinées comme *deutscher* ou *deutschen*). La série MOTS CLÉS OU TITRE est la disjonction des deux séries préalables. (En raison du recouvrement entre les deux sous-ensembles MOTS CLÉS et TITRE, les chiffres pour la série MOTS CLÉS OU TITRE ne correspondent pas à la simple addition des chiffres précédents.)

Dans les trois séries, le classement est le même: la linguistique de l'allemand est la plus productive des trois, tandis que la linguistique française est la moins représentée.

	FRANÇAIS	ALLEMAND	ESPAGNOL
MOTS CLÉS	187	256	218
TITRE	15	39	21
MOTS CLÉS OU TITRE	191	258	225

Tableau 1

Notons que la position relativement faible de la linguistique française n'est probablement pas un effet de visibilité. La sous-représentation dans CogBib de la linguistique japonaise ou chinoise, par exemple, est certes due à la disponibilité et l'accessibilité réduite des publications japonaises et chinoises, mais un tel effet est difficile à concevoir pour les trois langues européennes qui entrent dans notre comparaison.

Par contre, on peut s'imaginer que la position du français relève d'un délai chronologique: peut-être — malgré la présence internationale, depuis les débuts du mouvement cognitiviste, de Gilles Fauconnier et Claude Vandeloise comme linguistes cognitifs d'origine francophone — la linguistique française a-t-elle assumé une perspective cognitive plus tard que les autres traditions.

Dans le Tableau 2, les chiffres de la série MOTS CLÉS sont répartis en six périodes chronologiques de cinq ans. La série N spécifie le nombre total de références pour chaque période dans la bibliographie.

	77-81	82-86	87-91	92-96	97-01	02-06
N	247	591	1093	1647	2416	2557
MOT CLÉ = FRENCH	0	14	30	34	45	64
MOT CLÉ = GERMAN	7	13	33	48	80	72
MOT CLÉ = SPANISH	0	2	13	36	74	91

Tableau 2

Il s'avère que la productivité de la linguistique espagnole est assez récente: ce n'est que depuis le milieu des années 90 que l'étude de l'espagnol occupe une position marquée dans l'ensemble des études cognitivistes. La linguistique française et la linguistique allemande, par contre, connaissent un développement plus ou moins comparable jusqu'au milieu des années 90, mais à partir de ce moment, la linguistique française ne connaît pas la même croissance que la linguistique allemande ou espagnole.

Il semble donc bien y avoir un certain effet chronologique de stagnation, mais remarquons que c'est un effet assez faible, comme le démontre le Tableau 3, qui reprend le Tableau 2 en nombres relatifs (plus précisément, en pourcentages par rapport au nombre N de l'ensemble des références pour chaque période).

	77-81	82-86	87-91	92-96	97-01	02-06
N	247	591	1093	1647	2416	2557
MOT CLÉ = FRENCH	0 %	2,368 %	2,744 %	2,064 %	1,862 %	2,502 %
MOT CLÉ = GERMAN	2,834 %	2,199 %	3,019 %	2,914 %	3,311 %	2,815 %
MOT CLÉ = SPANISH	0 %	0,338 %	1,189 %	2,185 %	3,062 %	3,558 %

Tableau 3

L'analyse chronologique que nous venons de faire doit être complétée d'une analyse géographique. Si nous constatons que l'étude du français est relativement moins populaire en linguistique cognitive que l'étude de l'allemand ou de l'espagnol, c'est peut-être parce que la linguistique cognitive est moins populaire en France, le centre naturel et traditionnel de la linguistique française. Quelle est donc la position de la linguistique cognitive dans la linguistique française française, c'est-à-dire, la linguistique du français en France?

Pour en savoir plus, regardons la bibliographie *Linguistics and Language Behavior Abstracts*, qui ne contient qu'un nombre restreint de publications en linguistique cognitive, mais qui nous permet d'identifier le pays de publication et l'affiliation des auteurs. Dans le Tableau 4, nous présentons deux séries de pourcentages. La série PROVENANCE montre la proportion des publications en linguistique cognitive qui ont été publiées en France, en français. (Le dénominateur de la proportion est identifié en fonction de l'apparition du terme *cognitive linguistics* dans n'importe quel champ de la bibliographie, en conjonction avec l'apparition de *French, German* ou *Spanish* dans le champ Keywords. Le numérateur est identifié à partir des champs Country et Language.) La série AFFILIATION indique la proportion des publications en linguistique cognitive qui ont été publiées par des auteurs avec une affiliation institutionnelle en France.

	FRANÇAIS	ALLEMAND	ESPAGNOL
PROVENANCE	11.94 %	19.23 %	18.64 %
AFFILIATION	16.41 %	29.48 %	38.98 %

Tableau 4

La première série de chiffres montre que, plus que pour l'allemand ou l'espagnol, les études d'orientation cognitiviste sont publiées en dehors de la France ou dans des langues autres que le français. Cette observation est ambiguë, puisqu'elle signifie ou bien que les cognitivistes établis en France publient proportionnellement plus en anglais (ou d'autres langues) que les cognitivistes de l'Allemagne ou de l'Espagne, ou bien simplement qu'il y a proportionnellement moins de cognitivistes en France. La deuxième série de chiffres montre que cette dernière interprétation est la plus probable: les travaux d'orientation cognitiviste se trouvent plus souvent dans la périphérie géographique pour le français que pour l'allemand ou l'espagnol. On pourrait donc dire que la linguistique cognitive n'a pas encore pénétré autant dans le cœur géographique de la linguistique française qu'elle ne l'a fait pour la linguistique allemande ou espagnole.

3. L'analyse qualitative

L'analyse quantitative semble suggérer que l'ancrage de la linguistique cognitive dans la linguistique française est un peu plus faible que dans la linguistique allemande et espagnole: la productivité est relativement moins élevée, il y a une certaine stagnation chronologique, et l'approche cognitiviste occupe une position moins forte dans le cœur géographique de la linguistique française. La question qui se pose est celle de savoir si cette situation spécifique se reflète dans le choix des sujets étudiés par les linguistes français d'orientation cognitiviste. Est-ce que la linguistique cognitive française se penche sur les mêmes thèmes que la linguistique cognitive en général, ou est-ce que la réception de la linguistique cognitive est thématiquement partielle?

Dans l'ensemble des références délimité par le critère MOTS CLÉS OU TITRE du Tableau 1, nous avons repéré dix sujets typiquement cognitivistes, en mesurant le nombre de références correspondant à chaque sujet. Voici les dix sujets, les abréviations que nous emploierons, et la liste des termes dont nous nous sommes servis pour la recherche des références:

– polysemy, vagueness, ambiguity	PO	polysem*, vague*, ambigu*
– radial network	RA	radial, network
– prototypicality, prototype theory	PR	prototyp*
– spatial meaning	SP	spatial
– metaphor	MR	metaphor*
– image schema	IM	image schema
– metonymy	MN	metonym*
– embodiment	EM	embod*
– blending, mental spaces, conceptual integration	BL	blend*, mental space, conceptual integration
– construction grammar	CN	construction

Notons que ces sujets sont classés dans un ordre plus ou moins chronologique, qui correspond aux étapes du déploiement de la linguistique cognitive. Partant d'un intérêt pour l'architecture globale de la flexibilité sémantique (la polysémie, la prototypicalité, les réseaux radiaux — phénomènes dont le sens spatial sert souvent d'illustration), en passant par l'attention pour les mécanismes spécifiques de la polysémie, comme la métaphore et (chronologiquement plus tard) la métonymie, on arrive aux sujets dont la popularité est plus récente, comme la théorie des espaces mentaux et la grammaire constructionnelle.

	PO	RA	PR	SP	MR	IM	MN	EM	BL	CN
FRANÇAIS	14	13	16	41	44	4	14	0	8	38
ALLEMAND	15	12	21	41	54	9	13	2	5	48
ESPAGNOL	11	8	21	16	60	6	20	6	15	51

Tableau 5

Le Tableau 5 visualise les résultats de la recherche. Pour en arriver à une interprétation intuitivement claire des différences, le Graphique 1 fournit une représentation de type 'mosaïque'. La distribution des sujets selon l'axe horizontal montre la popularité des thèmes dans l'ensemble des matériaux pour les trois langues: la sémantique de la spatialité, la métaphore et la grammaire constructionnelle s'imposent comme sujets préférentiels. Ce qui est plus important, c'est la distribution des sujets selon la dimension verticale, qui montre des différences entre les trois langues. La linguistique espagnole prête relativement plus d'attention aux sujets récents, visualisés à droite de la représentation graphique, tandis que la linguistique française est surreprésentée à gauche, où se trouvent les thèmes cognitivistes 'classiques', comme la polysémie et la spatialité.

Sujets / Langue

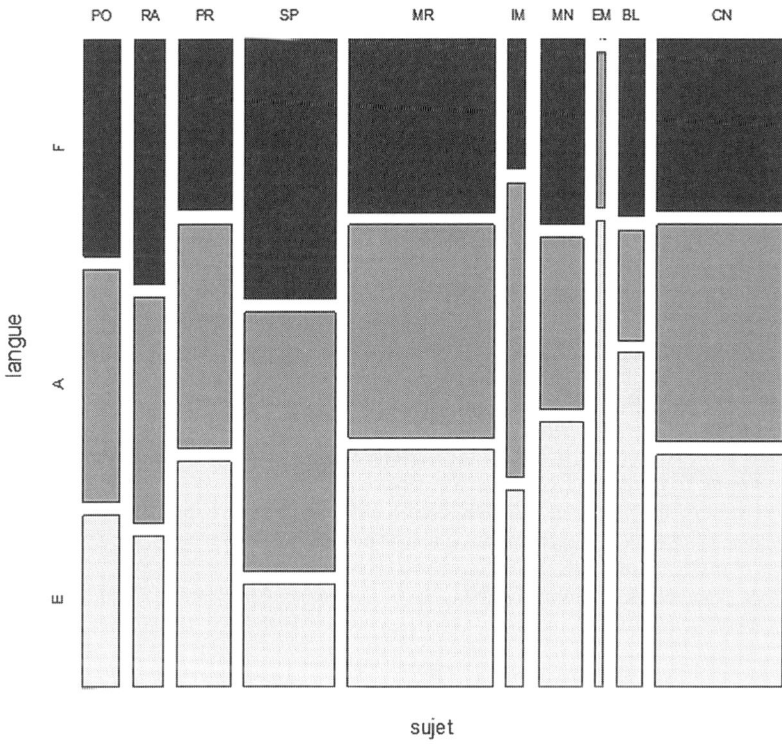

Graphique 1

Cette observation confirme l'analyse chronologique du Tableau 2. Le fait que la linguistique française n'a pas participé autant que la linguistique allemande ou espagnole à l'évolution explosive de la linguistique cognitive dès le milieu des années 90, se reflète dans un certain degré de sous-représentation relative des sujets récents.

4. Conclusions

Nos analyses suggèrent que l'impact de la linguistique cognitive sur la linguistique du français n'est pas aussi profond que sur la linguistique de l'allemand ou de l'espagnol. En effet, dans la *Bibliography of Cognitive Linguistics*, le nombre d'articles qui étudient le français est relativement moins élevé que le nombre d'articles pour l'allemand ou l'espagnol. Il y a une certaine stagnation chronologique dans le développement de la linguistique cognitive française, ce qui se reflète dans les sujets étudiés par les linguistes français d'orientation cognitiviste: les sujets cognitivistes classiques sont surreprésentés en comparaison avec les sujets dont la popularité est plus récente. En plus, l'approche cognitiviste occupe une position plus faible en France, le cœur géographique de la linguistique française, par rapport à l'Allemagne ou l'Espagne.

Nous nous passons d'une spéculation sur les raisons de cette situation. Est-ce le résultat d'un manque d'accessibilité des publications cognitivistes? Ou est-ce par contre le résultat d'une préférence délibérée pour d'autres théories linguistiques? Constatons plutôt, de façon constructive et positive, qu'il y a encore du terrain cognitiviste à conquérir pour la linguistique du français.

Références bibliographiques

CROFT, William & D. Allan CRUSE. 2004. *Cognitive Linguistics*. Cambridge: Cambridge University Press.

DELBECQUE, Nicole (éd.). 2002. *Linguistique cognitive. Comprendre comment fonctionne le langage*. Bruxelles: De Boeck Duculot.

DIRVEN, René & Marjolein VERSPOOR (éd.). 1998. *Cognitive Exploration of Language and Linguistics*. Cognitive Linguistics in Practice 1. Amsterdam; Philadelphia, John Benjamins.

EVANS, Vyvyan & Melanie GREEN. 2006. *Cognitive Linguistics: An Introduction*. Mawhaw, N.J.; Edinburgh, U.K.: Lawrence Erlbaum; Edinburgh University Press.

EVANS, Vyvyan, Benjamin BERGEN & Jörg ZINKEN (éd.). 2007. *The Cognitive Linguistics Reader*. London: Equinox.

GEERAERTS, Dirk (éd.) 2006. *Cognitive Linguistics: Basic Readings*. Cognitive Linguistics Research. Berlin; New York, Mouton de Gruyter.

GEERAERTS, Dirk & Hubert CUYCKENS (eds). 2007. *The Oxford Handbook of Cognitive Linguistics*. New York: Oxford University Press.

KRISTIANSEN, Gitte, Michel ACHARD, René DIRVEN & Francisco RUIZ DE MENDOZA (éd.). 2006. *Cognitive Linguistics: Current Applications, Future Orientations*. Applications of Cognitive Linguistics 1. Berlin; New York, Mouton de Gruyter.

UNGERER, Friedrich & Hans-Jörg SCHMID. 1996. *An Introduction to Cognitive Linguistics*. London; New York: Longman.

VIOLI, Patrizia. 2001. *Meaning and Experience*. Bloomington, Ind.: Indiana University Press.

Dirk GEERAERTS
Katholieke Universiteit Leuven
dirk.geeraerts@arts.kuleuven.be

TABLE DES MATIÈRES

AVANT-PROPOS 7

FORTIS Jean-Michel. La linguistique cognitive, une trentenaire de vieille souche 11

COL Gilles. Correspondance et mixage d'espaces mentaux dans la construction dynamique du sens 53

PEETERS Bert. La métalangue sémantique naturelle: acquis et défis.... 75

GÉVAUDAN Paul & KOCH Peter. Sémantique cognitive et changement lexical 103

BLUMENTHAL Peter. La sémantique cognitive face à l'idiomaticité 147

KLEIBER Georges. Polysémie et cognition 163

GEERAERTS Dirk. La réception de la linguistique cognitive dans la linguistique française 185

PRINTED ON PERMANENT PAPER • IMPRIME SUR PAPIER PERMANENT • GEDRUKT OP DUURZAAM PAPIER - ISO 9706

N.V. PEETERS S.A., WAROTSTRAAT 50, B-3020 HERENT